RICHTIG MALEN MIT ACRYLFARBEN

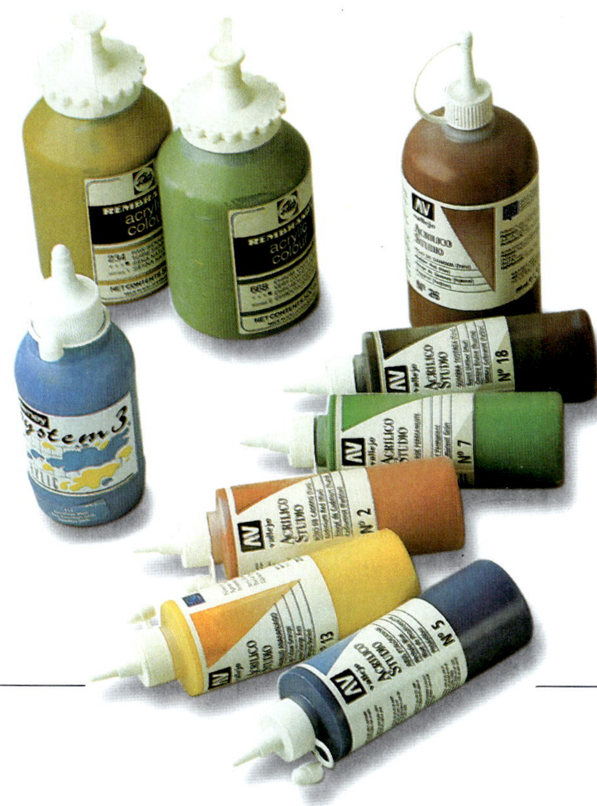

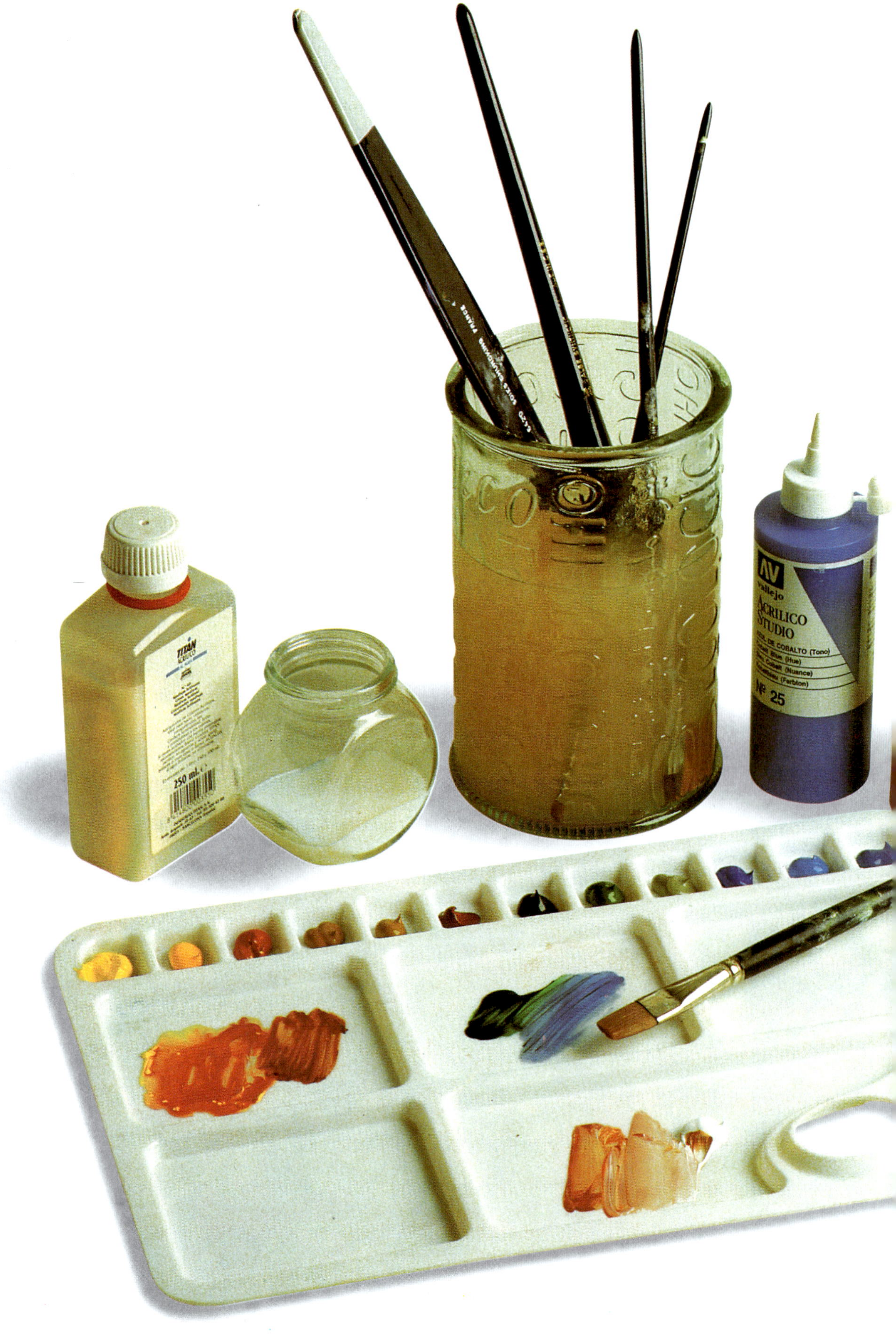
TITAN
250 ml.
AV
vallejo
ACRILICO
STUDIO
Nº 25

RICHTIG MALEN MIT ACRYLFARBEN

TECHNIK UND PRAXIS

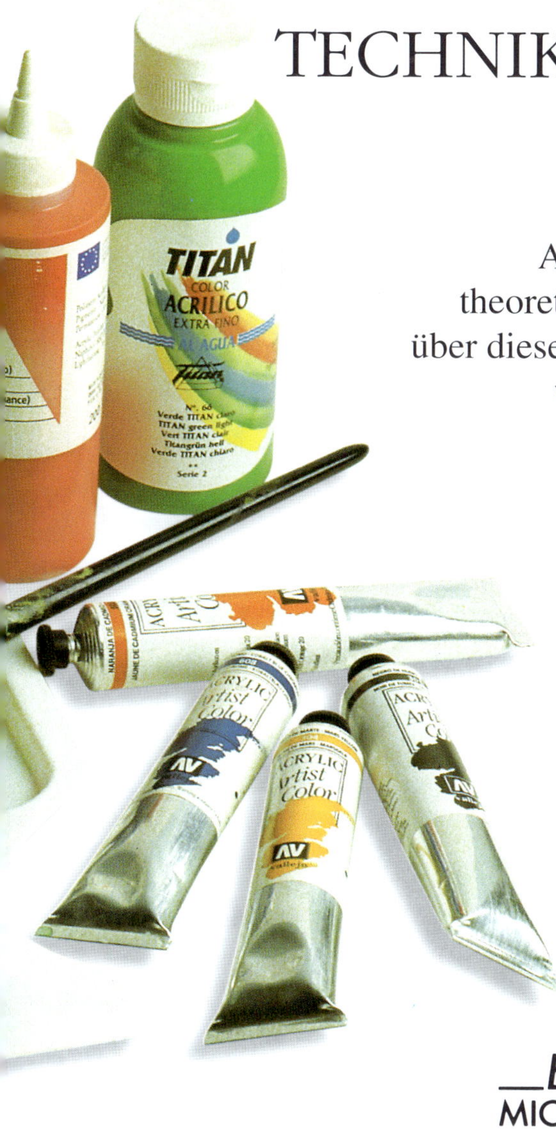

Alles was man
theoretisch und praktisch
über diese moderne Maltechnik
wissen muß.

EDITION
MICHAEL FISCHER

Richtig malen mit Acrylfarben

Titel der Originalausgabe:
„La Pintura Acrílica, Técnica y Práctica".
Aus dem Spanischen übertragen von Christa L. Cordes

5. Auflage 2001

Text: David Sanmiguel Cuevas
Gastkünstler: Almudena Carreño
Caritat Gómez
Jordi Homar
Ramón de Jesús
Jordi Martorell
Fotos: Estudio Nos & Soto
Layout: Josep Guasch Cabanas
Grafische Gestaltung und Umbruch:
Jordi Martínez und José Carlos Escobar

Herstellung und Satz:
Verlagsservice Henninger GmbH, Würzburg
ISBN 3-926651-44-X
Printed in Spain

Inhalt

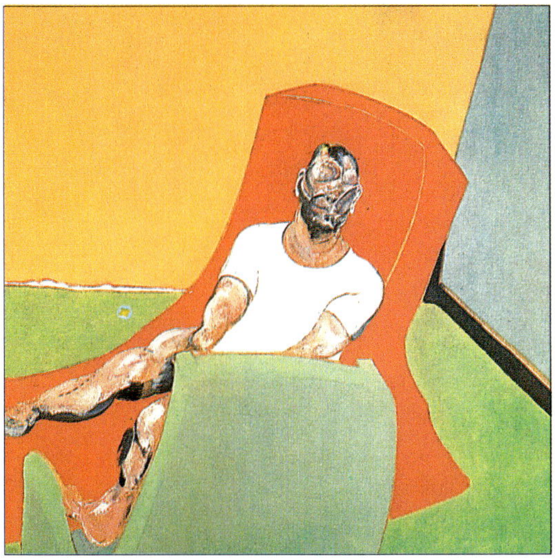

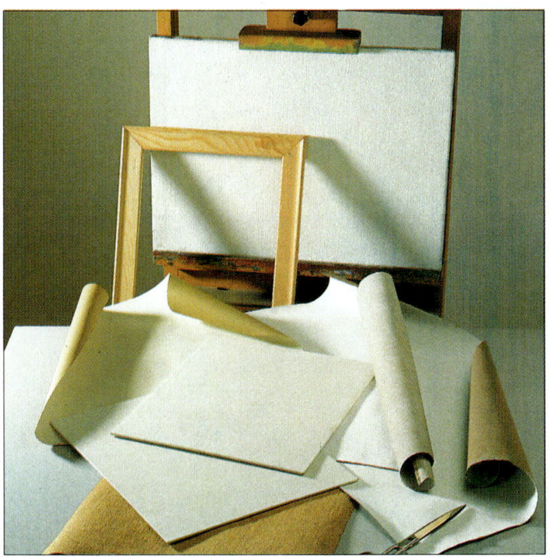

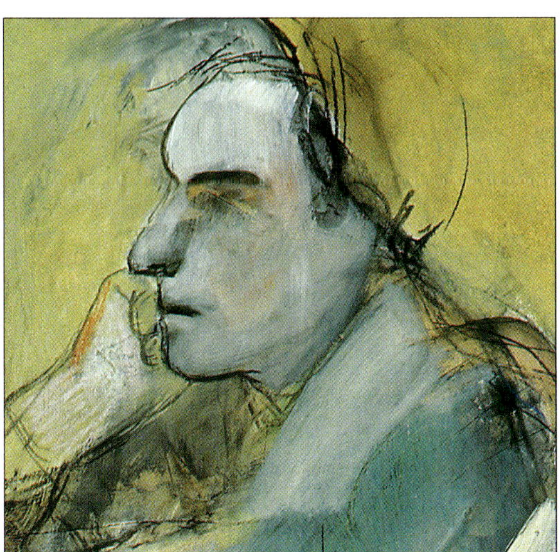

1

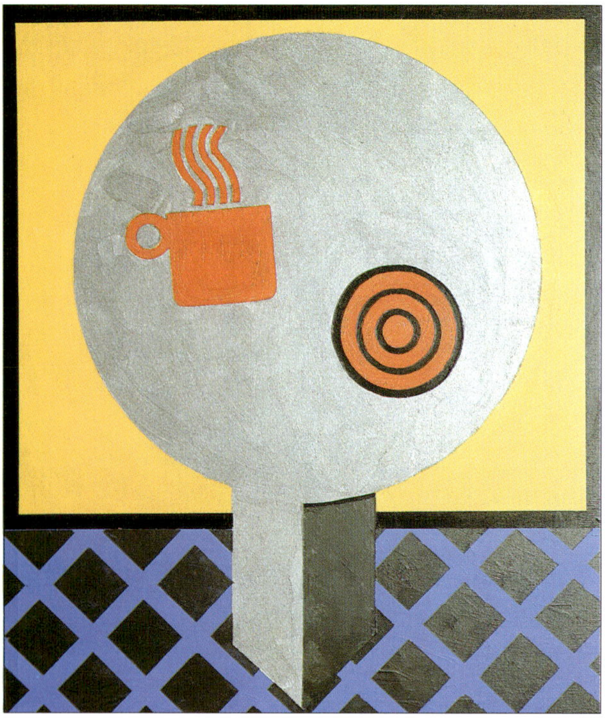

2

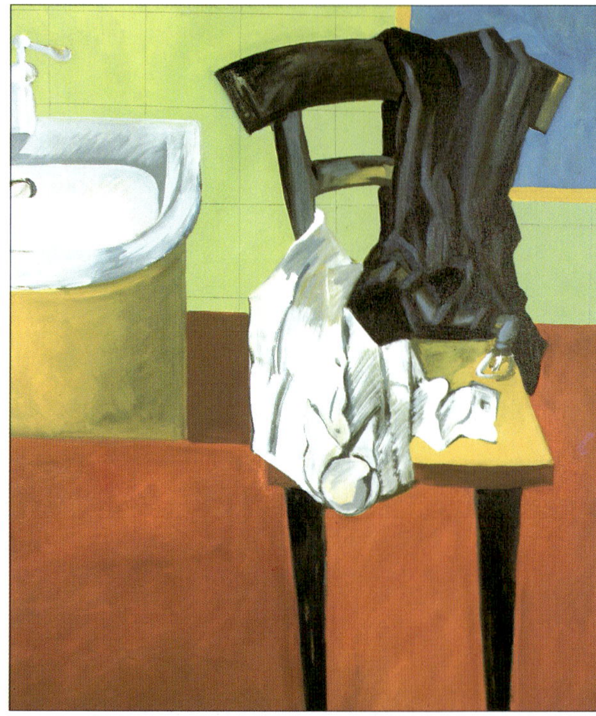

3

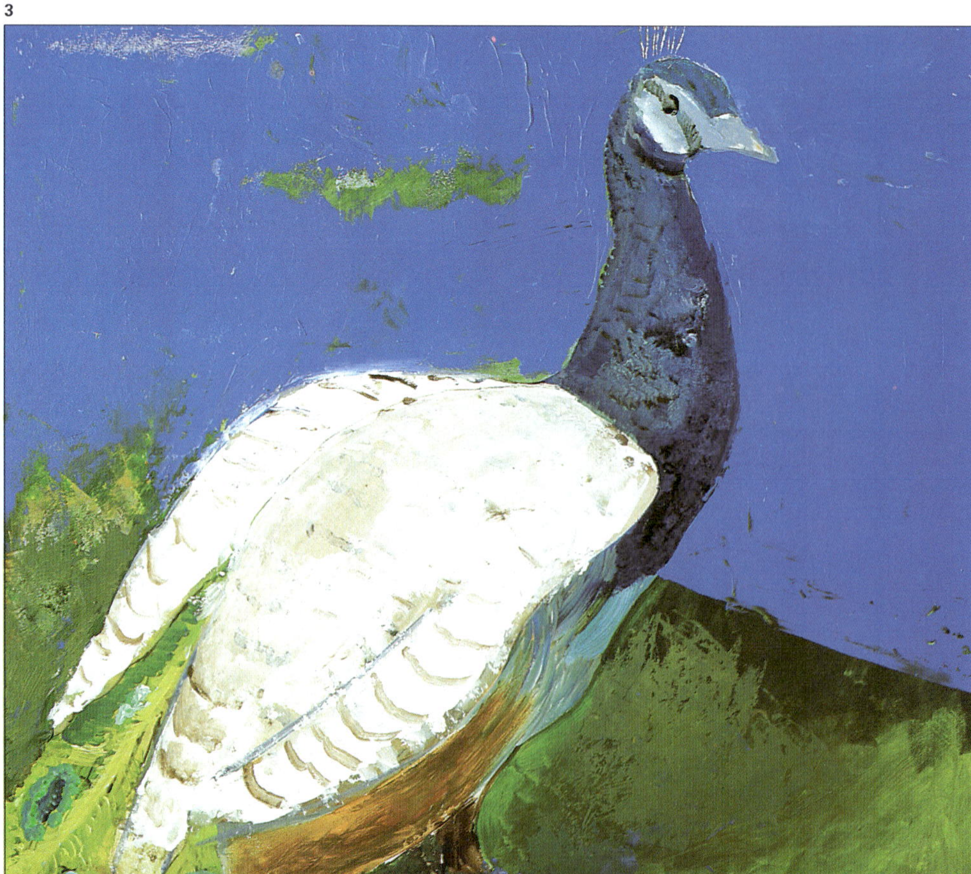

Abb. 1 bis 3: Bei diesen Beispielen handelt es sich um Werke aus dem Buch. Die Anfertigung der Acrylbilder erfolgt Schritt für Schritt und wird detailliert erklärt. Der Leser erfährt alles, was er in technischer und kreativer Hinsicht über das relativ neue Malverfahren wissen muß, und kann selbst feststellen, daß die Vielseitigkeit der Acrylfarben jede Art von persönlicher Interpretation erlaubt und immer wieder neue Lösungen ermöglicht. Die modernen Farbenskalen enthalten Nuancen, die sonst nicht zu finden sind, sieht man von den Pastellen ab. Aufgrund ihrer Stabilität können sie mit jedem anderen Medium in einer Mischtechnik kombiniert werden.

Einführung

Dieses Buch möchte den Leser mit der Acrylmalerei bekannt machen, der derzeit aktuellsten Maltechnik, und ihn umfassend darüber informieren. Aktuell ist die Technik in zweifacher Hinsicht: Sie ist die neueste Entwicklung auf diesem Gebiet, und sie genießt die größte Akzeptanz seitens der jungen Künstlergeneration.

Bis vor kurzem galten Acrylfarben höchstens als Ersatz für die angesehenen traditionellen Verfahren mit Öl-, Aquarell- oder Pastellfarben und als Medium für Schulungszwecke. Vielfach zählte man sie auch zur Kategorie der halbindustriellen Verfahren wie die Plastik- oder Vinylfarben. Die begeisterte Akzeptanz durch einen Teil der kreativeren Maler in der zweiten Hälfte des 20. Jahrhunderts führte jedoch zu einer Anerkennung als eigenständiges Malverfahren, auch wenn man gelegentlich noch auf Ablehnung seitens konservativerer Künstler stößt. Dieses Buch richtet sich sowohl an sie als auch an die Allerjüngsten.

Auf den folgenden Seiten erhalten Sie eine detaillierte Beschreibung der Besonderheiten der Acrylfarben, angefangen von ihrer chemischen Zusammensetzung bis zu den unterschiedlichen Methoden für künstlerische Versuche, und zwar in einer Sprache, die allen Lesern verständlich ist und nur ein Minimum an Fachbegriffen erfordert. Es folgt eine umfassende Übersicht über das Material und die Hilfsmittel, die allen Künstlern zur Verfügung stehen. Sie enthält alles, was die Hersteller bis zum Redaktionsschluß dieses Buches auf den Markt gebracht haben. Angesichts der ständigen Weiterentwicklung auf diesem Gebiet ist allerdings nicht auszuschließen, daß bereits neue Substanzen erschienen sind, wenn der Leser dieses Buch in der Hand hält.

Neben der gründlichen Untersuchung der physikalischen und chemischen Eigenschaften der Acrylfarben geht es uns jedoch vor allem um die kreativen Möglichkeiten dieser Maltechnik. Die Anwendung der Acrylfarben ist praktisch unbegrenzt. Aufgrund ihrer außerordentlichen Vielseitigkeit passen sie sich jedem Malstil, vom traditionellsten bis zum aktuellsten, an.

Zahlreiche zeitgenössische Künstler haben sich freundlicherweise zur Mitarbeit an diesem Buch bereit erklärt. Sie schufen äußerst unterschiedliche, sehr persönliche Werke, mit denen sich die kreativen Möglichkeiten der Acrylfarben am besten aufzeigen lassen. Schritt für Schritt verfolgt der Leser die Anfertigung dieser Bilder und erfährt so aus erster Hand, wie der jeweilige Künstler die Acrylfarben seinen künstlerischen Erfordernissen anpaßt und welche Ergebnisse er damit erhält. Wir sind sicher, daß dies die beste Methode ist, den Leser authentisch und effektiv zu unterweisen.

Den praktischen Kapiteln geht ein kurzer kunstgeschichtlicher Überblick voran, der die Acrylfarben und die für sie verwendeten Stile in ihren zeitlichen und örtlichen Zusammenhang stellt und ein Gesamtbild der Acrylmalerei aus künstlerischer Sicht ergibt.

Das Werk wendet sich an den Kunstmaler wie an den Hobbykünstler. Es beinhaltet eine vollständige, leicht verständliche Einführung in die moderne Technik und wird zweifellos auch den anspruchsvollsten Leser zufriedenstellen.

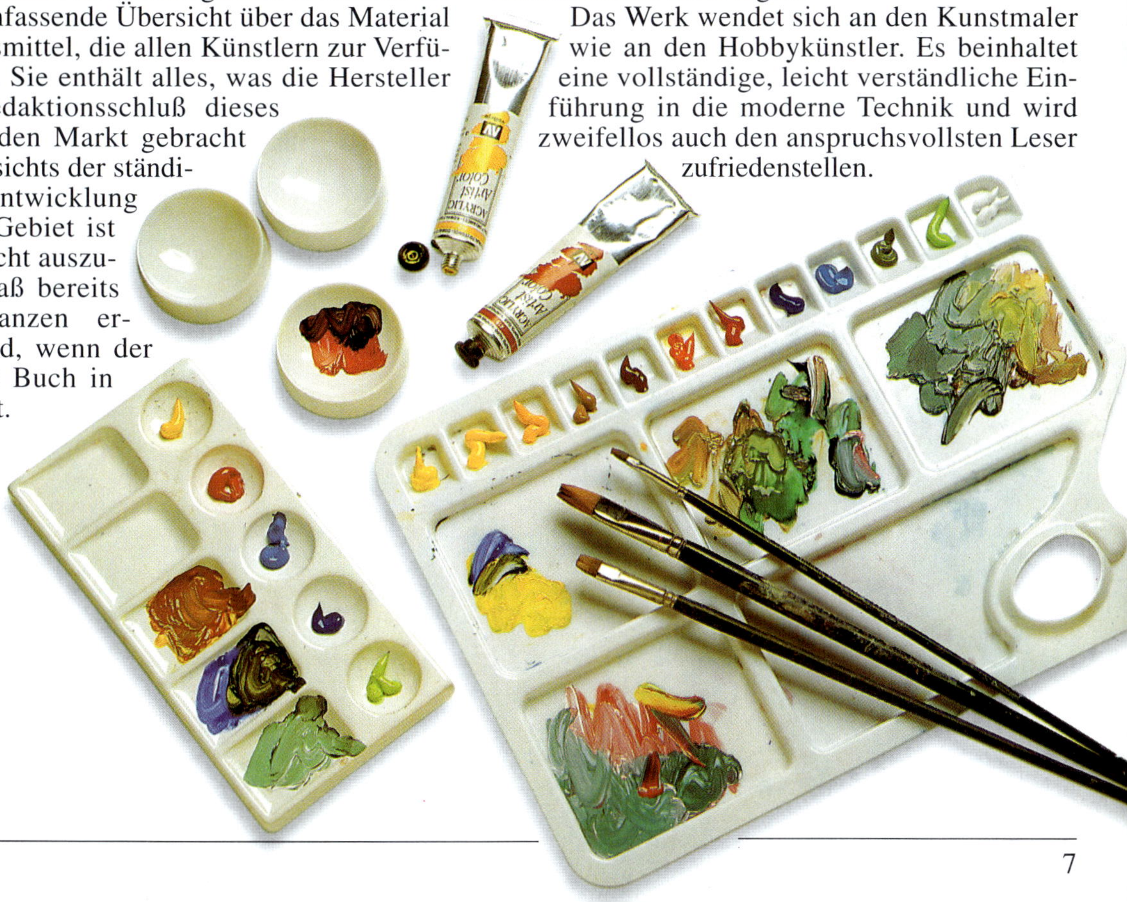

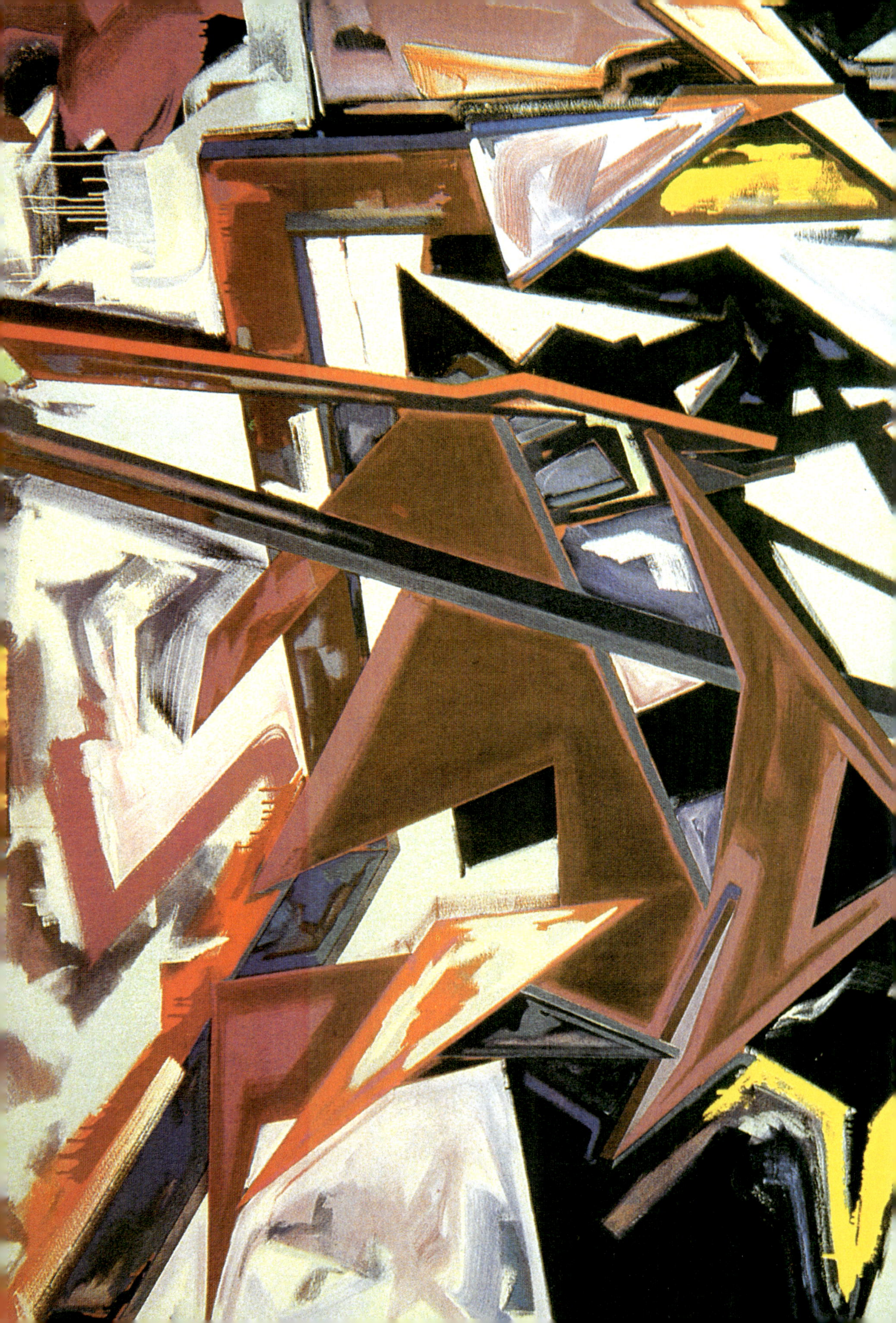

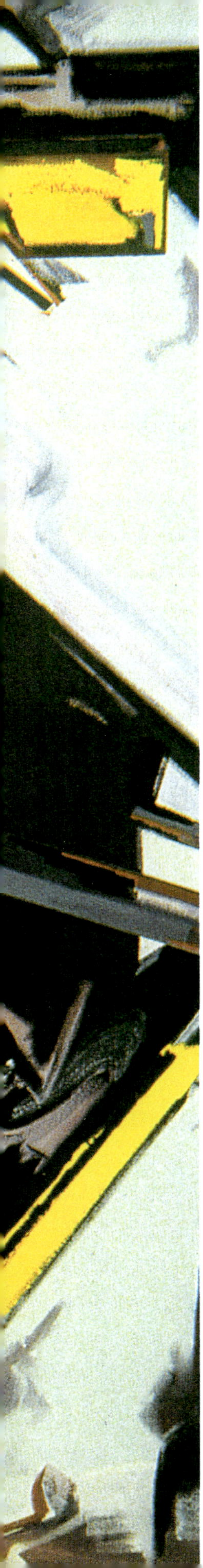

Die Geschichte der Acrylmalerei ist zwar noch kurz, kann jedoch bereits eine umfangreiche Sammlung an Werken von großer Ausdruckskraft vorweisen. Die Einführung der Acrylfarben in die schönen Künste fällt mit dem Höhepunkt der abstrakten koloristischen Malerei zusammen, die eine sehr freie Verwendung des Farbflecks mit sich brachte. Die Akzeptanz der neuen Farben erfolgte quasi unverzüglich und bezog bald auch die figürliche Malerei ein. Dieses Kapitel gibt einen Überblick über rund fünf Jahrzehnte der zeitgenössischen Kunst unter dem Aspekt der Acrylmalerei. Die Abbildungen zeigen die ganze Spannbreite der Möglichkeiten, die sich den Acrylfarben seit ihrer Erfindung bis heute erschlossen haben.

Ein neues Malverfahren

Die Möglichkeiten der abstrakten Malerei

Der abstrakte Expressionismus

Die Erfindung der Acrylfarben geht zwar auf das Jahr 1859 zurück, ihre Kommerzialisierung begann jedoch erst 1928. Die neuen Farben wurden zunächst industriell verwendet. Erst zu Beginn der vierziger Jahre begannen einige Künstler in den Vereinigten Staaten, damit zu experimentieren. Führende künstlerische Strömung war damals die großformatige abstrakte Malerei (der sogenannte abstrakte Expressionismus). Die abstrakten Maler suchten nach neuen Ausdrucksformen auf der Grundlage der Eigenschaften ihrer Malflächen, die sich aus dem flachen oder strukturierten Farbauftrag bzw. dem Duktus ihres Pinselstrichs ergaben. Das Interesse an den künstlerischen Möglichkeiten führte zu Experimenten mit neuem Material. Maler wie Jackson Pollock verteilten die Farbe unmittelbar aus der Dose oder legten ihre Leinwand flach auf den Boden und ließen die Farbe vom Pinsel darauf tropfen. Pollock scheute sich nicht, Industriefarben für seine Zwecke einzusetzen. Möglicherweise verwendete er auch Acrylfarben.

Andere Künstler nutzten bewußt die Eigenschaften der neuen Farben, um auf gewaltigen groben Leinwänden große transparente Farbflächen ähnlich wie mit Aquarellfarben anzulegen. Für viele von ihnen boten die Acrylfarben unbestreitbare Vorteile: Sie trocknen rasch und lassen sich zu äußerst feinen, stark verdünnten Schichten ausziehen, ohne daß die Gefahr einer Zersetzung oder späterer Krakelüren besteht. Impastos auf feuchten ebenen Flächen sind ebenso möglich wie umgekehrt die Anlage von Lasuren auf dicken Farbschichten. Da eines der Hauptziele der Künstler in der Erforschung neuer, origineller Ausdrucksmöglichkeiten bestand – Transparenzen und deckende Schichten, Strukturen etc. –, öffneten ihnen die Acrylfarben ein beinahe unbegrenztes Arbeitsfeld. Außerdem erforderten die gewaltigen Formate Farben, die sich rasch großflächig auftragen ließen (zum Beispiel mit einem Schwamm oder einem Lappen), was nur mit Acrylfarben möglich ist.

6

Abb. 6: Mark Rothko (1903–1970), *Hellrot auf Schwarz*, Tate Gallery, London. Rothko ist eine der herausragendsten Gestalten des abstrakten Expressionismus. Seine extrem einfache Technik besticht durch ihre sorgfältige Harmonisierung.

7

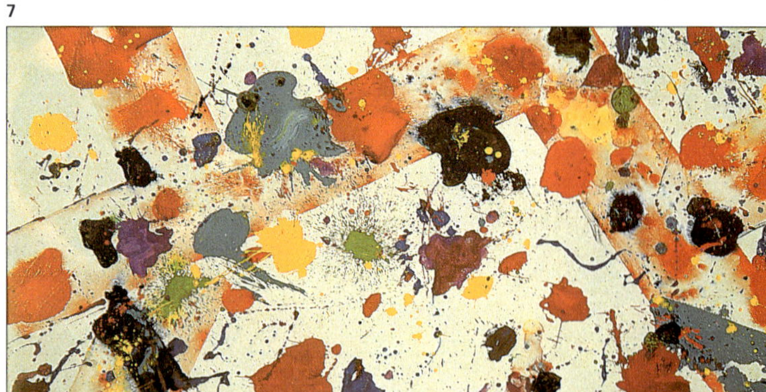

Abb. 7: Sam Francis (geb. 1923), *Ohne Titel*, Privatsammlung. In diesem Werk schöpft der Künstler die vitalen Möglichkeiten der reinen Farbflecken voll aus. Das Bild besteht aus einer Fläche, die vom Rhythmus der Farbflecken belebt wird.

8

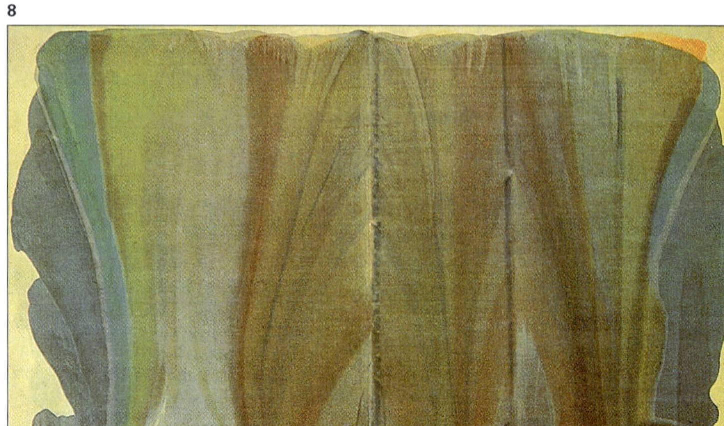

Abb. 8: Morris Louis (1912–1962), *Blauer Schleier*, Fogg Art Museum, Harvard Universität, Cambridge, Massachusetts. Für dieses Bild wurden die Acrylfarben wie Aquarellfarben verwendet. Der Künstler hat die Farben stark mit Wasser verdünnt und Lasuren und Transparenzen angelegt.

Farbstriche und Farbflecken

Eine der verbreitetsten Techniken der abstrakten Maler, die mit Acrylfarben arbeiten, besteht aus der Überlagerung unterschiedlicher Farbstriche und Flekken, ohne diese zu mischen (oder höchstens minimal). Dies ist mit Ölfarben praktisch unmöglich. Da Ölfarben sehr langsam trocknen, müßte der Maler zwischen den einzelnen Strichen unendlich warten, was das Verfahren ad absurdum führen würde. Die Anhänger dieser abstrakten Technik streben ein spontanes koloristisches Ergebnis an, das keine Vorausberechnung erfordert, sondern nur aus dem Augenblick entsteht. Nicht ganz gelungene Farbflecken werden rasch überdeckt, ohne daß sich Unmengen von Abstufungen aus den nachfolgenden Farbmischungen ergeben. Hinzu kommen die bereits erwähnten Lasuren, mit denen man die Impastos überziehen kann, sowie eine weitere Eigenschaft: Es spielt keine Rolle, ob die Leinwand bereits bemalt ist und wie dick diese Farbschicht ist. Man kann sie ganz oder teilweise überlagern, ohne daß die untere Schicht mit der Zeit wieder sichtbar wird, wie es bei Ölfarben geschieht.

Aus diesen Gründen haben sich zahlreiche abstrakte Maler bewußt für die Acrylfarben entschieden.

9

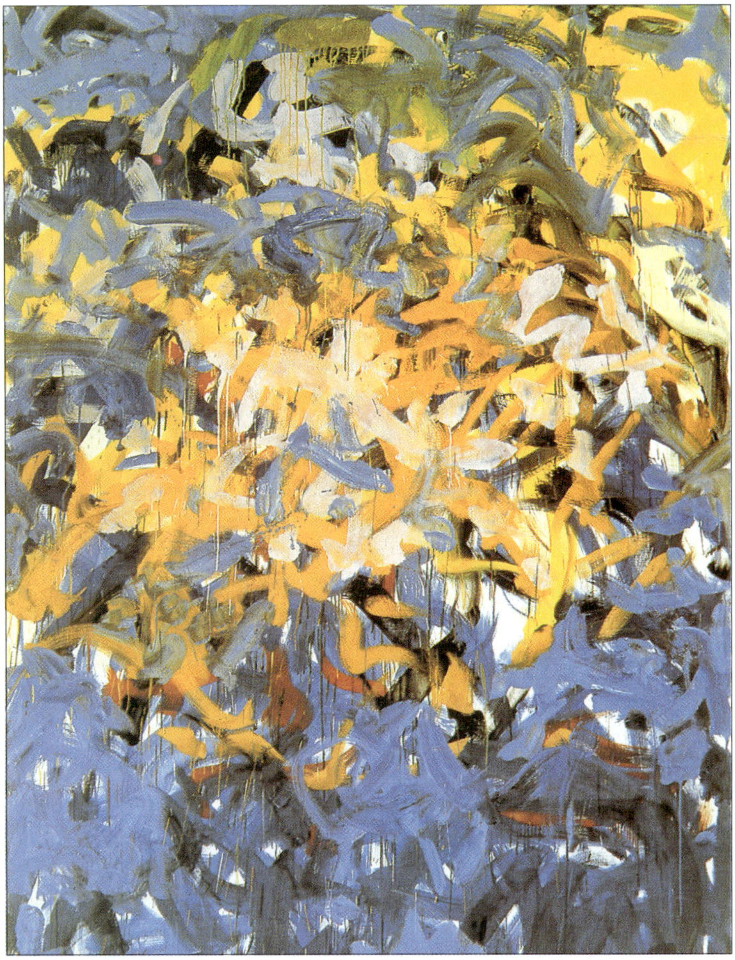

10

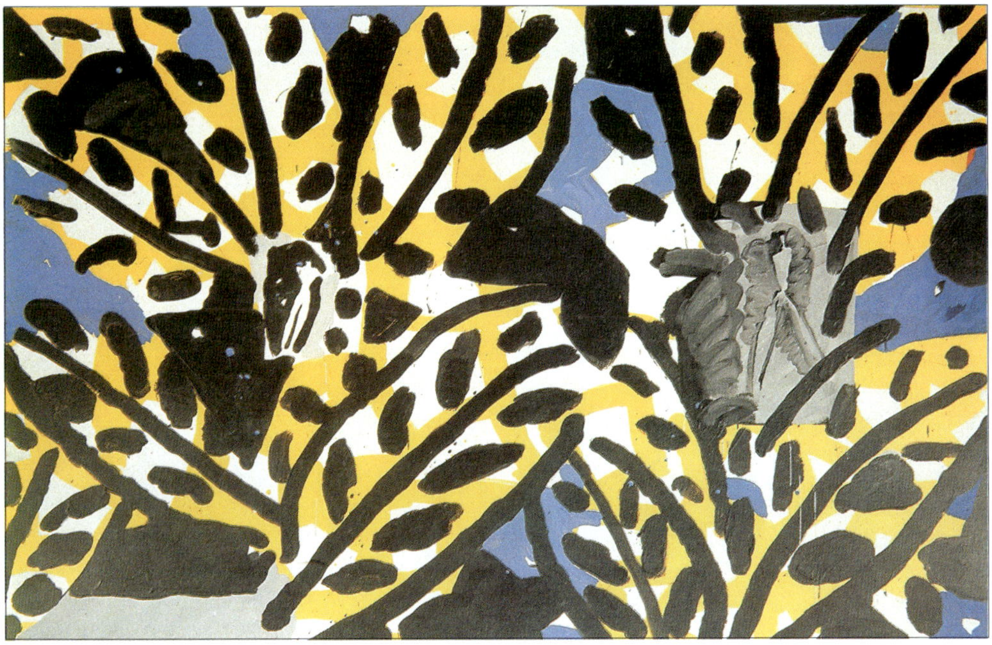

Abb. 9: Joan Mitchell (geb. 1926), *Erneut vorwärts III.*, Privatsammlung. Der Pinselstrich bildet den Protagonisten für dieses Werk. Zu der Dynamik des Strichs gesellt sich die farbliche Dynamik: die Flecken tauchen auf und verschwinden zwischen der Ansammlung von Farbstrichen, die einen Farbblock voller Nuancen bilden.

Abb. 10: Aki Kuroda (geb. 1944), *Messidor*, Stiftung Peter Stuyvesant, Amsterdam. Die schwarzen Striche und Flecken bilden den Kontrapunkt zu der Freiheit und Intensität der Farbe. Dank der Kontraste erinnert die Leuchtkraft des Werkes an mittelalterliche Glasfenster. Ein Beispiel für die malerische Intensität, die man mit Acrylfarben erreichen kann.

Die Möglichkeiten der gegenständlichen Malerei

Realismus und Hyperrealismus

Die gegenständlichen Maler zögerten zunächst länger, die Eigenschaften der Acrylfarben zu erproben. Vielleicht lastete die Bildtradition (die dem Wesen nach gegenständlich ist) stärker auf ihnen. Dabei bezogen sich die Probleme der gegenständlichen Malerei weniger auf die Zusammensetzung des Materials oder die Kombinationen unterschiedlicher Malflächen und Strukturen, als vielmehr auf die Fragen der Darstellung.

Bis zu den sechziger Jahren blieb die Ölmalerei die universelle Maltechnik. Als einer der ersten realistischen Maler griff der Engländer David Hockney die Acrylfarben auf. Er schuf seine Werke zunächst in Öl und entdeckte das neue Verfahren auf einer Reise in die Vereinigten Staaten, wo die Künstler bereits damit experimentierten. Ab diesem Zeitpunkt fertigte er den Großteil seiner Werke mit Acrylfarben an. Seltsamerweise behandelte er sie bei seinen realistischeren Bildern jedoch wie Ölfarben, was einige Nachteile mit sich brachte, vor allem die Schwierigkeit, große abgestufte Flächen anzulegen (zum Beispiel die Wirkung von Licht auf einer Wand). Aufgrund des schnellen Trocknungsvermögens der Acrylfarben konnte er die Töne nicht allmählich verschmelzen und aufhellen oder abschatten, ohne daß Pinselstriche sichtbar blieben. Hockney löste dieses Problem, indem er die Flächen während des Malens mit Wasser aus einem Zerstäuber besprühte und die Farbe auf diese Weise bis zur Beendigung seiner Arbeit feucht hielt. Seinerzeit gab es noch keine Trocknungsverzögerer.

Innerhalb seiner Experimente erreichte Hockney erstaunliche Ergebnisse, so spezielle Farbflecken durch Zugabe einer geringen Menge Spülmittel (was sich heute durch den Zusatz eines entsprechenden Malmittels erreichen läßt).

Die Intensität und Reinheit der Farben dieses Künstlers animierte zahlreiche weitere realistische Maler zur Erprobung der Acrylfarben und führte zu einer erstaunlichen Vielfalt an Ergebnissen. Der sogenannte Hyperrealismus oder Fotorealismus entstand teilweise aus der Verwendung von Acrylfarben für gegenständliche Werke. Die Acrylfarben ermöglichen eine ebenso große Genauigkeit und Klarheit der Details wie die Ölfarben, sind jedoch wesentlich reiner. Darüber hinaus können diese Details wegen des schnelleren Trocknungsvermögens in erheblich kürzerer Zeit als mit Ölfarben angelegt werden.

Die hyperrealistischen Künstler verwenden Fotos als Modell und reproduzieren sie großformatig mit einer Wirklichkeitstreue, die mit keinem mechanischen Verfahren zu erreichen wäre.

11

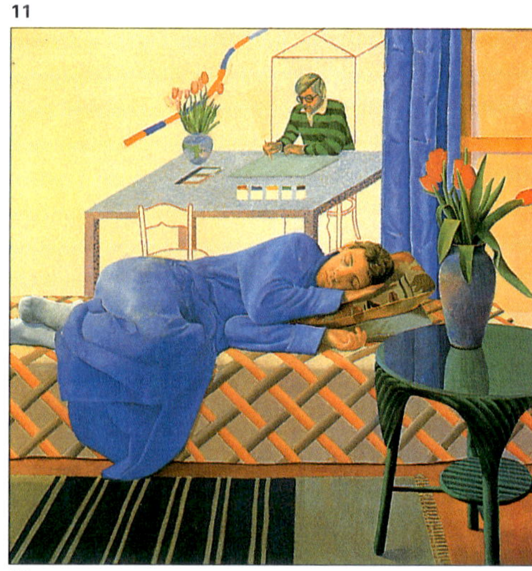

Abb. 11: David Hockney (geb. 1937), *Modell mit unvollendetem Selbstporträt*, Privatsammlung. Der Künstler ist einer der bedeutendsten Vertreter der Popart. In seinem Werk verbinden sich die unterschiedlichsten Stile: der Naturalismus, die naive Malerei sowie die abstrakte Kunst. Er gehört zu jenen europäischen Malern, die entschlossen zu Acrylfarben greifen.

12

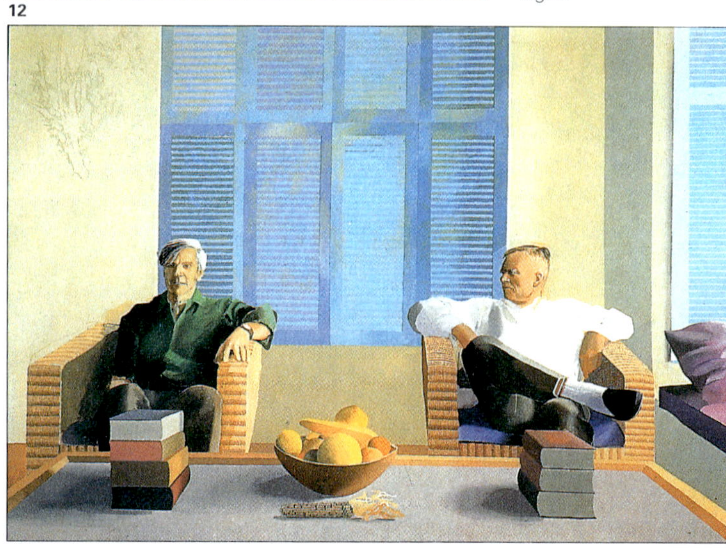

Abb. 12: David Hockney, *Christopher Isherwood und Don Bachardy*, Privatsammlung. Das Doppelporträt gehört zu den Meisterwerken Hockneys. Es wurde mit Acrylfarben angefertigt und ist der beste Beweis für die Möglichkeiten dieses Mediums innerhalb eines naturalistischen Stils. Die Brillanz der Nuancen und die Präzision der Formen, die mit Acrylfarben zu erreichen ist, halten auch den Vergleich mit jedem anderen Malverfahren aus. Hinsichtlich der Sättigung sind Acrylfarben den anderen Medien sogar überlegen.

Gegenständliche Experimente

Heutzutage greifen zahlreiche gegenständliche Maler zu Acrylfarben. Unter ihnen befinden sich etliche, die neue Verwendungsmöglichkeiten und technische Verfahren für ihre Zwecke erforschen. Eines dieser Verfahren kann in der Verwendung des Airbrush bestehen (einer kleinen Spritzpistole), mit dem man die Farbe wie bei der Gebrauchsgrafik aufsprüht. Die Arbeit mit dem Airbrush ergibt ein charakteristisches Erscheinungsbild ohne Pinselspuren mit perfekten feinen Abstufungen, die mit keinem anderen technischen Mittel zu erreichen wären.

Doch nicht nur das Experiment bewegt den modernen Künstler, bei der gegenständlichen Malerei mit Acrylfarben zu arbeiten. Aufgrund der Qualität, die mit dem modernen Medium zu erreichen ist, verwenden zahlreiche Maler es wie Ölfarben. Sie nutzen die Vorteile der Acrylfarben und gleichen die Nachteile mit jenen zahlreichen Hilfsmitteln aus, die im Handel erhältlich sind.

13

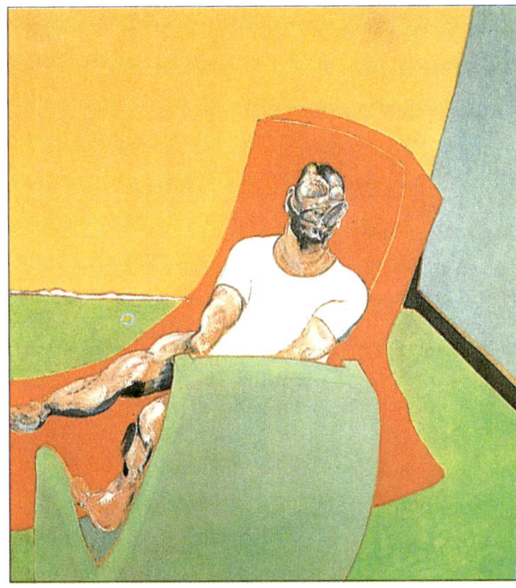

Abb. 13: Francis Bacon (1918–1992), *Sitzende Gestalt*, Privatsammlung. Francis Bacon verwendete Acrylfarben für den flachen Untergrund und malte mit Ölfarben weiter. Die Impastos bestehen aus Ölfarben. Die Intensität der flachen Lasuren ist nur mit Acrylfarben zu erreichen.

14

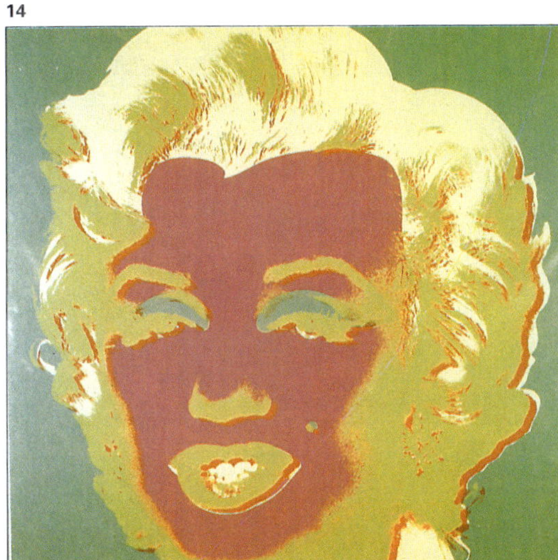

Abb. 14: Andy Warhol (1930–1987), *Marilyn Monroe*, Privatsammlung. Die Acrylfarben eignen sich ebenfalls so für moderne Techniken wie die Serigraphie. Die Popartkünstler machten äußerst originellen Gebrauch davon.

15

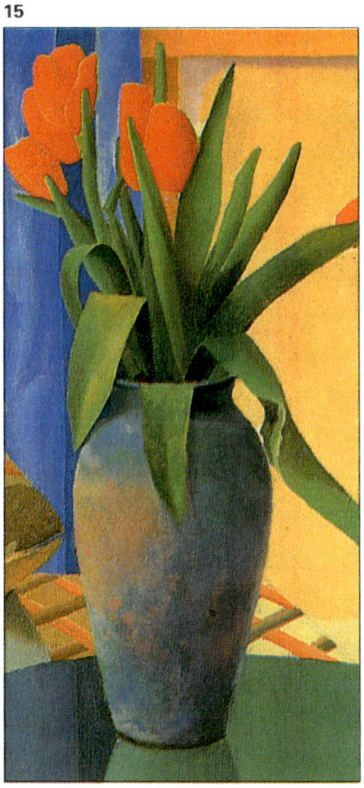

Abb. 15: David Hockney (Ausschnitt aus Abb. 11). Aus diesem Detail geht die gewissenhafte Arbeit bei der realistischen Darstellung des Krugs und der Blumen deutlich hervor.

16

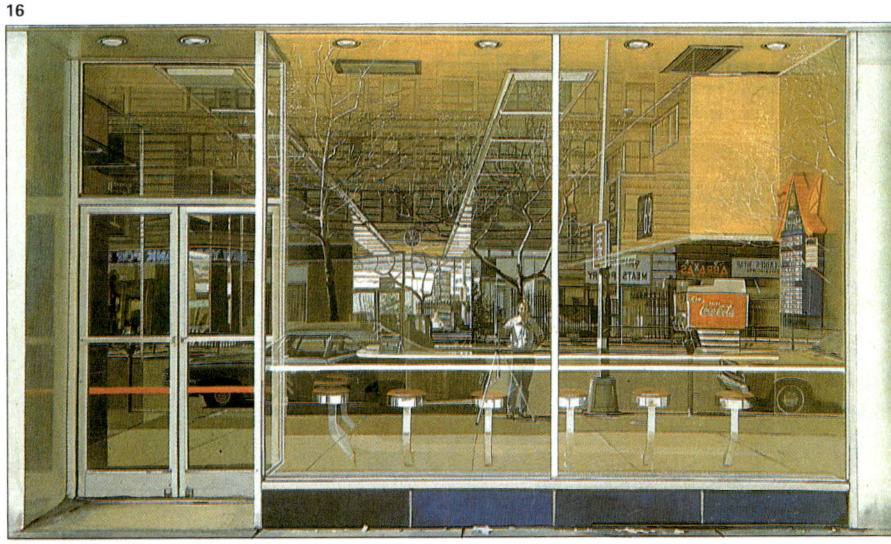

Abb. 16: Richard Estes (geb. 1932), *Gespiegeltes Selbstporträt*. Der sogenannte Hyperrealismus erreichte in den sechziger Jahren seinen Höhepunkt. Seine Anhänger verwendeten Acrylfarben wegen des raschen Trocknungsvermögens und der Möglichkeit, mit Masken und Schablonen zu arbeiten.

Popart und neueste Tendenzen

17

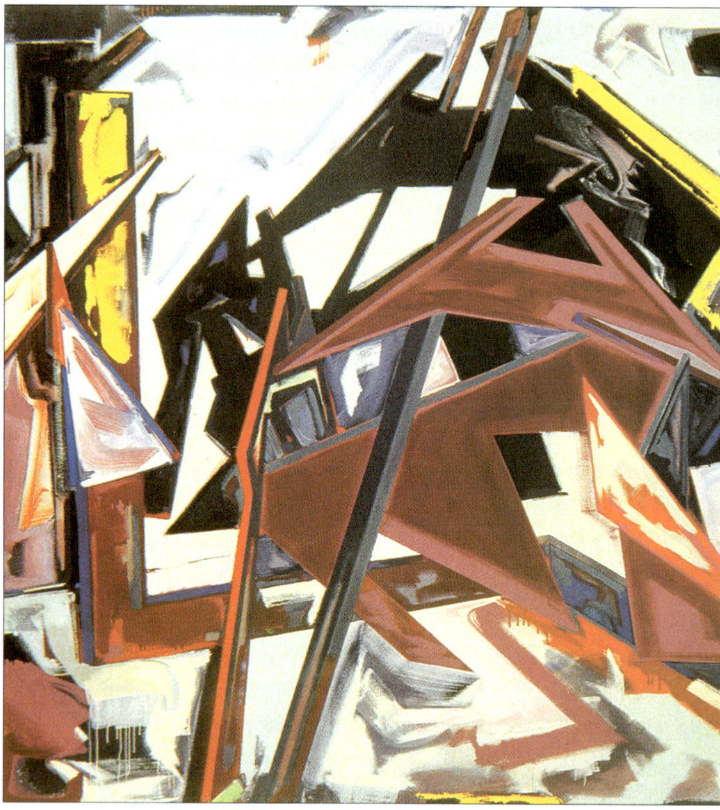

Abb. 17: Dennis Ashbaugh (geb. 1946), *Große Erleichterung für eine große Migräne*, Privatsammlung. Eine freie, ungezwungene Komposition, die man als abstrakt bezeichnen könnte, würden die Formen keinen dreidimensionalen Raum andeuten. Werke wie dieses, die zwischen der gegenständlichen und der abstrakten Malerei liegen, sind für unsere Zeit charakteristisch.

Andy Warhol ist der große Protagonist der Popart. Sein Werk setzt sich aus Motiven zusammen, die er den Zeitschriften und der Werbung entnahm. Das Gesicht von Marilyn Monroe, die Gestalt von Elvis Presley oder die Suppendose von Campbell sind nur einige Beispiele, die er in sein Werk aufnahm und vielfach reproduzierte. Darin lag eine Kritik, die sich sowohl auf die Banalität der kommerziellen Produkte als auch auf das übermäßig Elitäre in der Kunstwelt bezog. Dennoch wurden Warhols Bilder sofort als eigenständige Werke anerkannt, und zahlreiche Künstler folgten seinem Weg.

Warhols Innovation bezog sich nicht nur auf die Thematik. Auch seine Technik war neu. Der Künstler arbeitete mit Serigraphien und flüssiger Acrylfarbe. Diese unpersönliche Technik fand in den Acrylfarben einen idealen Verbündeten.

Die Kommunikationsmittel

Zu Beginn der sechziger Jahre begann eine Gruppe New Yorker Künstler mit einer Form der Malerei, die sich restlos von den abstrakten und gegenständlichen Strömungen ihrer Zeit unterschied. Sie inspirierte sich nicht an der Natur (wie die gegenständlichen Maler) oder an einer Verbindung malerischer Ideen ihrer persönlichen Phantasien (wie die Abstrakten). Ihr Ausgangspunkt waren vielmehr Bilder des Konsums, die Welt der Werbung, die Reklame, die Comics etc. Das war eine echte Provokation, denn es bedeutete das Eindringen der Popkultur und der Massenkommunikationsmittel in die exklusive Welt der hohen Kultur. Die Attraktivität der Bilder jener Maler führte am Ende jedoch zu ihrer Aufnahme in den Kreis der Künste.

Eine Thematik wie diese konnte nicht mit traditionellen Mitteln behandelt werden. Techniken wie die Ölmalerei waren zu sehr mit gewichtigen Konnotationen befrachtet. Die Maler suchten daher nach modernen, nicht von der Geschichte belasteten Verfahren, die darüber hinaus eine unpersönliche Behandlung des Motivs ermöglichten.

18

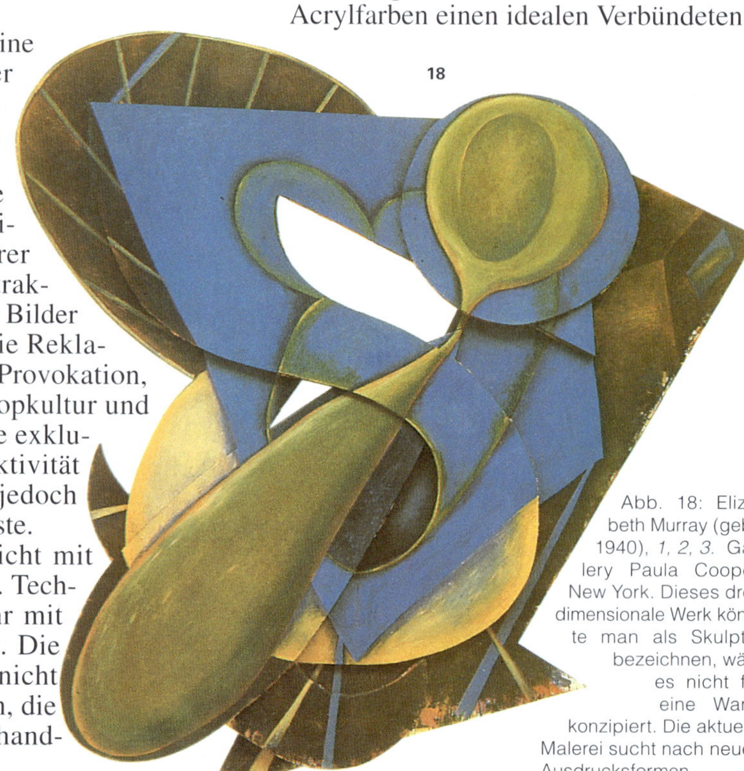

Abb. 18: Elizabeth Murray (geb. 1940), *1, 2, 3*. Gallery Paula Cooper, New York. Dieses dreidimensionale Werk könnte man als Skulptur bezeichnen, wäre es nicht für eine Wand konzipiert. Die aktuelle Malerei sucht nach neuen Ausdrucksformen.

19

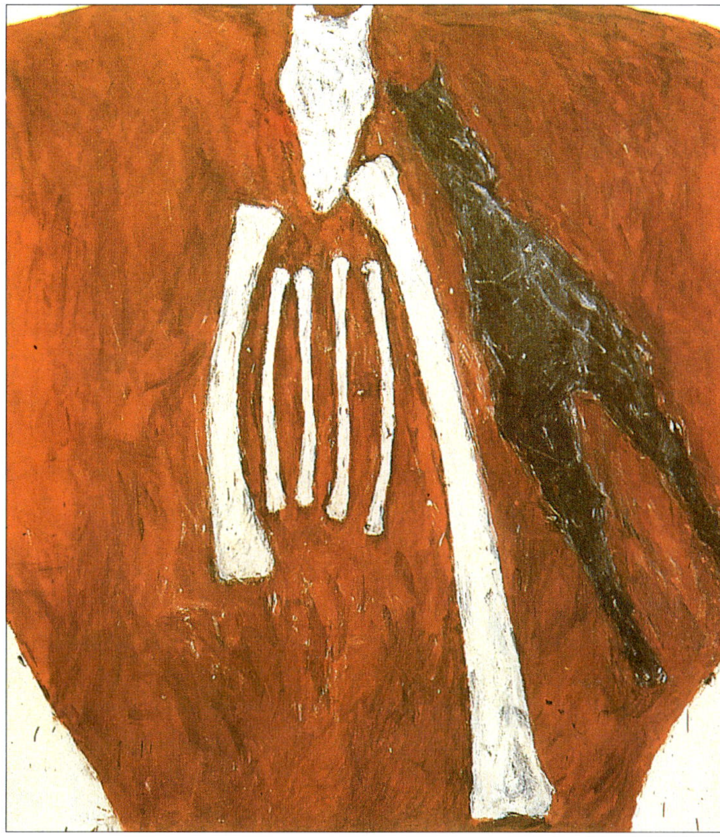

Abb. 19: Susan Rothemberg (geb. 1945), *Rotes Banner*, Privatsammlung. Der Primitivismus und das Erbe der großen Meister der abstrakten Malerei haben zahlreiche heutige Maler entscheidend beeinflußt. Die markantesten Vertreter der derzeitigen künstlerischen Strömungen haben sich eindeutig für die Verwendung von Acrylfarben entschlossen.

Zahlreiche weitere Popkünstler schlugen ähnliche Wege wie Warhol ein und nahmen die Techniken der Plakat- und Schildermalerei, der Gebrauchsgrafik etc. in ihr Werk auf. So entstanden zahlreiche Bilder mit Hilfe von Schablonen, Rastern, Aussparungen unterschiedlicher Art, Collagen aus anderen Bildern, Reliefs und erstaunlichen Impastos. Die Popart öffnete das Tor zu einer neuen Ansammlung von Themen, Motiven und Techniken, die auch heute noch von vielen modernen Künstlern erfolgreich ausgeschöpft wird.

20

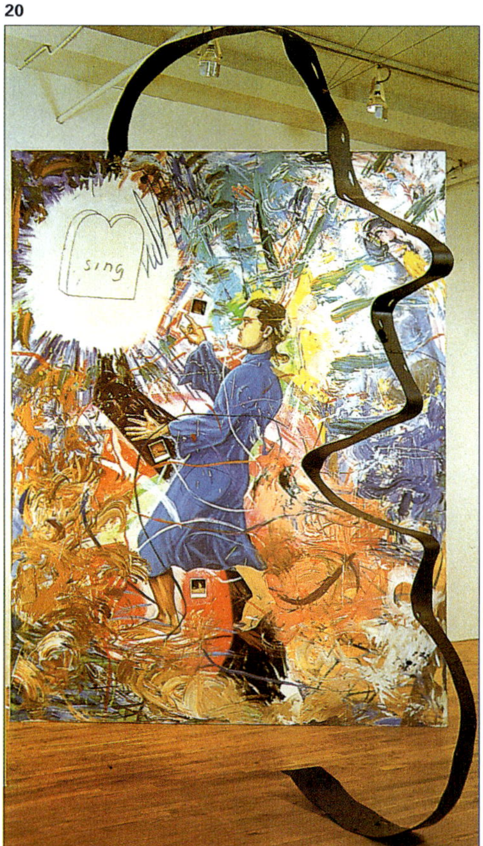

Die neuesten Tendenzen

Aufgrund des Fehlens klarer stilistischer Strömungen ist es heutzutage schwierig, genau zu sagen, wohin die gegenwärtigen Tendenzen in der Malerei gehen. Es gibt keine eindeutige Avantgarde. Die Künstler suchen ihre Inspiration sowohl in der Vergangenheit als auch in der unmittelbaren Gegenwart. Fest steht jedoch, daß die Acrylfarben ihren zentralen Platz in der aktuellen Malerei gefunden haben. Die Mehrzahl der jungen Künstler hat sich wegen ihrer Reinheit, ihrer leichten Handhabung und ihres raschen Trocknungsvermögens dafür entschieden. Angesichts der zahlreichen Zusatz- und Hilfsmittel, die dem Künstler zur Verfügung stehen, haben sich die Möglichkeiten für eine persönliche Technik vervielfacht. Die Kombination von Malgründen, Materialien, Mischtechniken etc. ist zu einer Konstanten der modernen Malerei geworden, und die Acrylfarben liefern der neuen Künstlergeneration weiterhin unerforschte Gebiete zum Experimentieren.

Abb. 20: John Borofsky (geb. 1942), *Sing*, Philadelphia Museum of Art. Die Vielseitigkeit der Acrylfarben kommt der kreativen Verwegenheit zahlreicher zeitgenössischer Maler sehr entgegen. Acrylfarben können mit vielen anderen Malverfahren kombiniert werden. Ihre herrliche Brillanz und ihre Farbfrische entspricht der Stimmung der jungen Künstler.

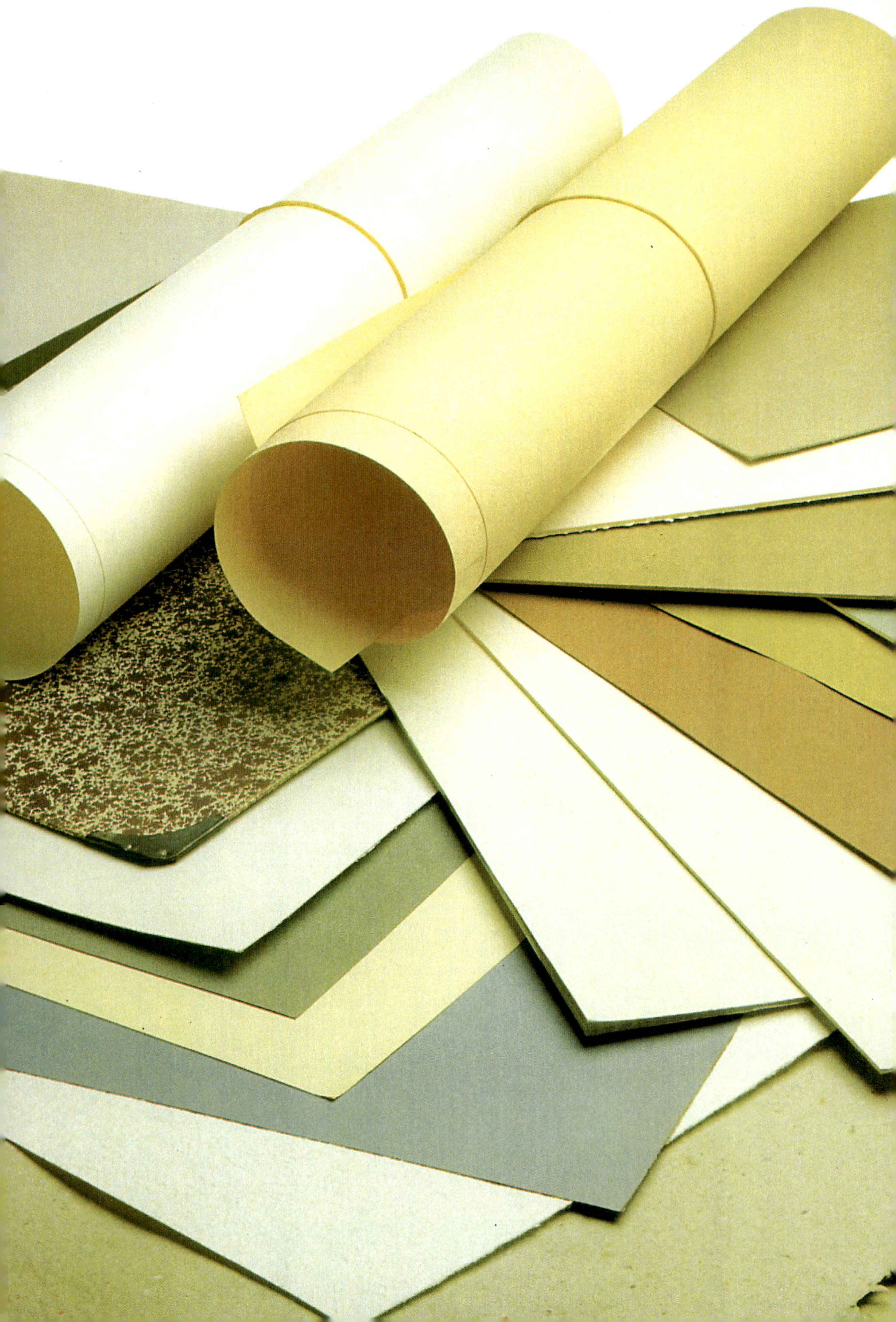

Im Gegensatz zu den herkömmlichen Malverfahren gibt es für Acrylfarben keine festgelegte akademische Technik. Es existieren keine Lehrbücher, aus denen man die korrekte Malweise mit Acrylfarben entnehmen kann. Deshalb wählt jeder Künstler seinen Malgrund und sein Material selbst und führt sein Werk auf seine persönliche Weise aus. Einzig die Freiheit und die Kreativität setzen die Maßstäbe. Um zu dieser Freiheit zu gelangen, muß man jedoch die Eigenart des Mediums kennen und wissen, was man erwarten darf und was man lieber meiden sollte. In diesem Kapitel beschreiben wir das erforderliche Material und das Zubehör, angefangen von den Farbensortimenten bis zur Einbeziehung der Acrylfarben in die sogenannten Mischtechniken.

Material und Zubehör

Die Beschaffenheit des Mediums

Acrylfarben

Die Acrylfarben sind eine Variante der sogenannten Polymerfarben, deren Bindemittel aus einer wäßrigen, stark polymerisierten Kunststoffemulsion besteht. Die Polymerisation ist ein chemisches Verfahren, bei dem sich niedermolekulare ungesättigte Verbindungen – Monomere – zu Polymeren aneinander lagern. Beim Trocknen des Wassers oder der Emulsionsflüssigkeit, in der die Teilchen schwimmen, vereinen sich die Kunststoffpartikel und formen einen transparenten elastischen Film, der wasserunlöslich ist: Kunstharz mit Eigenschaften ähnlich denen von Naturharz wie Kautschuk oder Latex. Aufgrund dieser Eigenschaften bilden die polymerisierten Emulsionen nicht nur die Grundlage für die meisten Leime und Kleber, sondern auch für eine außerordentliche Vielfalt von festen Produkten: Metakrylverbindungen, Polyester etc. Wegen ihrer Transparenz und Elastizität eignen sie sich ebenfalls für Farben unterschiedlicher Art.

Für die künstlerische Malerei werden diese Substanzen seit 1948 genutzt und führten zur Entwicklung zweier Farbsorten: den Vinylfarben und den Acrylfarben.

Diese beiden Farben werden häufig verwechselt. Sie unterscheiden sich wie folgt: Vinylfarben enthalten Polyvinylazetat als Bindemittel (PVA), das man auch als (synthetisches) *Latex* bezeichnet. Latex ist farbig und von milchiger Konsistenz, die beim Trocknen transparent wird. Weißleim ist nichts anderes als eine Version dieses synthetischen Latex. Im Handel findet man es unter der Bezeichnung *Latexfarben, Wasserfarben oder Plastikfarben.*

Das Bindemittel Acryl (in wäßriger Lösung) ist durchsichtiger als Latex und sofort an seinem starken Amoniakgeruch zu erkennen. Nach dem Trocknen ist es härter und widerstandsfähiger als Vinyl.

22

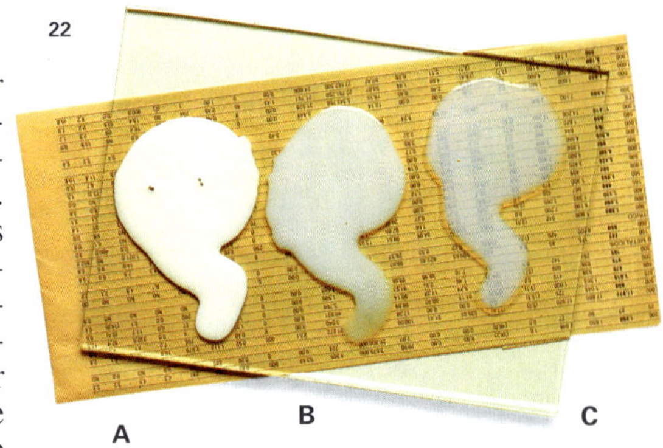

Abb. 22: Muster mit synthetischem Latex (links), mattem Acrylmedium (Mitte) und hochglänzendem Acrylmedium (rechts) zum Verdünnen. Latex ist leicht milchig und erheblich undurchsichtiger als das Acrylmedium.

23

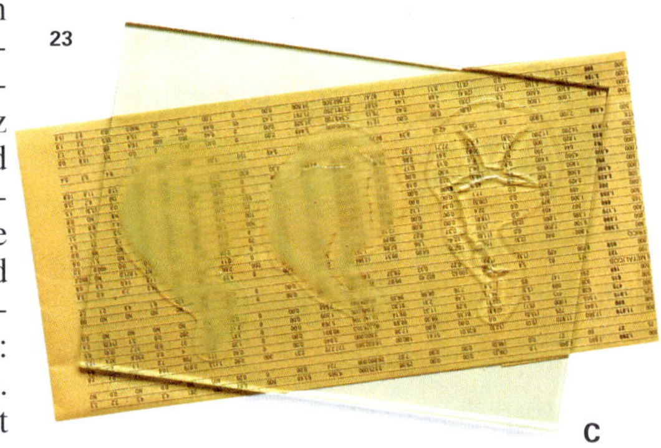

Abb. 23: Die drei vorigen Muster nach dem Trocknen. Das Acrylmedium (vor allem das hochglänzende) ist völlig transparent. Diese Eigenschaft sorgt für die besondere Farbintensität der Acrylfarben.

24

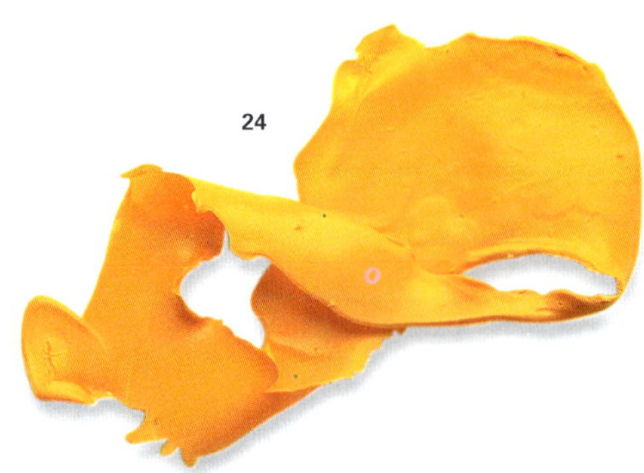

Abb. 24: Eine Acrylschicht, die auf Glas getrocknet war und sich anschließend abgelöst hat. Acrylfarben benötigen einen porösen Untergrund, um permanent zu haften. Sonst lösen sie sich wie eine Haut ab und bilden einen elastischen Film.

25

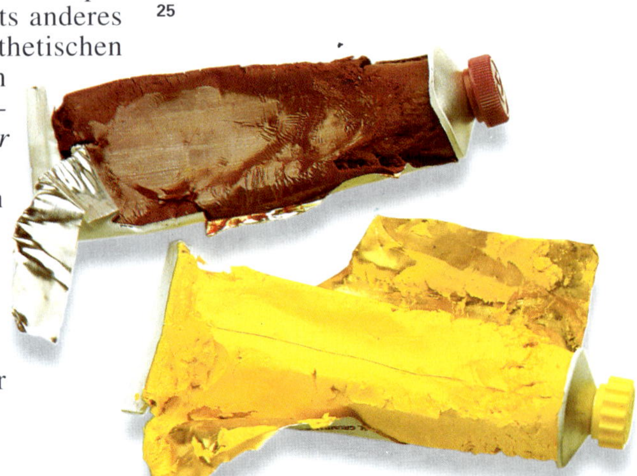

Abb. 25: Zwei Tuben mit Acrylfarben, deren Inhalt getrocknet ist. Acrylfarben trocknen gleichmäßig auf und sind anschließend nicht mehr mit Wasser zu lösen.

Das zuvor erwählte Bindemittel, gemischt mit Pigmenten, bildet die Grundlage für die Acrylfarben. Die Pigmente sind für alle Verfahren die gleichen. Die Art des Bindemittels bestimmt die Eigenschaften der Acrylfarben. Betrachten wir diese näher, und vergleichen sie mit denen der anderen Farben.

Acrylfarben trocknen ebenso wie Aquarellfarben durch Verdunsten des Wassers und beinahe ebenso rasch. Im Gegensatz zu den Aquarellfarben sind sie deckend und undurchsichtig. Man kann sie also unbegrenzt übermalen: Nach dem Trocknen ist die Farbe unlöslich. Im Vergleich zu den Ölfarben besitzen Acrylfarben ein erheblich rascheres Trocknungsvermögen. Sie verändern weder ihren Ton, noch werden sie rissig oder gelbstichig. Außerdem sind sie sehr elastisch und licht- und wetterbeständig.

Aufgrund des zuvor Gesagten scheinen die Acrylfarben das ideale Medium für den Künstler zu sein. Das gilt gewiß für jene Maler, denen das langsame Trocknen lästig ist und die ihre Arbeit verbessern und übermalen können möchten.

26

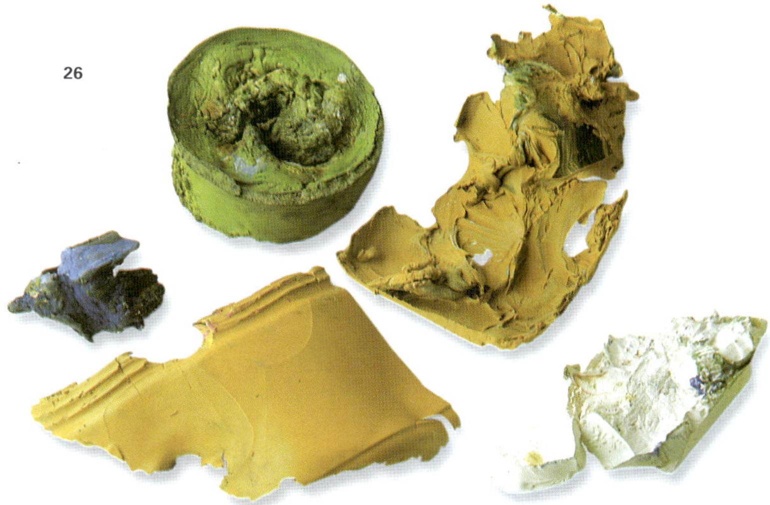

27

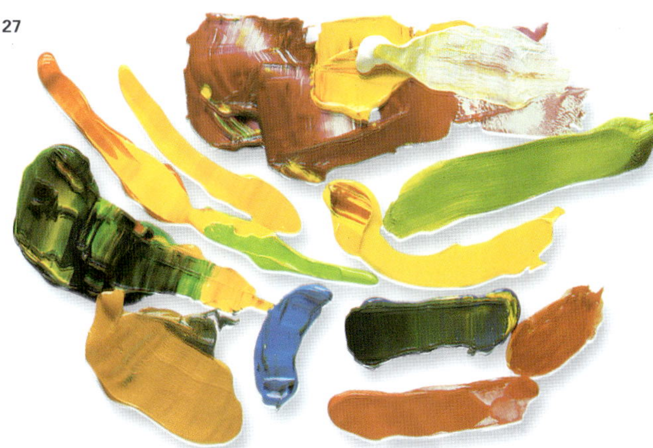

28

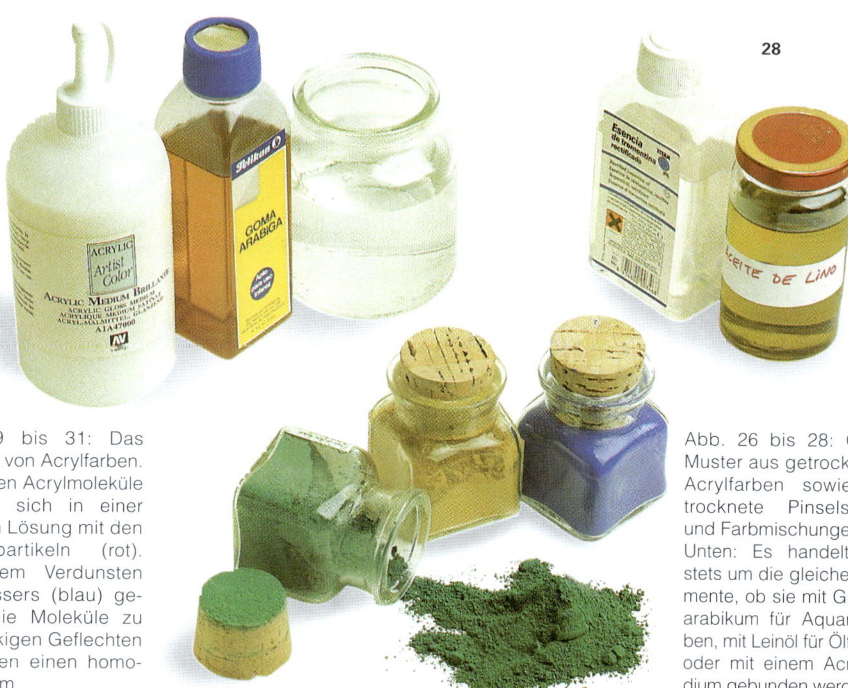

29

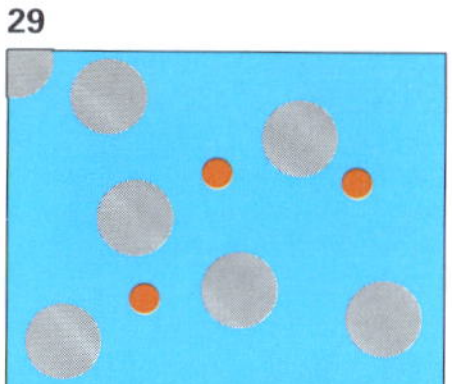

30

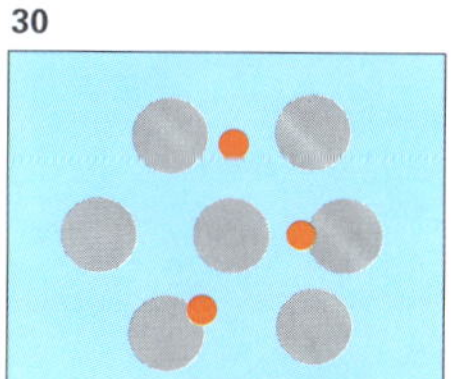

31

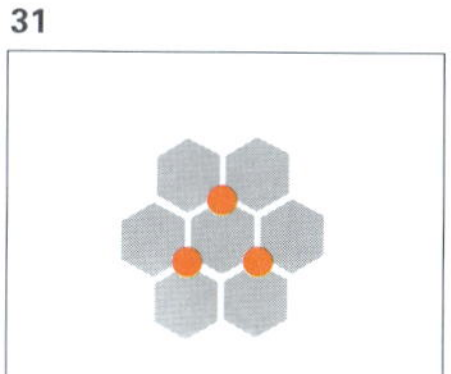

Abb. 29 bis 31: Das Trocknen von Acrylfarben. Die grauen Acrylmoleküle befinden sich in einer wäßrigen Lösung mit den Pigmentpartikeln (rot). Nach dem Verdunsten des Wassers (blau) gerinnen die Moleküle zu sechseckigen Geflechten und bilden einen homogenen Film.

Abb. 26 bis 28: Oben: Muster aus getrockneten Acrylfarben sowie getrocknete Pinselstriche und Farbmischungen. Unten: Es handelt sich stets um die gleichen Pigmente, ob sie mit Gummiarabikum für Aquarellfarben, mit Leinöl für Ölfarben oder mit einem Acrylmedium gebunden werden.

Handelsformen und Eigenschaften

32

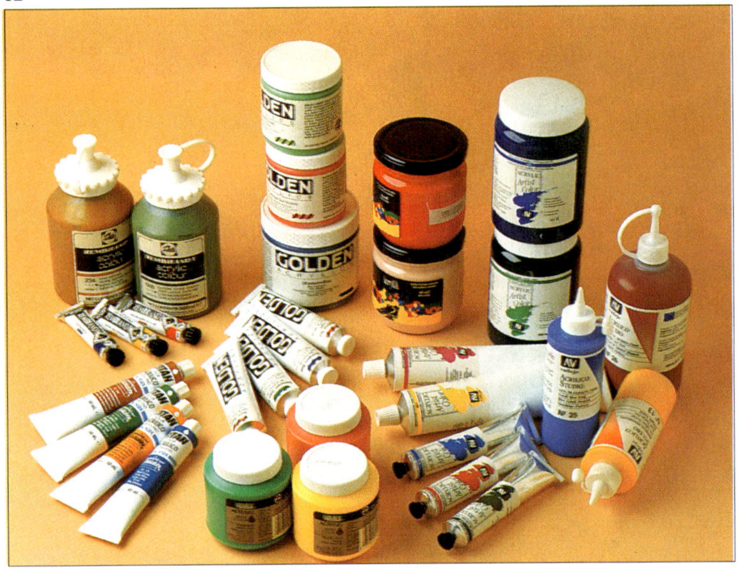

33

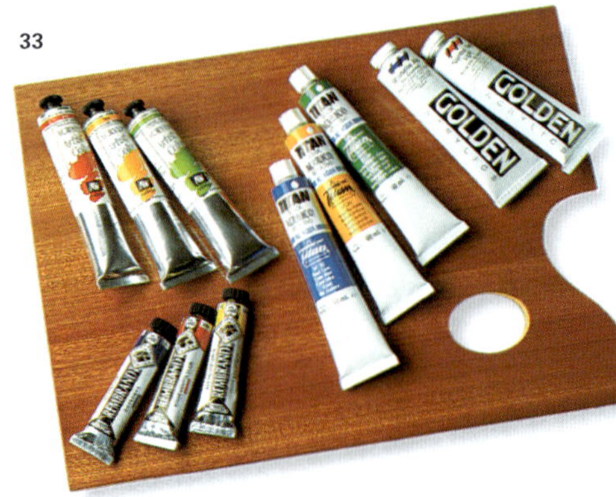

Abb. 32 bis 35: Verschiedene Handelsformen von Acrylfarben: Tuben unterschiedlicher Größe, Flaschen mit Dosierhilfe und Gefäße mit großem Fassungsvermögen und Schraubverschluß. Acrylfarben werden in den gleichen Behältern wie Ölfarben angeboten und in erheblich größeren Mengen als alle übrigen Malmedien.

Handelsformen

Der Handel führt ein gewaltiges Sortiment an Erzeugnissen auf Acrylbasis, und manchmal fällt es schwer, die Grenze zwischen den eigentlichen Künstlerfarben und Spezialprodukten zu ziehen (für Dekoration, Kunsthandwerk, Textilmalerei, Modellbau etc.).

Grundsätzlich können wir drei Handelsformen für Künstlerfarben unterscheiden: cremige Tubenfarben, cremige Farben in Dosen oder Gläsern und Flüssigfarben in Flaschen. Jeder Hersteller bietet unterschiedliche Größen an, die von kleinen Farbtuben bis zu großen Kanistern von knapp 20 Litern reichen. Fast alle Hersteller haben ihre flexiblen Kunststofflakons mit einer Dosierhilfe versehen, so daß man nur die benötigte Menge entnimmt und verhindert, daß die Farbe im Innern auftrocknet.

Zu den Herstellern von Acrylfarben in Künstlerqualität gehören die deutsche Firma Schmincke, die Spanier Vallejo und Titán, die Engländer Daler-Rowney und Winsor & Newton, der Niederländer Talens, der Italiener Acryla, der Franzose Lascaux und die Amerikaner Grumbacher, Liquitex und Golden. Alle genannten Hersteller bieten darüber hinaus jene Mal- und Hilfsmittel an, von denen auf den folgenden Seiten die Rede sein wird.

34

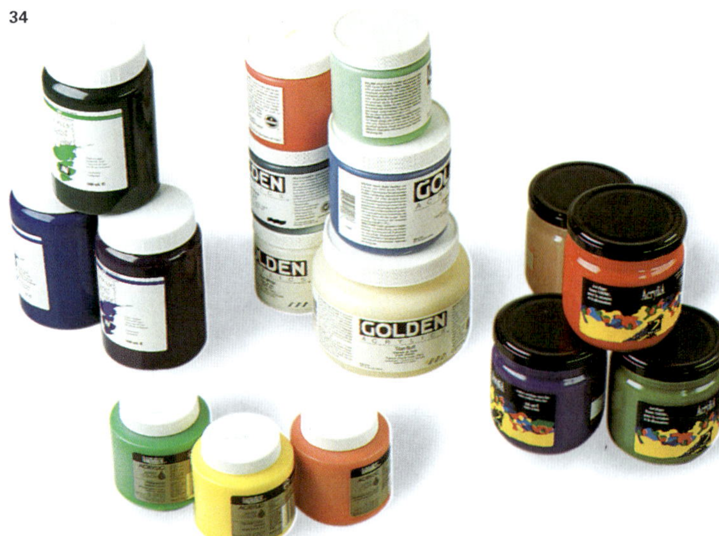

35

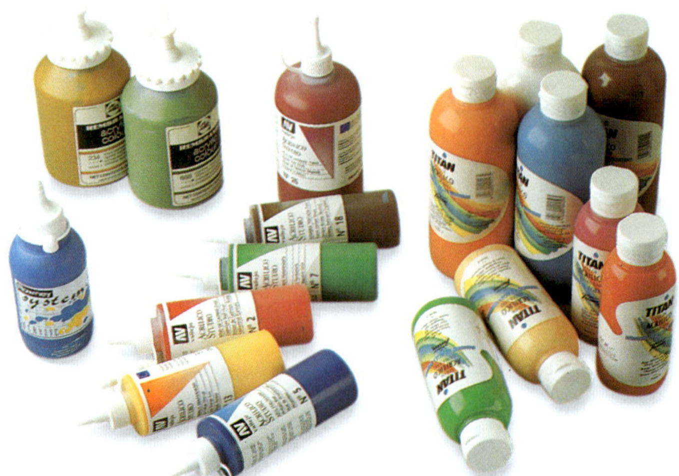

36

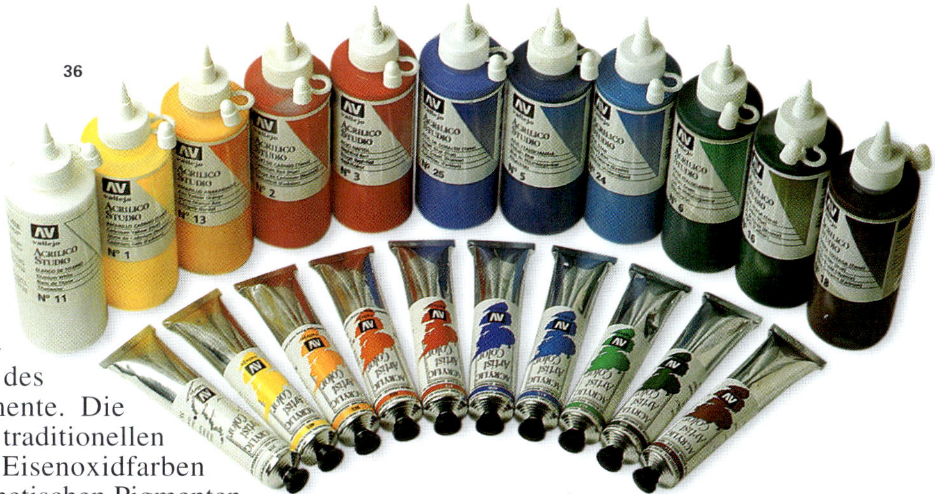

Die Farben

Das Sortiment an Acrylfarben variiert von Hersteller zu Hersteller. Gewöhnlich ist es genauso umfangreich wie für alle anderen Farben (mit Ausnahme der Pastellfarben) und vergrößert sich ständig dank des Auftauchens neuer Pigmente. Die Nuancen reichen von den traditionellen Kadmium-, Kobalt- und Eisenoxidfarben bis zu den modernen synthetischen Pigmenten wie Azopigmente, Phtalozyanin und Chinachridon. Allerdings kann heutzutage praktisch jedes klassische Pigment in akzeptabler Qualität synthetisch hergestellt werden.

Der Ersatz gewisser natürlicher Pigmente durch synthetische Substanzen führt einerseits zu einer Senkung des Preises, ist in manchen Fällen aber auch auf das Bestreben zurückzuführen, toxische oder allergische Substanzen bei der Zusammensetzung der Farben zu vermeiden.

37

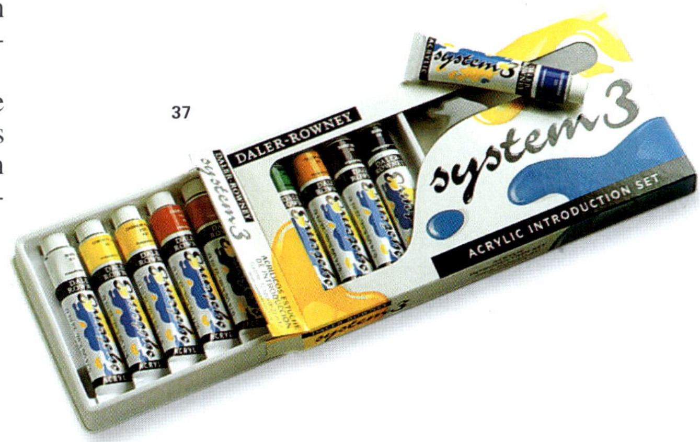

Abb. 36 bis 38: Sortiment aus Tuben und Flaschen mit Dosierhilfe der Firma Vallejo (oben), Farbkasten der Marke Rowney (Mitte) und Holzkasten mit einem Farbensortiment und Zubehör der Firma Titán.

38

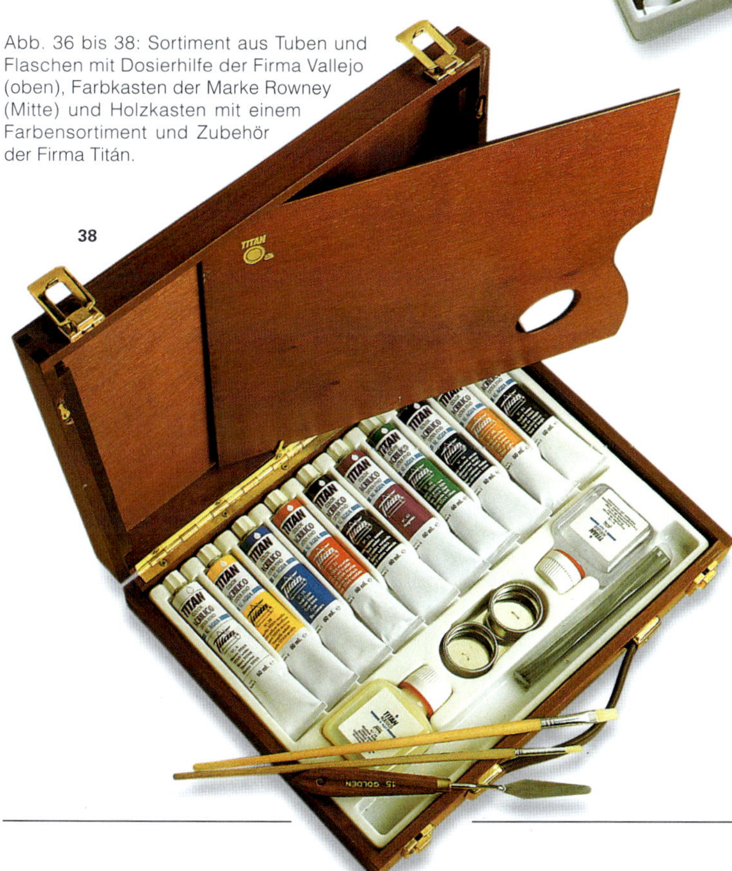

Die Wahl eines Sortiments

Die deutsche Firma Schmincke bietet ein Holzset mit sechs Tuben sowie Malkästen mit 11 bzw. 15 Farbtönen plus Weiß und Zubehör an, die für den Anfänger ausreichen. Größere Malkästen sind von keinem Hersteller erhältlich. Vielleicht liegt der Grund darin, daß die Acrylfarben verhältnismäßig neu sind und sich noch keine Tradition für ein übliches Sortiment und Zubehör herausgebildet hat. Wie wir noch feststellen werden, erfordern die Acrylfarben eine total andere Arbeitsweise als die übrigen Medien: Paletten, Pinsel, Verdünner etc. werden zum Beispiel nicht wie bei der Öl- oder Aquarellmalerei verwendet und vor allem nicht immer auf die gleiche Weise. Jeder Künstler hat seine eigene Methode.

39a

Schmincke PRIMAcryl®

Künstler-Acrylfarben – Sorte 13

Professional artists' acrylic colours

Couleurs acryliques extra-fines pour artistes

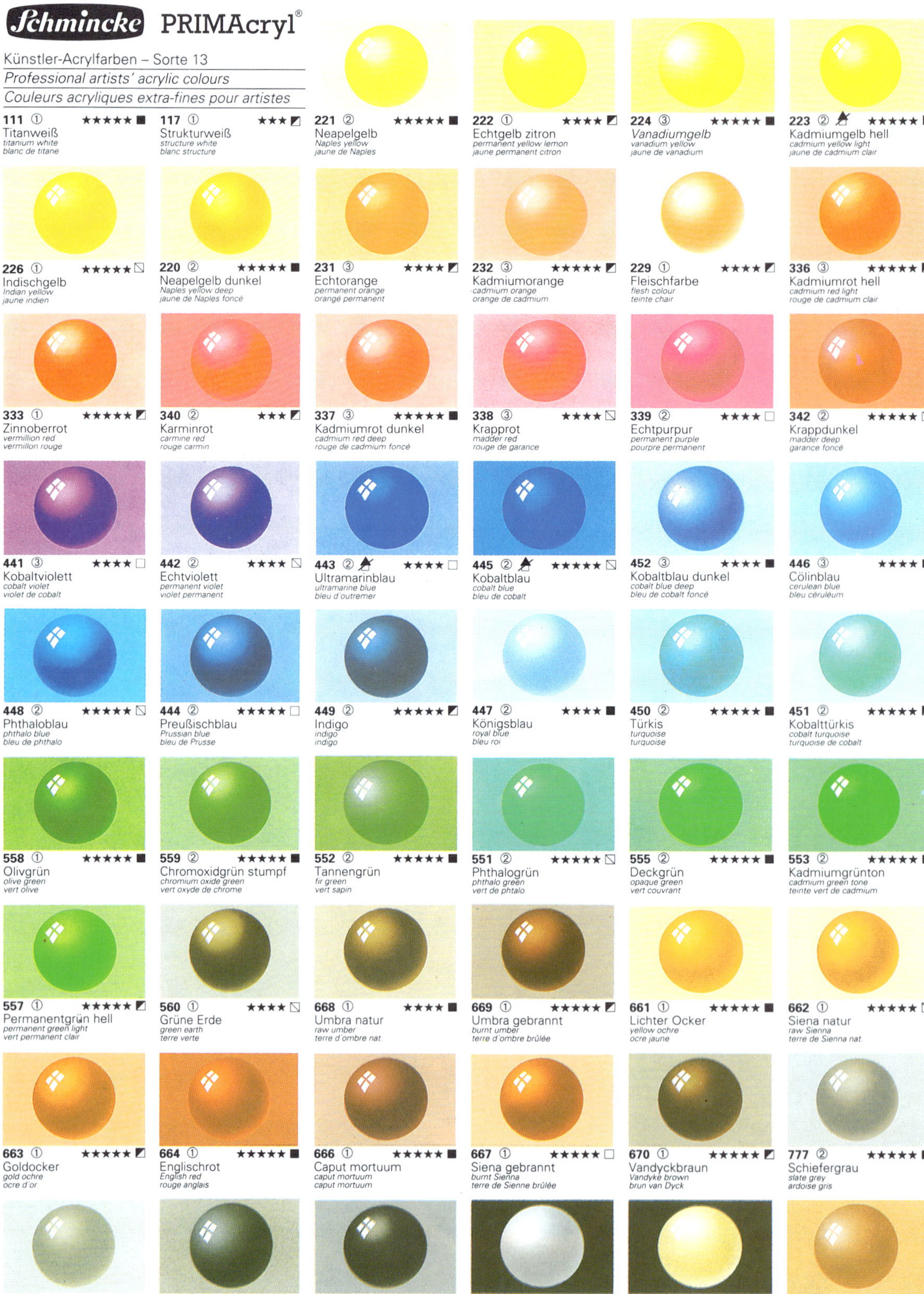

Nr.				Deutsch	English	Français
111	①	★★★★★	■	Titanweiß	titanium white	blanc de titane
117	①	★★★	◩	Strukturweiß	structure white	blanc structure
221	②	★★★★★	■	Neapelgelb	Naples yellow	jaune de Naples
222	①	★★★★	◩	Echtgelb zitron	permanent yellow lemon	jaune permanent citron
224	③	★★★★★	■	*Vanadiumgelb*	vanadium yellow	jaune de vanadium
223	②	★★★★★	◩	Kadmiumgelb hell	cadmium yellow light	jaune de cadmium clair
226	①	★★★★★	⧄	Indischgelb	Indian yellow	jaune indien
220	②	★★★★★	■	Neapelgelb dunkel	Naples yellow deep	jaune de Naples foncé
231	③	★★★★	◩	Echtorange	permanent orange	orangé permanent
232	③	★★★★★	◩	Kadmiumorange	cadmium orange	orange de cadmium
229	①	★★★★	◩	Fleischfarbe	flesh colour	teinte chair
336	③	★★★★★	◩	Kadmiumrot hell	cadmium red light	rouge de cadmium clair
333	①	★★★★★	◩	Zinnoberrot	vermillion red	vermillon rouge
340	②	★★★	◩	Karminrot	carmine red	rouge carmin
337	③	★★★★★	■	Kadmiumrot dunkel	cadmium red deep	rouge de cadmium foncé
338	③	★★★★	⧄	Krapprot	madder red	rouge de garance
339	②	★★★★	□	Echtpurpur	permanent purple	pourpre permanent
342	②	★★★★★	⧄	Krappdunkel	madder deep	garance foncé
441	③	★★★★	□	Kobaltviolett	cobalt violet	violet de cobalt
442	②	★★★★	⧄	Echtviolett	permanent violet	violet permanent
443	②	★★★★	□	Ultramarinblau	ultramarine blue	bleu d'outremer
445	②	★★★★★	⧄	Kobaltblau	cobalt blue	bleu de cobalt
452	③	★★★★	■	Kobaltblau dunkel	cobalt blue deep	bleu de cobalt foncé
446	③	★★★★	■	Cölinblau	cerulean blue	bleu céruléum
448	②	★★★★★	⧄	Phthaloblau	phthalo blue	bleu de phthalo
444	②	★★★★★	□	Preußischblau	Prussian blue	bleu de Prusse
449	②	★★★★★	◩	Indigo	indigo	indigo
447	②	★★★★	■	Königsblau	royal blue	bleu roi
450	②	★★★★★	■	Türkis	turquoise	turquoise
451	②	★★★★★	◩	Kobalttürkis	cobalt turquoise	turquoise de cobalt
558	①	★★★★★	■	Olivgrün	olive green	vert olive
559	②	★★★★★	■	Chromoxidgrün stumpf	chromium oxide green	vert oxyde de chrome
552	②	★★★★★	■	Tannengrün	fir green	vert sapin
551	②	★★★★★	⧄	Phthalogrün	phthalo green	vert de phtalo
555	②	★★★★★	■	Deckgrün	opaque green	vert couvrant
553	②	★★★★★	■	Kadmiumgrünton	cadmium green tone	teinte vert de cadmium
557	①	★★★★★	◩	Permanentgrün hell	permanent green light	vert permanent clair
560	①	★★★★	⧄	Grüne Erde	green earth	terre verte
668	①	★★★★	■	Umbra natur	raw umber	terre d'ombre nat.
669	①	★★★★★	◩	Umbra gebrannt	burnt umber	terre d'ombre brûlée
661	①	★★★★★	■	Lichter Ocker	yellow ochre	ocre jaune
662	①	★★★★★	⧄	Siena natur	raw Sienna	terre de Sienna nat.
663	①	★★★★★	◩	Goldocker	gold ochre	ocre d'or
664	①	★★★★★	■	Englischrot	English red	rouge anglais
666	①	★★★★★	■	Caput mortuum	caput mortuum	caput mortuum
667	①	★★★★★	□	Siena gebrannt	burnt Sienna	terre de Sienne brûlée
670	①	★★★★★	◩	Vandyckbraun	Vandyke brown	brun van Dyck
777	②	★★★★★	■	Schiefergrau	slate grey	ardoise gris
776	①	★★★★	■	Grau	grey	gris
779	①	★★★★★	■	Graphit	graphite	graphite
771	①	★★★★★	■	Schwarz	black	noir
881	②	★★★★★	◩	Silber	silver	argent
883	③	★★★★	◩	Goldperl	gold pearl	perle d'or
884	②	★★★★★	■	Kupfer	copper	cuivre

39b

AERO 0,2 mm
(Goldperl u. Silber ab 0,5 mm)

Schmincke PRIMAcryl® Fluid

Flüssige Künstler-Acrylfarben – Sorte 43
Liquid professional artists' acrylic colours
Couleurs acryliques extra-fines liquides pour artistes

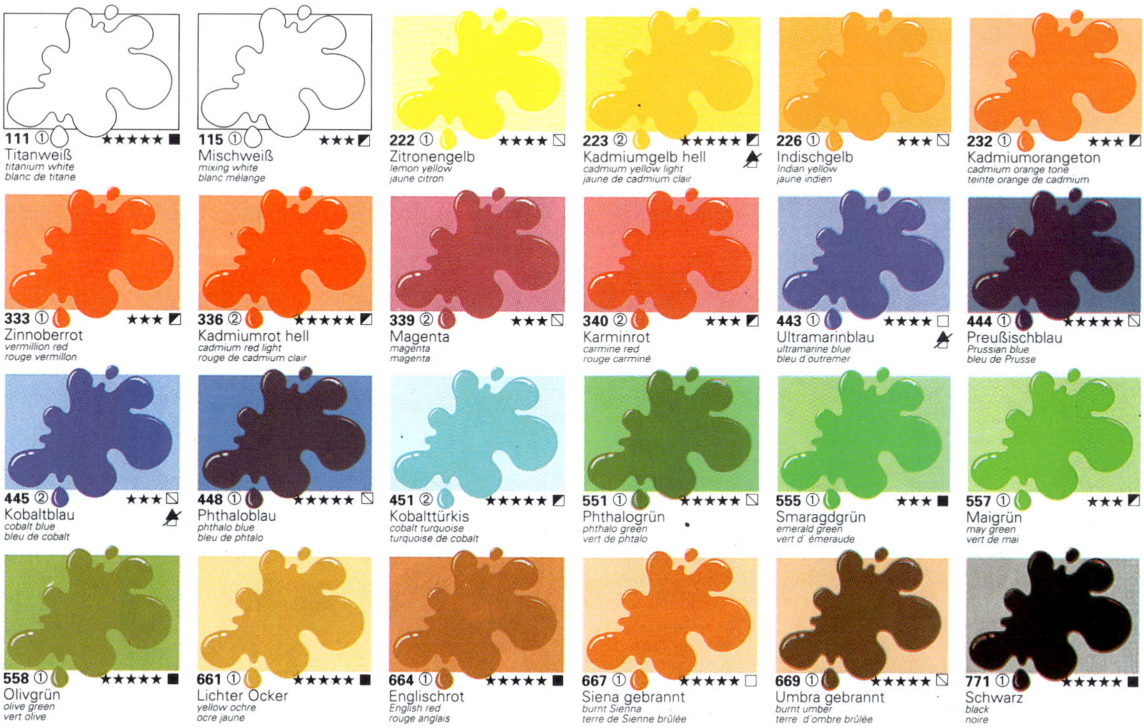

Nr.	Pigment/C. I. Nr.
111	Titanoxid, PW6
115	Zinksulfid/Barium-sulfat, PW 5
222	Monoazogelb, PY3
223	Cadmium-Zink-Sulfid, PY 35/PW21
226	Diarylgelb, PX83
232	Beta-Naphthol, PO5
333	Naphthol AS, PR112
336	Cadmiumsulfidselenid, PO 20/PW 21
339	Chinacridonrose, PR122
340	Naphthol AS, PR170
443	Ultramarinblau, PB 29
444	Phthalocyanin, PB 15:3 Indanthronblau, PB 60
445	Kobaltaluminiumoxid, PB 28 Ultramarinblau, PB 29
448	Phthalocyanin, PB 15:3
451	Kobalt-Lithium-Titan-Zinkoxid, PG 50
551	Phthalocyaningrün, PG 7
555	Phthalocyanin, PG 7 Monoazogelb, PY 3 Titandioxid, PW 6
557	Monoazogelb, PY 1, PY 3 Phthalocyanin, PG 7 Titandioxid, PW 6
558	Chrom-Antimon-Titangelb, PBr 24 Phthalocyaningrün, PG 7 Eisenoxidhydrat, PY 42
661	Eisenoxidhydrat, PY 42
664	Eisenoxidrot, PR 101
667	Eisenoxid, PR 101
669	Eisenoxid, PR 101, PBl 11, PY 42
771	Ruß, PBlk 7

Alle Töne lieferbar in 250 ml und 500 ml Plastikflaschen.
All colours are available in 250 ml and 500 ml plastic bottles.
Toutes les couleurs en vente en bouteilles en plastic à 250 ml et 500 ml.

Zeichenerklärung / *Classification-symbols / Explication des signes*

①	Preisgruppe / *price-groups / série de prix*
★★★★★	höchste Lichtechtheit / *best light resistance / la meilleure solidité*
★★★★	sehr gute Lichtechtheit / *very good light resistance / tres bonne solidité*
★★★	gute Lichtechtheit / *good light resistance / bonne solidité*
★★	befriedigende Lichtechtheit / *satisfactory light resistance / solidité satisfaisante*
★	ausreichende Lichtechtheit / *adequate light resistance / solidité suffisante*
■	deckend / *totally covering / opaque*
◩	halb deckend / *semi-covering / semi-opaque*
⧄	halb lasierend / *semi-transparent / semi-transparent*
□	lasierend / *transparent / transparent*
(Symbol)	nicht für die Außenanwendung geeignet / *not for use outside, not weatherproof / ne pas résistant aux intempéries*

Die Farbkarte dieses Prospektes ist ein 7-Farben-Offsetdruck – also nur f a s t farbgenau. / The colour-chart in this list is a 7-colour-offset-print – therefore not totally precise. / Le nuancier dans ce prospectus est imprimé en 7-couleurs-offset – donc avec risque d'écart dans le respect des couleurs. / Questa cartella colori è stata stampata in offset con 7 colori – pertanto la precisione del punto di tinta è quasi perfetta. / Esta carta de colores fué imprimida en impresión offset 7 colores – por eso los colores reproducidos se aproximán lo más posible a los reales.

Spezialfarben

40

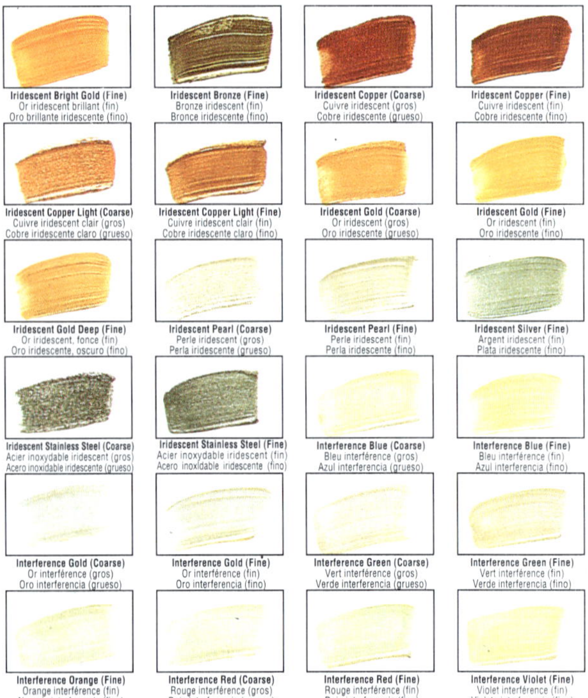

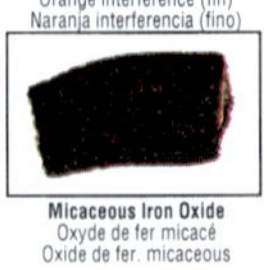

Abb. 40 bis 42: Links die Karte der Interferenzfarben bei voller (oben) und geringer Beleuchtung (unten). Die Töne wechseln je nach Lichteinfall und weisen die unterschiedlichsten Effekte auf. Oben rechts die Karte mit den „Heavy Body"-Farben der Firma Golden mit einem erhöhten Pigmentanteil.

41

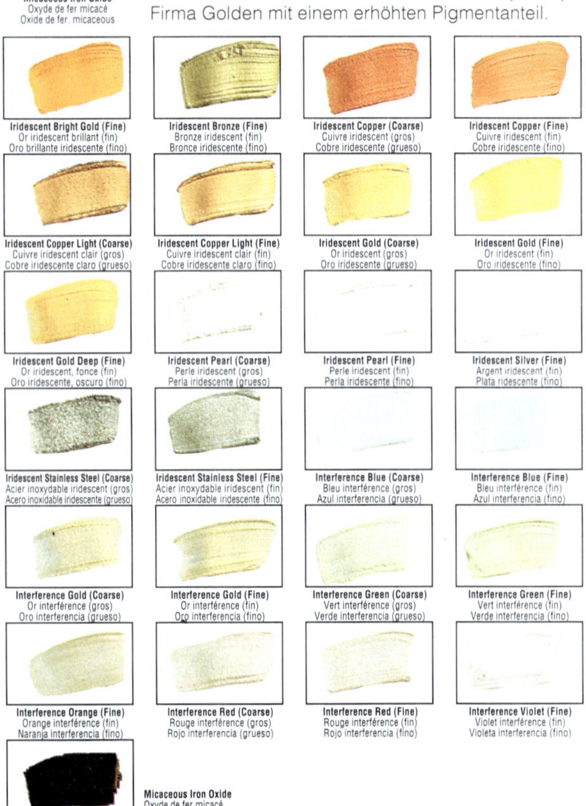

42

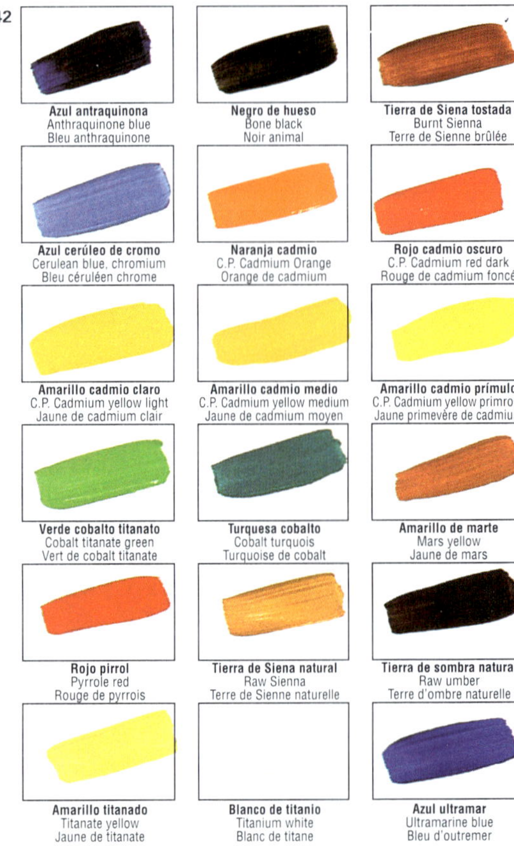

43

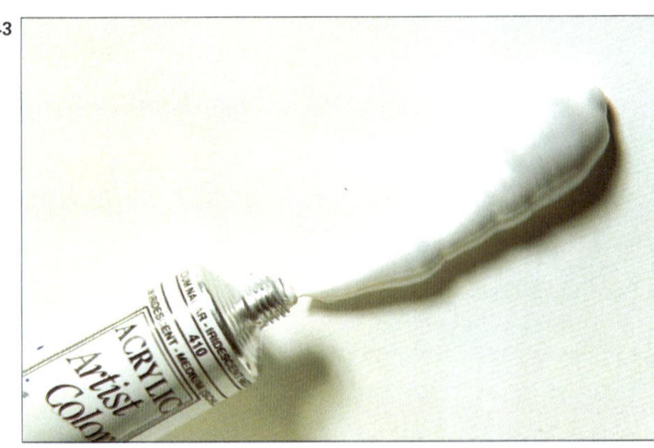

44

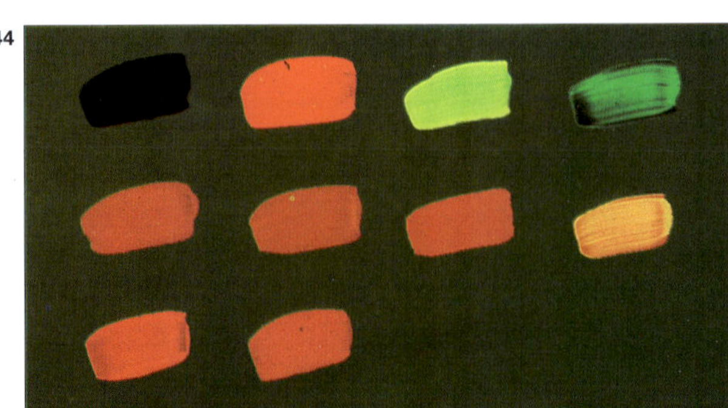

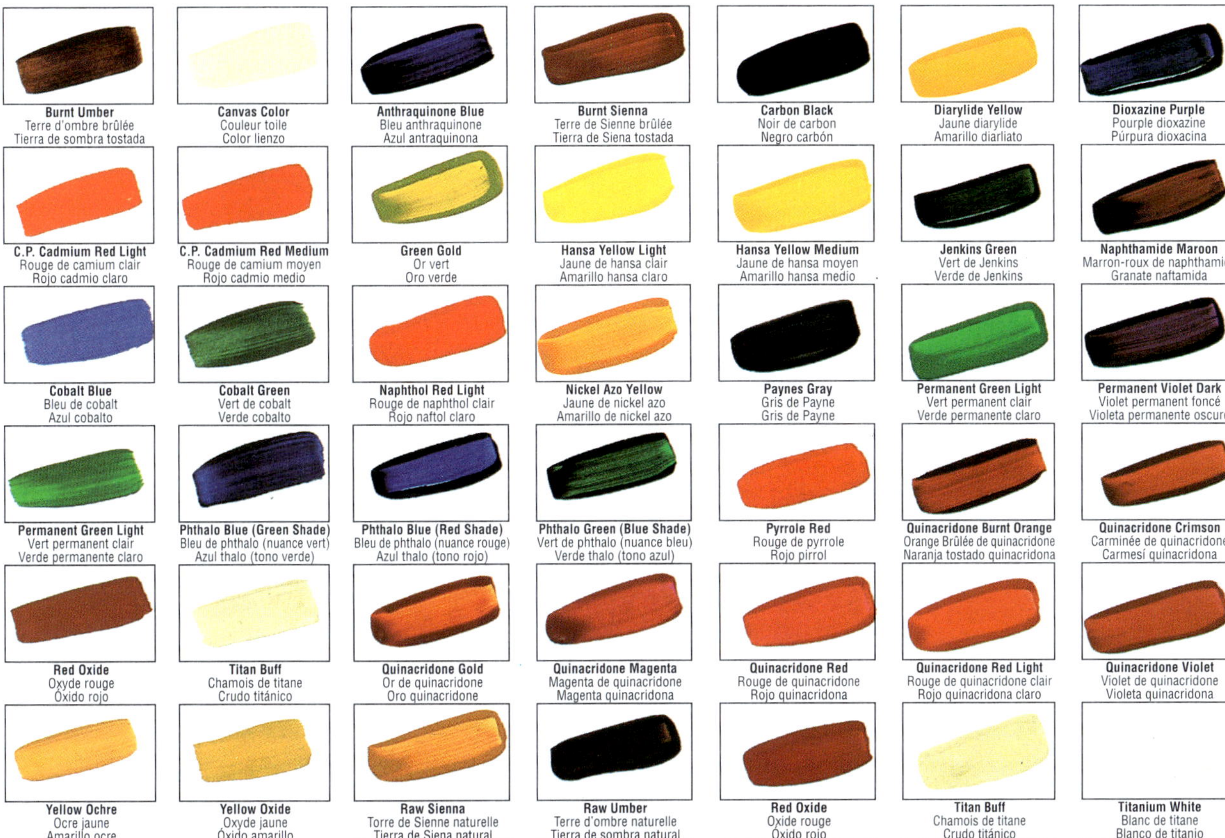

Abb. 43 bis 50: Rechts unten finden Sie die Wirkung fluoreszierender Farben bei geringem (links) und vollem Lichteinfall (rechts). Die oberen Muster zeigen die Brillanz irisierender Farben.

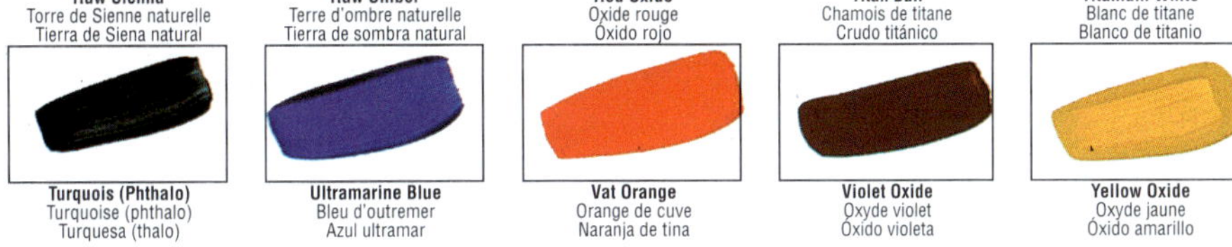

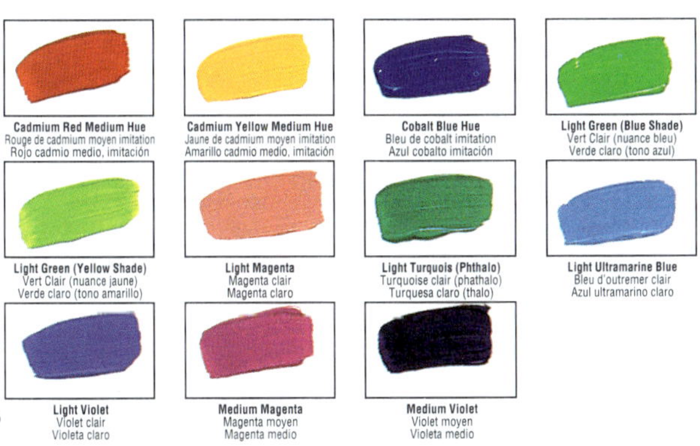

45

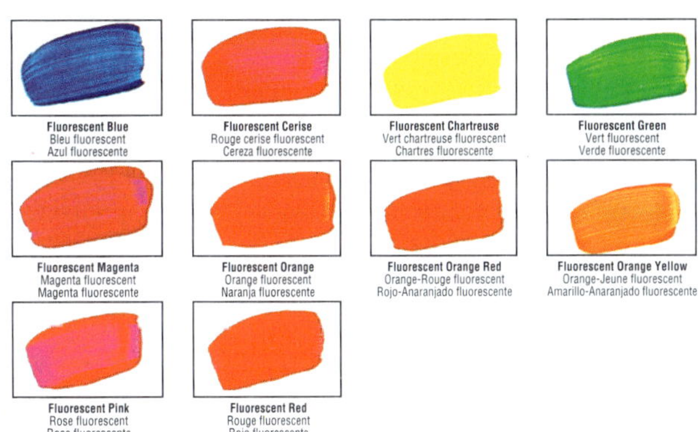

46

47

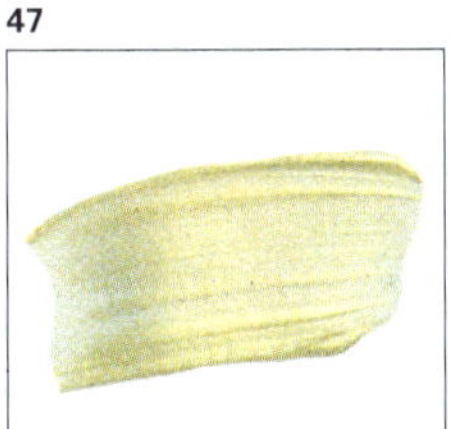

48

49

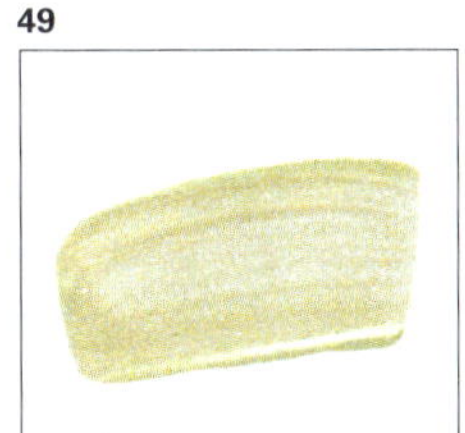

50

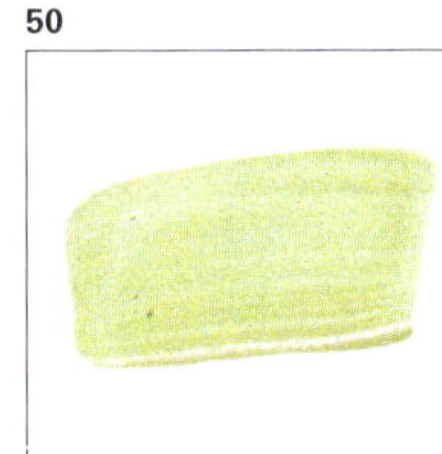

Matt oder glänzend

Die Farbstruktur

Acrylfarben ohne Spezialzusätze sind stets satiniert. Diese Eigenschaft ist charakteristisch für die Farben und unterscheidet sie von anderen Medien: *Gouache* trocknet matt auf und ist von erdiger oder samtweicher Konsistenz. Ölfarben sind dichter und deckender; ihr Erscheinungsbild hängt von der Dicke der Farbschicht ab. Das satinierte Aussehen der Acrylfarben ist unabhängig von einer pastosen oder lasierenden Arbeitsweise.

Die Farbschicht kann matt oder glänzend sein. Allgemein stellen die Hersteller leicht glänzende Acrylfarben her. Unterschiede zwischen den einzelnen Marken sind gering. Nur die Firma Golden liefert von jeder Farbe matte und hochglänzende Versionen, so daß der Künstler innerhalb der Skalen wählen oder beide Sorten kombinieren kann.

Acryl-Malmittel

Die Glanzstärke der Farben läßt sich mit einem sogenannten *Acryl-Malmittel* verändern (zum Beispiel PRIMAcryl Glanzverstärker bzw. Mattierungsmittel von Schmincke). Es besteht aus derselben Emulsion wie die der Farben, ist jedoch ohne Pigmente, und reichert den Bindemittelgehalt der Mischung an bzw. reduziert ihn. Zahlreiche Hersteller verkaufen Glanzverstärker und Mattierungsmittel in Tuben oder Flaschen.

Der Künstler kann das Malmittel in unterschiedlicher Stärke mit Wasser verdünnen und so das endgültige Ergebnis selbst bestimmen. Es sei darauf hingewiesen, daß das Mattierungsmittel einiger Hersteller die Sättigung mindert, so daß die Farbe an Intensität verliert. Zum Ausgleich bietet die Firma Golden matte Farben vom Typ „Heavy Body" an, die einen höheren Pigmentanteil bei gleicher Bindemittelmenge enthalten. Die Mischung ist cremiger, wesentlich farbintensiver und trocknet noch rascher als die üblichen Farben, also äußerst schnell.

Künstler, die ihre Farben selbst herstellen möchten, müssen diesen Umstand bei der Verwendung des matten Acryl-Malmittels berücksichtigen.

51

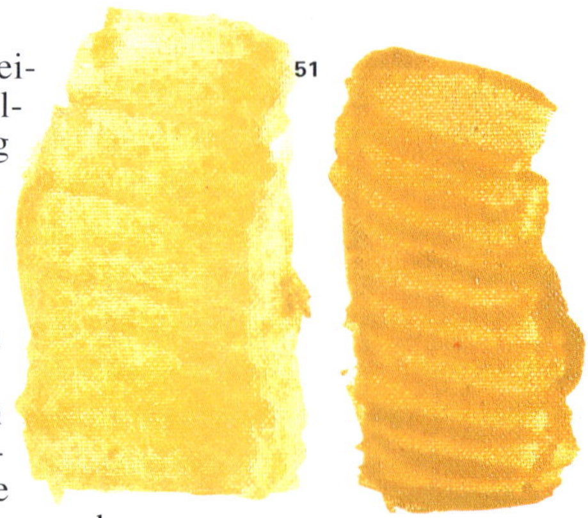

Abb. 51: Zwei Farbflekken, einmal mit dem Acryl-Malmittel als Zusatz (links) und einmal in reiner Form (rechts). Aufgrund des Mediums läßt sich der Fleck beinahe ohne Pinselspuren ausziehen. Eine übermäßige Zugabe von Malmittel erzeugt eine Lasurwirkung, die der Farbenharmonie schaden könnte.

52

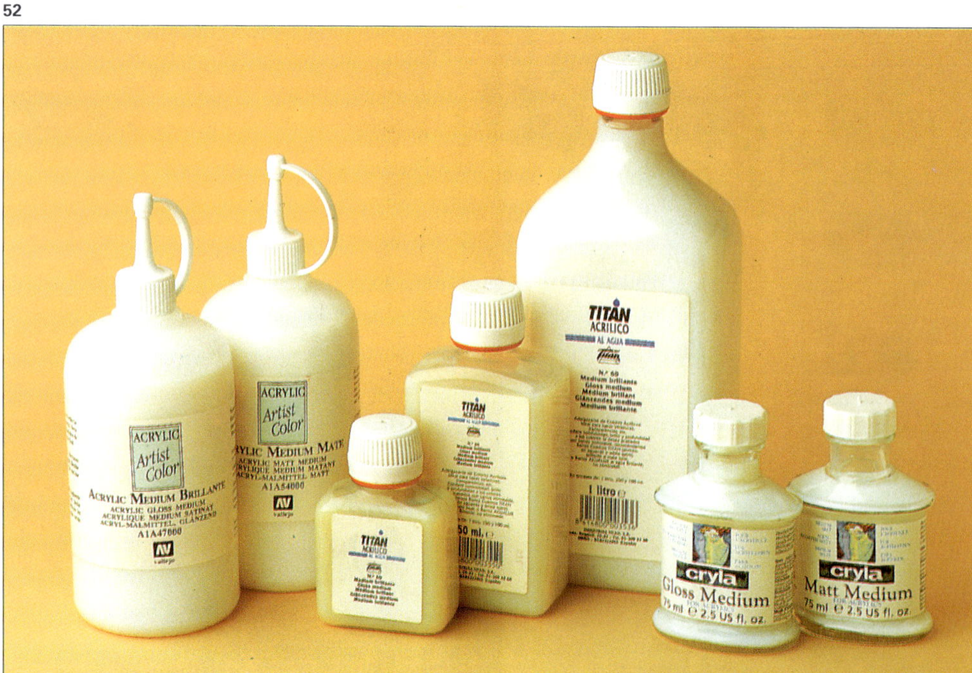

Abb. 52: Unterschiedliche Handelsformen und Marken von matten und brillanten Acryl-Malmitteln. Die größeren Gefäße sind für Künstler gedacht, die ihre Farben selbst herstellen und daher erhebliche Mengen an Bindemitteln benötigen.

Die Verwendung von Acryl-Malmitteln

Acryl-Malmittel können für sehr unterschiedliche Zwecke verwendet werden. Da es sich um die gleiche Emulsion wie für die Herstellung der Farben handelt, sind alle Kombinationen möglich. Die Gefahr, daß die Bildschicht zerstört werden könnte oder sich verändert, besteht nicht. Das Medium kann als Grundierung für Leinwände oder Malgründe eingesetzt werden, die eine solche erfordern, wobei diese stets transparent ausfällt. Dies kann für jene Künstler von Interesse sein, die die Originalfarbe des Malgrunds beibehalten wollen und in ihr Bild integrieren möchten. Auf der getrockneten Grundlage aus dem Acrylmedium haften die Farben maximal und bilden eine kompakte Schicht.

Das Medium eignet sich ferner hervorragend für die Anlage von Lasuren. Durch Verdünnung werden die Farben transparenter, ohne ihre Homogenität zu verlieren. Dies könnte beim Verdünnen mit viel Wasser der Fall sein, wobei es zur typischen Ausfällung der Farbe kommt. Das Ergebnis der Verdünnung mit dem Acrylmedium läßt sich mit einer Aquarellasur vergleichen, bei der die Homogenität der Farbschicht ebenfalls erhalten bleibt.

Neben Glanzverstärkern und Mattierungsmitteln bieten einige Hersteller außerdem Spezialmedien für Flüssigfarben und die Arbeit mit dem Airbrush an.

Auch wenn die meisten Künstler ausschließlich mit Wasser als Verdünner arbeiten, lohnt das Experiment, mit Malmitteln, um neue Effekte oder Lösungen zu finden, die die Arbeit erleichtern oder dem fertigen Bild Vielfalt verleihen.

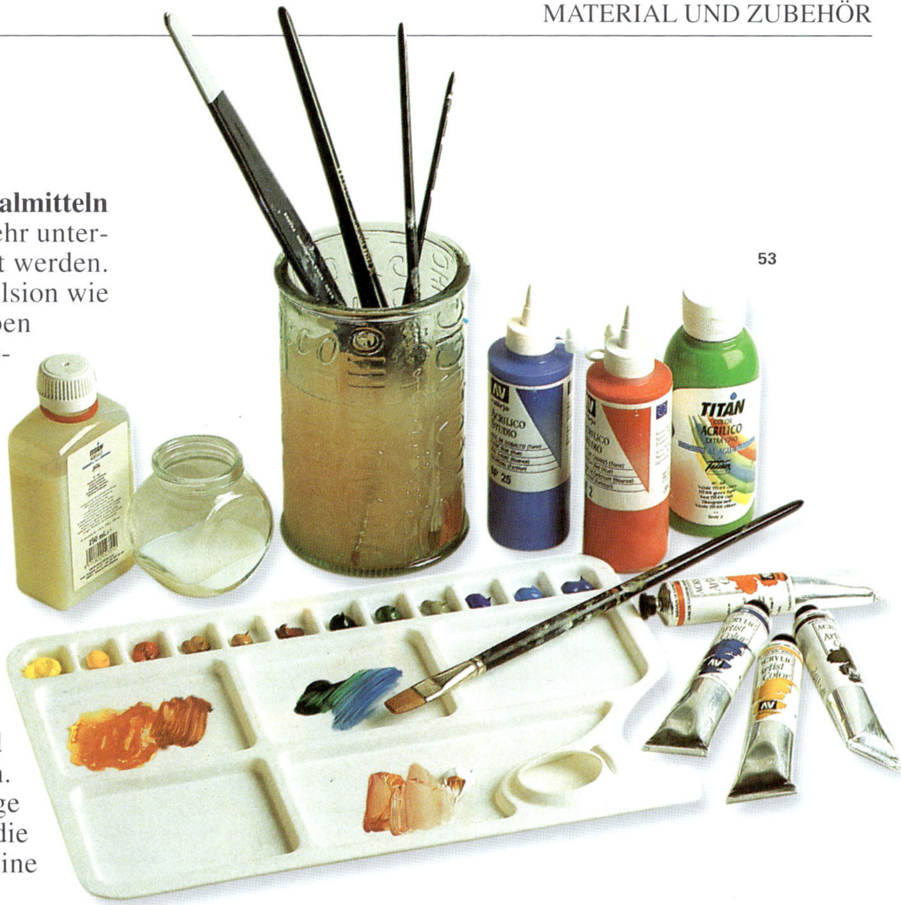

53

54

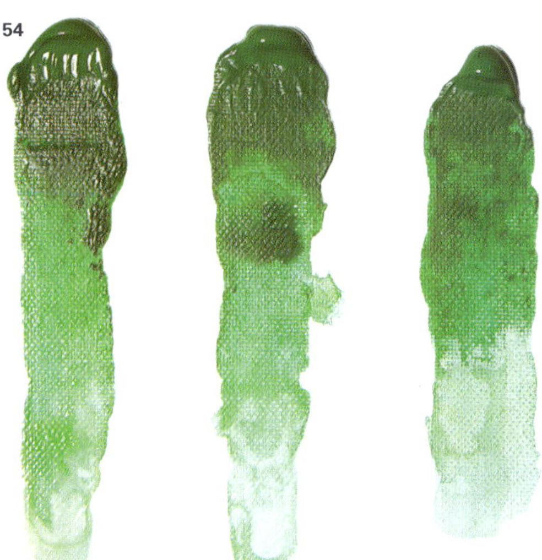

55

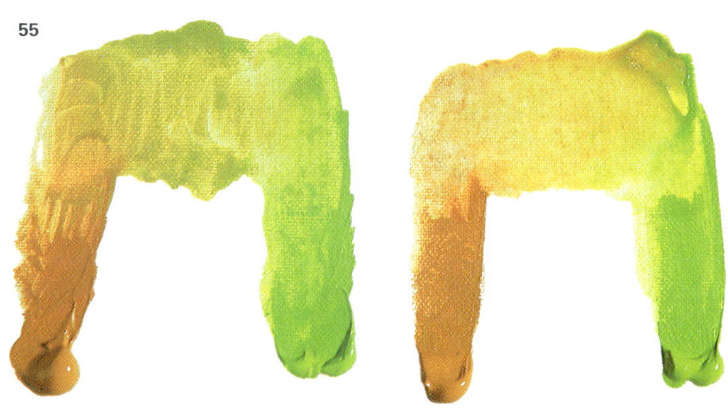

Abb. 53 bis 55: Oben: In kleinen Mengen kann das Acryl-Malmittel in die normale Arbeit aufgenommen werden, wenn der Künstler große verdünnte Farbflecken ohne Pinselspuren anlegen möchte. Unten links: Drei Flecken derselben Farbe, zu der links brillantes und rechts mattes Malmittel gegeben wurde. Der Fleck in der Mitte besteht aus reiner Farbe. Unten rechts: Die rechte Mischung enthält ein Acryl-Malmittel. Deshalb ist die Farbverschmelzung weicher als bei dem linken Fleck, der ohne Zusatz gemalt wurde.

Die Herstellung der Farben

56

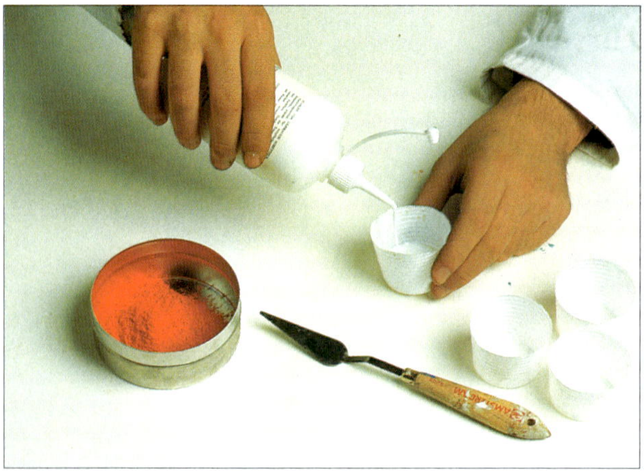

57

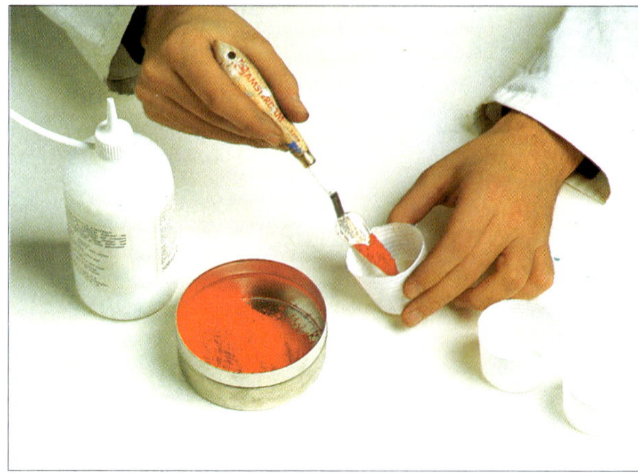

Aufgrund der einfachen Herstellung fertigen zahlreiche Künstler ihre Farben selbst an, anstatt sie in Tuben oder Dosen zu kaufen. Man braucht dazu nur ein entsprechendes Acryl-Malmittel und Farbpigmente (gehobener Qualität). Das Ergebnis besitzt zwar nicht die Qualität industriell gefertigter Farben, kann jedoch für jene Maler ausreichen, die ein rustikales Werk ohne größeres Raffinement anstreben und sich mit einer beschränkten Palette begnügen, die keine Probleme aufwirft. Allerdings sei darauf hingewiesen, daß die Homogenität selbstgefertigter Farben zu wünschen übrig läßt. Die Pigmente werden nicht perfekt gebunden, sondern setzen sich häufig ab, was bei der Farbsättigung zu spüren ist. Als Experiment ist die Herstellung eigener Farben jedoch zweifellos nicht uninteressant.

Auf dieser Doppelseite können Sie die Herstellung von Acrylfarben aus Pigmenten und dem Malmittel verfolgen.

Abb. 56 und 57: Für die Eigenfabrikation von Acrylfarben benötigt man Gefäße aus Kunststoff oder Glas, deren Größe davon abhängt, ob man die Farbe aufbewahren möchte oder nicht. Soll die Farbe länger als eine Sitzung halten, müssen die Gefäße gut verschließbar sein, damit der Inhalt nicht eintrocknet. Das Acryl-Malmittel wird als erstes eingeschüttet und das Pigment anschließend hinzugefügt.

60

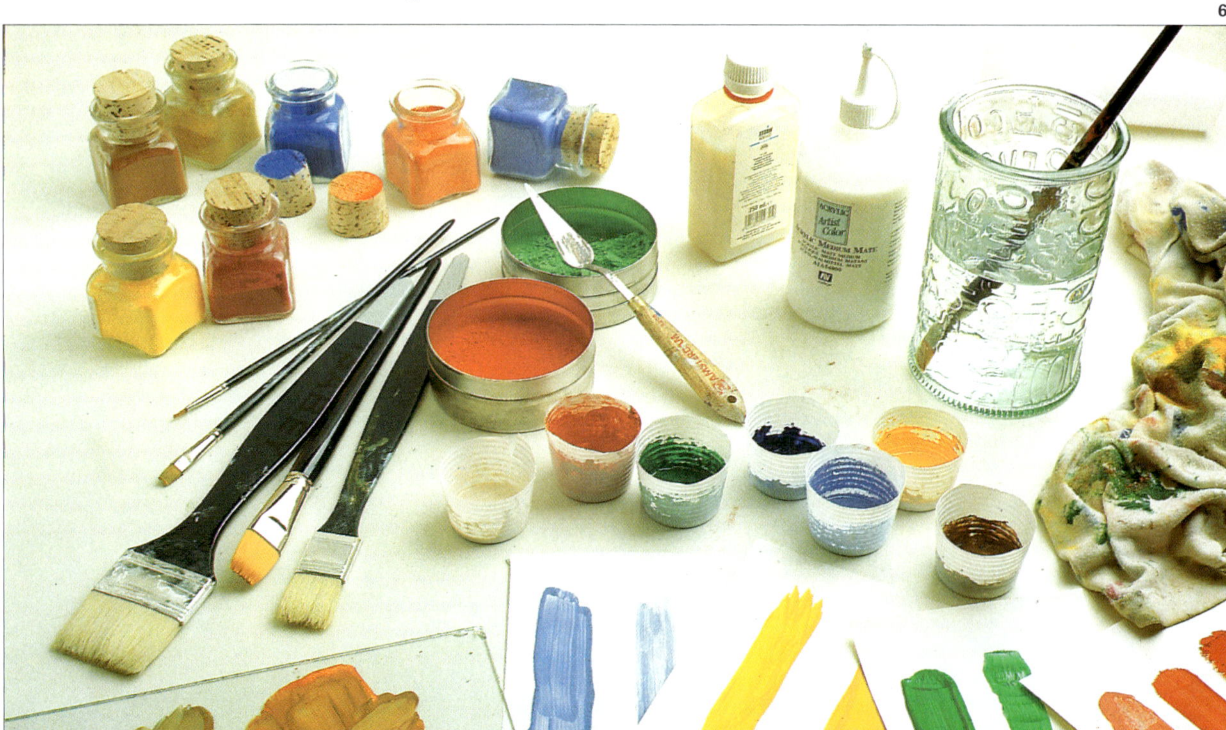

58

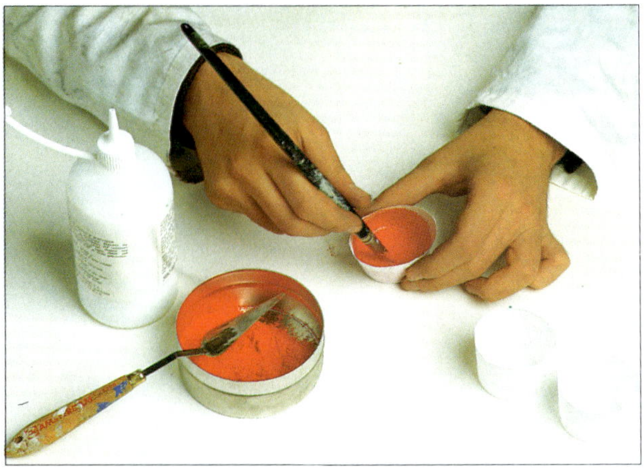

59

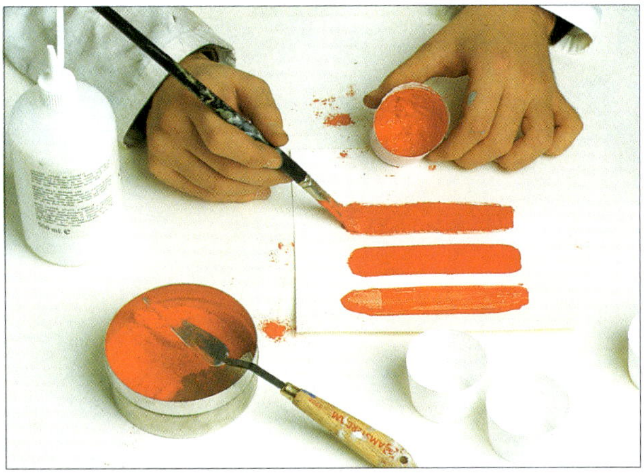

Das Verfahren ist sehr einfach. Geben Sie das Medium (matt oder glänzend) in ein Gefäß, fügen Sie das Pigment hinzu, und binden Sie es mit einem Pinsel oder Spachtel. Selbstgefertigte Farben trocknen sehr schnell. Man darf entweder nur die benötigte Menge herstellen oder muß sich vergewissern, daß das Gefäß zum Abschluß der Sitzung gut verschlossen wird.

Abb. 58: Das Malmittel und das Pigment können mit einem großen Malerpinsel oder einem Rundpinsel gebunden werden. Die Bindung ist ausreichend erfolgt, wenn die Farbe eine homogene cremige Konsistenz erreicht hat. Vor allem muß die Bildung von Krümeln vermieden werden.

Abb. 59: Es empfiehlt sich, einige Proben zu machen, bevor man die Herstellung der Farbe abschließt. Dazu zieht man solange einige Pinselstriche auf ein Blatt Papier, bis die richtige Konsistenz ohne Krümel erreicht ist.

Abb. 61: Vier Farbmuster. Von links nach rechts: dicke Farbe, mit brillantem Acryl-Malmittel gebunden; dicke Farbe, mit mattem Acryl-Malmittel gebunden; korrekt gebundene cremige Farbe; Farbe mit zu wenig Pigmenten und zuviel Bindemittel, das die Farbstärke senkt und das Medium zu flüssig macht.

Abb. 60: Für eine korrekte Eigenherstellung von Acrylfarben benötigt man unbedingt Qualitätspigmente ohne Verunreinigungen. Diese werden von etlichen Herstellern angeboten. Die Gefäße können aus einfachen Kunststoffbehältern bestehen, wenn man die Farben nur für eine Sitzung benötigt. Aber ein Schraubverschluß ist erforderlich, wenn man die restliche Farbe aufbewahren möchte. Ein Spachtel und ein Malerpinsel reichen für unsere Zwecke als Werkzeug aus.

61

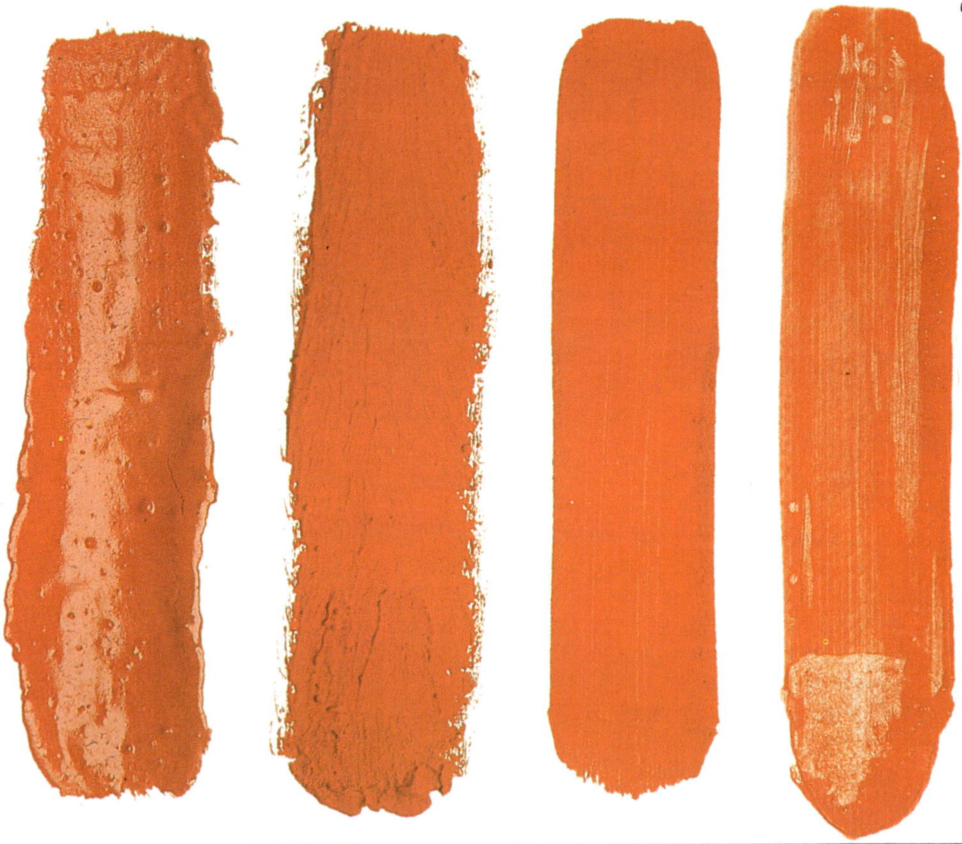

Gels und Pasten

62

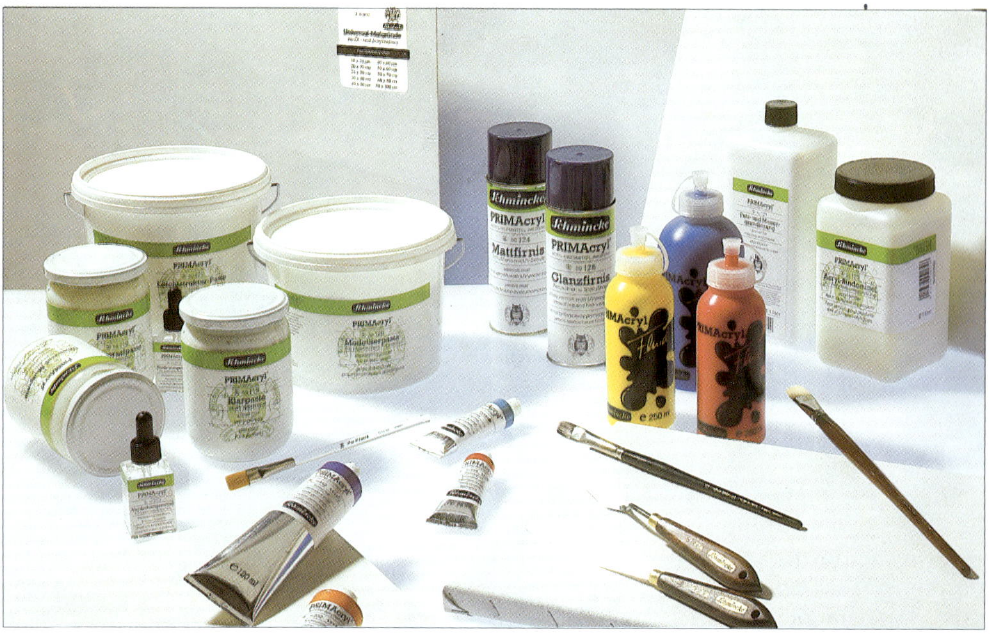

Abb. 62: Fast alle Hersteller von Acrylprodukten bieten Gels und Pasten als Zusätze für die Farben an. Die Abbildung zeigt Erzeugnisse der Firma Schmincke.

Abb. 63 und 64: Gels machen die Acrylfarben cremiger und geben ihnen mehr Konsistenz. Das obere Muster zeigt eine Struktur mit leichtem Gel; der untere Fleck besteht aus derselben Farbe mit schwerem Gel. Nach dem Trocknen verändert sich die Paste nicht, sondern behält ihre Struktur bei.

Gels

Gels sind seit relativ kurzer Zeit im Handel. In den Vereinigten Staaten sind sie bereits ziemlich verbreitet; in Europa beginnt man erst jetzt, damit zu experimentieren. Es handelt sich um mehr oder weniger dicke, durchsichtige oder transparente Substanzen von gelatineartiger Konsistenz, die sehr unterschiedlichen Verwendungszwecken dienen. Die leichten Gels sind flüssig genug, um auf den Malgrund oder die Farbe getragen zu werden. Mischt man sie mit einer geringen Farbmenge, entstehen brillante Transparenzen. Ferner können sie als Grundlage für Farbmischungen und sogar als Leim für *Collagen* verwendet werden. Die Gel-Malmittel sind cremiger als die Acrylfarben. Die Farbe läßt sich leichter damit ausziehen, ohne daß sich die Konsistenz der Bildschicht verändert. Die schweren Gels verstärken den Körper und die Pastosität der Farbe und ermöglichen sehr dicke, aufliegende Strukturen. Ferner gibt es extradichte Gels, welche die Viskosität der Farbe erheblich verstärken und ihr eine Konsistenz ähnlich wie von Ölfarben verleihen. Die Pinselspuren bleiben im Endergebnis sichtbar.

63

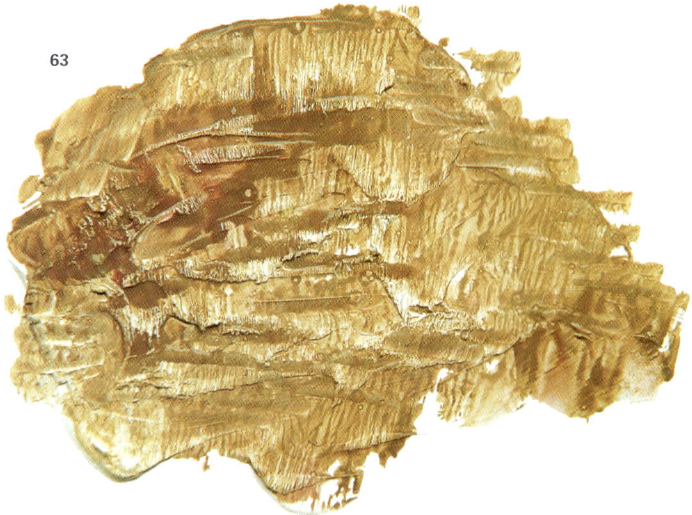

64

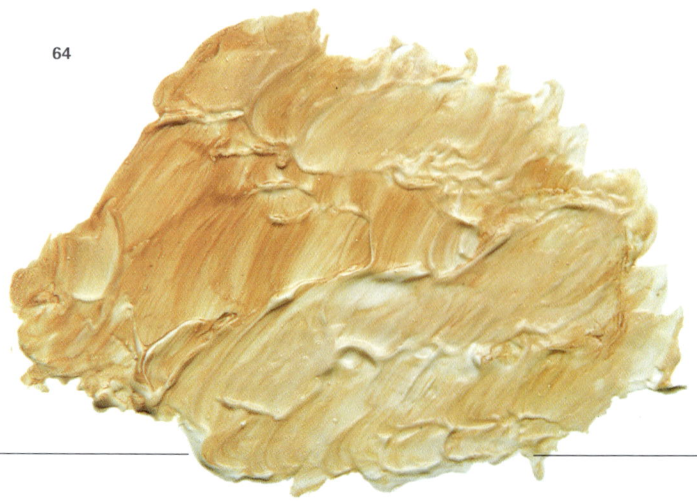

Die Verwendung von Gels

Gels sind ebenso wie zahlreiche weitere Hilfsmittel eine neue Entwicklung innerhalb der nicht endenden Reihe von Produkten für die Acrylmalerei, die angesichts ihres vielseitigen plastischen Ausdrucksvermögens alle Neuheiten der chemischen Industrie sofort aufgreift. Wie bereits erwähnt, sorgt die Zugabe einiger Gels für ähnliche Eigenschaften wie bei den Ölfarben und löst gleichzeitig das typische Problem des Schrumpfens der Farben. Doch dieses Schrumpfen ist unvermeidlich und kann bei Künstlern, die vorzugsweise mit viel Farbe arbeiten, zu herben Enttäuschungen führen. Die Impastos verlieren beim Trocknen erheblich an Stärke.

Der Wunsch, ein Malverfahren mit einem anderen zu imitieren, mag seltsam erscheinen. Mancher wird glauben, daß man ebensogut direkt mit Ölfarben malen könne, um das gewünschte Ergebnis zu erzielen. Zahlreiche Künstler arbeiten jedoch mit Acrylfarben, um die Nachteile der Ölfarben zu vermeiden und gleichzeitig deren Vorzüge beizubehalten. Andererseits mangelt es den Acrylfarben immer noch an Ansehen. Ihnen fehlt die Tradition. Deshalb öffnen sie wie kein anderes Malverfahren den Versuchen und Experimenten Tür und Tor. Es gibt keine bestimmte korrekte Verwendung für Gels. Sie wurden nach Vorschlägen der Künstler entsprechend deren jeweiligen Präferenzen entwickelt, die nicht für alle Maler gelten, so daß ihre Möglichkeiten weiterhin erforscht werden können.

Modellierpasten

Modellierpasten sind eine Spezialversion der Gels und für Arbeiten mit viel Relief gedacht. Die Pasten (normalerweise weiß) können direkt aus dem Gefäß verwendet werden, so daß eine bestimmte Grundstruktur entsteht. Man kann sie auch tönen bzw. nach dem Trocknen übermalen.

Manche Varianten sind mit Marmor- oder Bimssteinpulver unterschiedlicher Körnung angereichert, das die Schicht verstärkt und sehr dicke, undurchsichtige Impastos ergibt. Nach dem Trocknen können die Schichten geschliffen oder mit einem Werkzeug gemustert werden, um Furchen, Reliefs oder Strukturen ähnlich wie in Putz zu erreichen.

Abb. 65: Modellierpasten enthalten Füllmittel wie Marmor- oder (wie in diesem Fall) Bimssteinpulver. Solange sie feucht sind, können sie mit dem Spachtel oder einem anderen Werkzeug geformt werden, um Strukturen, Furchen oder Streifen etc. zu bilden. Die Paste auf der Abbildung wurde mit Farbe getönt.

65

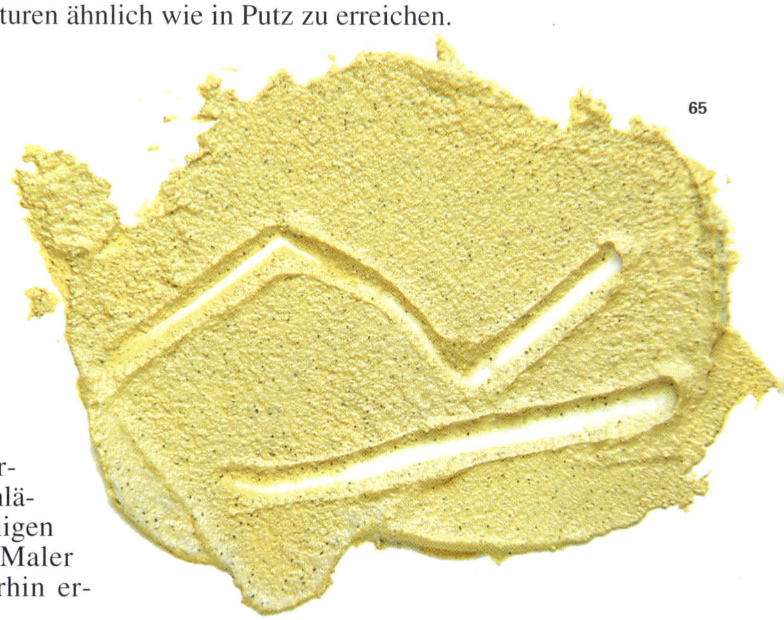

66

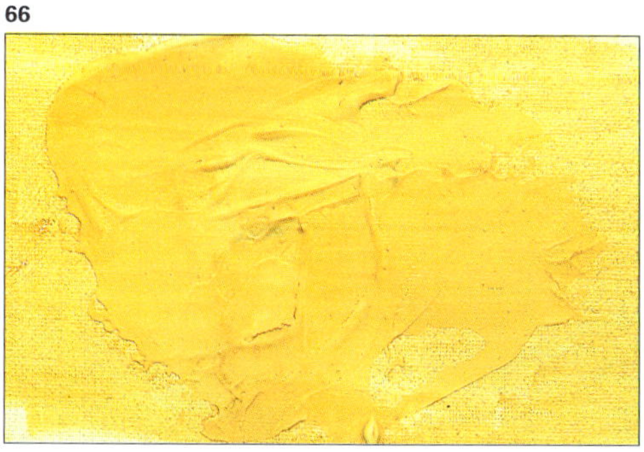

Abb. 66: Diese Struktur wurde mit einer Paste erreicht, die sehr feines Marmorpulver enthielt. Anschließend wurde sie mit einer dünnen Farblasur überzogen.

Abb. 67: Hier eine Paste mit grobem Bimssteinpulver. Mit Hilfe eines Spachtels lassen sich sehr rauhe Strukturen ähnlich den Oberflächen mancher Mineralien erzeugen. Einige Künstler nutzen solche Strukturen für ihre Werke. Sie bemalen sie, schleifen sie mit Schmirgelpapier etc.

67

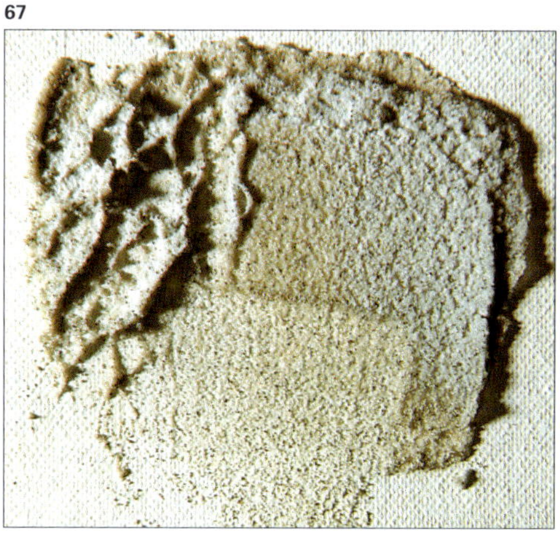

Grundierungen, Firnisse und Zusätze

Gesso

Gesso ist die am häufigsten verwendete Grundlage für alle Malverfahren und insbesondere für die Acrylmalerei. Er besteht aus einer mattweißen undurchsichtigen Paste und setzt sich aus Titanweiß sowie einem Füllstoff ähnlich der Kreide zusammen, der ihm Elastizität verleiht und dafür sorgt, daß er nach dem Trocknen problemlos geschliffen werden kann. Gesso ist die synthetische Version der traditionellen Grundierung für Holztafeln (aus Tierleim und weißer Kreide, die ihren Höhepunkt in der Gotik hatte). Wie damals bearbeiten auch heute noch manche Maler die Grundierung, um ein Relief zu erzeugen, auf dem sie anschließend weitermalen.

Gesso wird sowohl zum Grundieren von Leinwand als auch als Untergrund für Papier oder Malpappe verwendet. Acrylfarben haften ausgezeichnet darauf; eine Gefahr der Ablösung des Farbfilms nach dem Trocknen besteht nicht.

Im Handel sind Gläser von einem halben Kilo bis zu Behältern von mehreren Litern Fassungsvermögen erhältlich.

Gesso kann mit Farbe oder jedem anderen Hilfsmittel gemischt werden. Einige Hersteller bieten ihn bereits in den Pastellfarben sowie in Schwarz an.

Firnisse für Acrylbilder

Ein Bild aus Acrylfarben muß nicht unbedingt gefirnißt werden. Trotzdem tun es manche Maler, um der gesamten Fläche ein gleichmäßig mattes oder brillantes Erscheinungsbild zu geben und sie gegen Staub zu schützen (obwohl Acrylfarben mühelos zu reinigen sind). Ein weiterer Grund ist die Beseitigung einer gewissen Klebrigkeit der nicht ganz getrockneten Farbe. Vor allem sehr dicke Acrylschichten behalten nach dem Trocknen diese Eigenschaft bei. Werden die Bilder längere Zeit aneinandergestellt (was normal ist), verkleben sie. Beschwert man sie darüber hinaus mit einem Gewicht, kann die nicht ganz getrocknete Bildfläche beim Trennen beschädigt werden. Diese Gefahr läßt sich durch Firnissen vermeiden.

Es gibt unterschiedliche Firnisarten. Matte und brillante Firnisse können gemischt werden, um einen bestimmten Grad von Glanz zu erreichen. Einige Firnisse lassen sich übermalen, andere nehmen keine Farbe an. Alle können mit Hilfe eines Lösungsmittels entfernt werden. Bei Verwendung eines sehr harten Firnises ist es ratsam, vorab eine weichere Schicht aufzutragen. Sollte der endgültige Firnis mit einem sehr scharfen Mittel entfernt werden müssen, könnte die darunterliegende Farbschicht sonst leiden. Auf jeden Fall sollte man die Hinweise des Herstellers genau beachten, bevor man zur Tat schreitet.

68

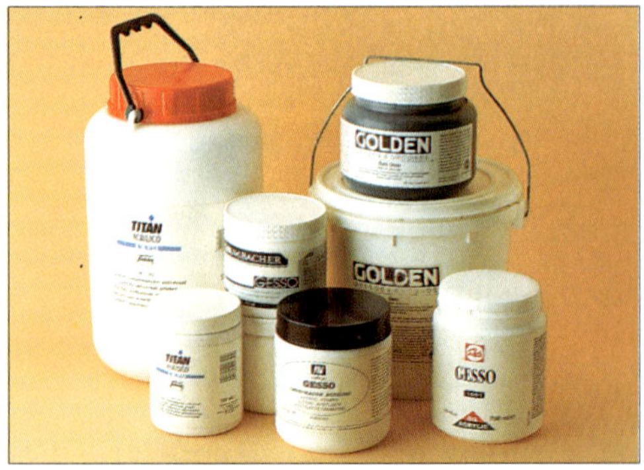

Abb. 68: Gesso wird am meisten als Grundierung für Acrylfarben verwendet. Er eignet sich für alle Malgründe. Auf der Gessogrundierung haften Acrylfarben perfekt. Normalerweise ist Gesso weiß, kann aber getönt werden und sogar schwarz sein. Er ist in Gefäßen unterschiedlicher Größe erhältlich, auch in Eimern von 6 und 8 Litern.

69

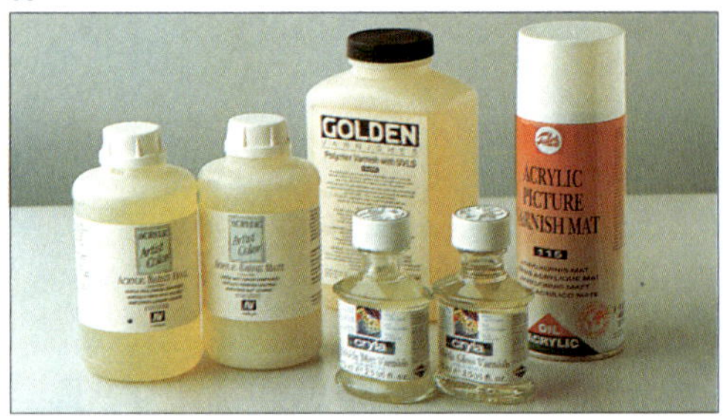

Abb. 69: Der Handel bietet unterschiedliche Firnisse für die Acrylmalerei an. Abgesehen von den matten und brillanten Versionen (die man mischen kann, um einen mittleren Wert zu erhalten), gibt es Produkte, die sich übermalen lassen, und andere, die keine weitere Farbschicht annehmen. Ein Acrylbild wird gefirnißt, um die leichte Klebrigkeit der Farbschicht zu beseitigen.

70

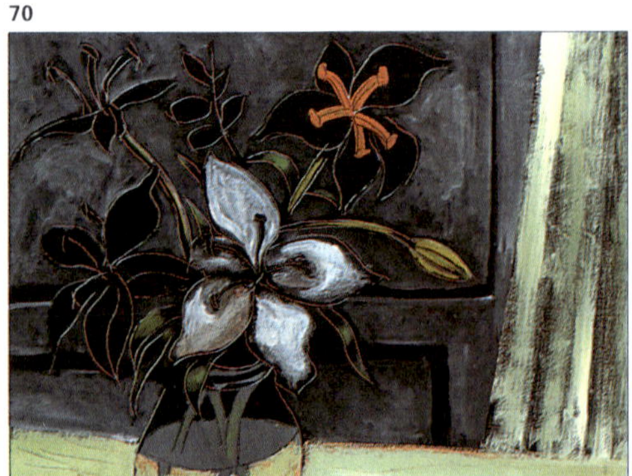

Abb. 70: Dieses Bild wurde auf einer Grundierung aus schwarzem Gesso gemalt. Die undurchsichtigen deckenden Acrylfarben heben sich leuchtend von dem dunklen Untergrund ab.

71

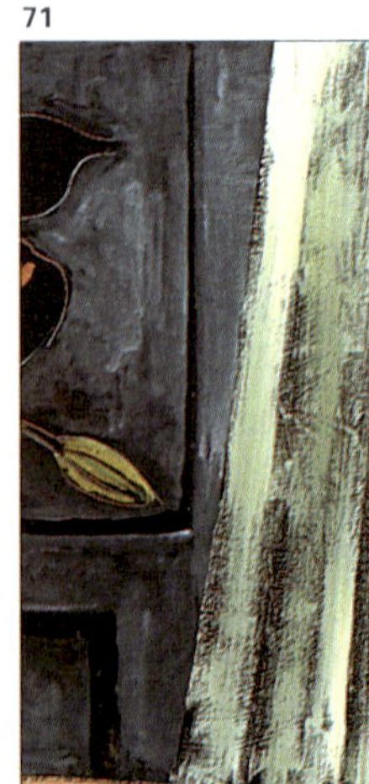

Abb. 71: An diesem Ausschnitt des vorigen Bildes erkennt man die Qualität der Farbfläche. Stark verdünntes Weiß wurde auf den schwarzen Gesso getragen. Die Lasuren und die Transparenzen machen die graue Farbe äußerst interessant.

72

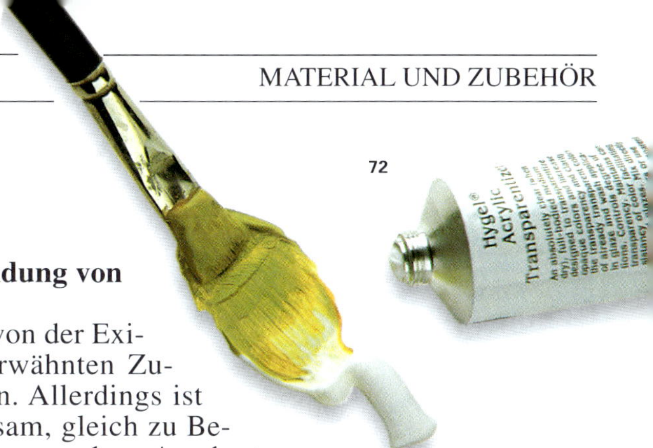

Zusätze: Verflüssiger

Fügt man eine kleine Menge (maximal 5%) des Verflüssigers zum Wasser oder direkt zum Medium hinzu, erhöht sich die Fließfähigkeit der Farbe. Es entsteht eine glatte Farbschicht mit kaum erkennbaren Pinselspuren. Dies ist sehr günstig für kleinformatige Bilder, für Werke mit klaren Umrissen und für Illustrationen. Das Malmittel löst die Oberflächenspannung des Wassers, das als Verdünner dient.

Trocknungsverzögerer oder Retarder-Gels

Sie werden als Pasten oder Gel angeboten (normalerweise in Tuben) und verlängern die Trocknungszeit der Farben. Für den an Acrylfarben gewöhnten Künstler bedeutet das rasche Trocknungsvermögen eher einen Vorteil als einen Nachteil. Gewisse Details, die eine besondere Ausarbeitung mit sich bringen, sowie Verschmelzungen oder die Arbeit mit Modellierpaste, die etwas länger dauern, erfordern jedoch die Verwendung dieser Verzögerer.

Glanzverstärker

Dieses Acrylmedium ist von Schmincke erhältlich. Ein Zusatz von 15–20% zur Farbe erhöht den Glanz bereits erheblich. Gleichzeitig erfolgt eine Verstärkung der Lasurfähigkeit.

Transparenzverstärker und Klarpasten

Sie bestehen aus einer farblosen Paste, die zu einem stark glänzenden elastischen Film auftrocknet, und sind in jedem Verhältnis mit Acrylfarben mischbar. Das hohe Bindevermögen ermöglicht die Einarbeitung von Füllstoffen.

Verdickungsmittel

Verdickungsmittel werden als Zusatz für Farben sowie von Malern verwendet, die ihre Farben selbst herstellen. Das Medium soll der Mischung größere Konsistenz verleihen. Um ein gutes Ergebnis zu erzielen, muß man das vom Hersteller angegebene Verhältnis genau einhalten, sonst wird die Farbe nicht dicht genug oder trocknet schon vor der Verwendung.

Die Verwendung von Zusätzen

Man sollte von der Existenz der erwähnten Zusätze wissen. Allerdings ist es nicht ratsam, gleich zu Beginn damit zu malen. Am besten sammelt man zunächst einige Erfahrung mit Farbe und Wasser und experimentiert erst später mit den genannten Substanzen, um festzustellen, ob sie den eigenen Zwecken dienen oder nicht. Im gegenteiligen Fall erschwert man sich unnötig die Arbeit.

Abb. 72: Die Klarpaste verstärkt die Transparenz der Farbe, ohne deren Cremigkeit oder Konsistenz zu verändern. Sie greift die Farbstärke nicht an, obwohl ein Übermaß zu einer leichten Lasurwirkung führen kann.

73

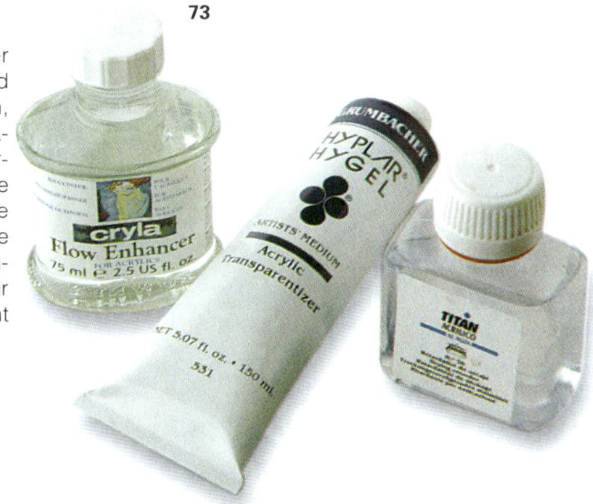

Abb. 73: Der Künstler sollte die Zusätze und Hilfsmittel ausprobieren, bevor er sie in seine Palette aufnimmt. Möglicherweise empfindet er die Vorteile einiger Produkte sogar als Nachteil. Die Mittel sollen konkrete Einzelprobleme lösen, die für manchen Maler vielleicht gar keine sind.

74

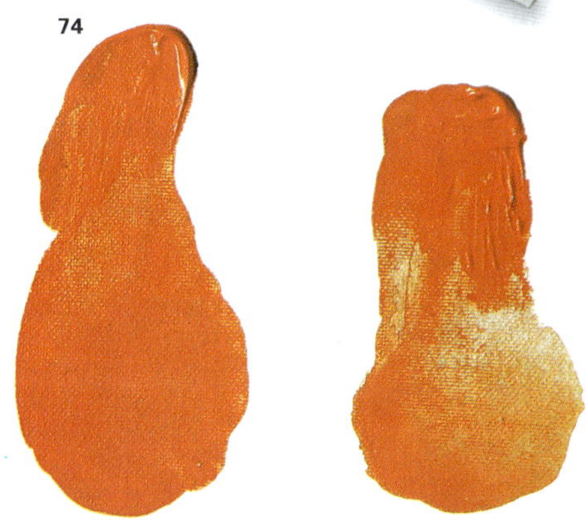

Abb. 74: Zwei Flecken derselben Farbe, wobei dem linken ein Transparenzverstärker zugesetzt wurde. Dadurch läßt sich die Farbe sehr dünn und gleichmäßig ausziehen. Bei der reinen Farbe (rechts) ist der Film ungleichmäßig. Es befinden sich an einigen Stellen mehr Pigmente als an anderen.

75

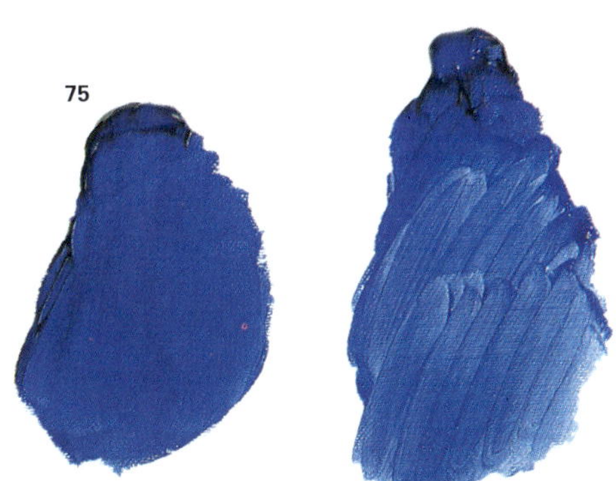

Abb. 75: Der rechte Farbfleck wurde mit einem Transparenzverstärker angelegt. Die Pinselstriche sind sichtbar, und die ursprünglich deckende undurchsichtige Farbe ist transparent geworden.

Pinsel, Bürsten und Schwämme

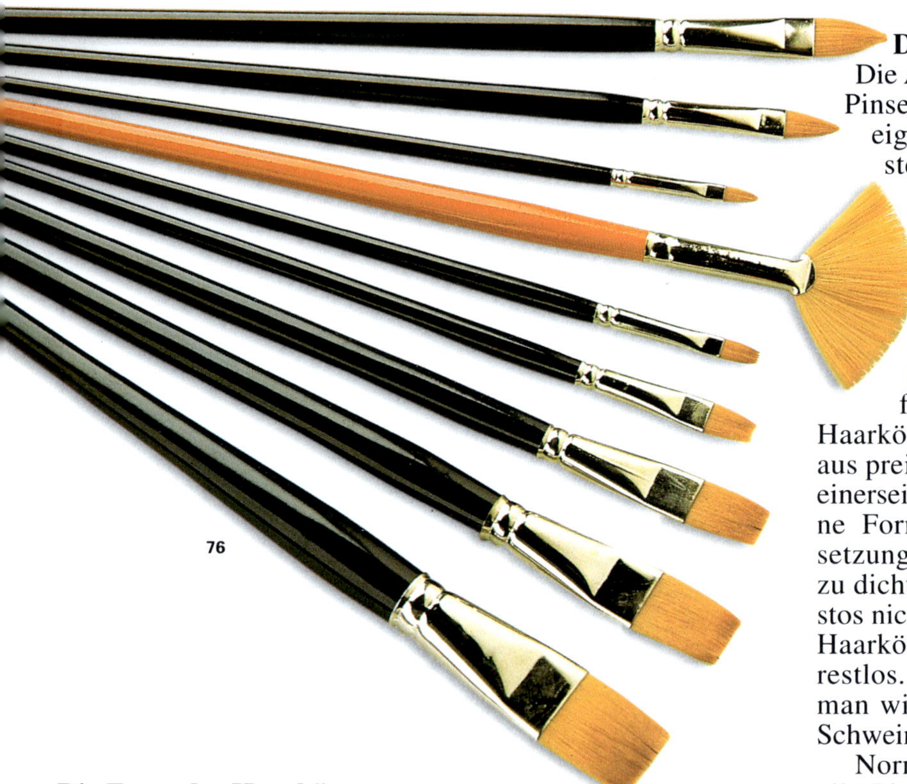

76

Abb. 76: Synthetikpinsel haben sich vor allem aufgrund des Erfolgs der Acrylfarben im Handel durchgesetzt. Der Haarkörper ist weich, hält jedoch gut seine Form, solange man nicht zu grob über die Malfläche reibt. Er ist flach (vor allem für große Formate zu empfehlen), rund oder in der sogenannten Katzenzungenfaçon erhältlich. Ferner gibt es den Fächerpinsel, der besonders für feine Farblasuren geeignet ist.

Die Form des Haarkörpers

Die traditionellen Künstlerpinsel sind rund, flach oder abgerundet (die sogenannte *Katzenzungenfaçon*). Der runde Haarkörper eignet sich besonders für Striche, der flache für Farbflecken und der abgerundete für eine Kombination von beiden.

Wie bei der Ölmalerei benötigt man für Acrylfarben vor allem Flachpinsel. Sie fassen mehr Farbe und ermöglichen das energische Bearbeiten großer Formate. Für die Ölmalerei reichen Flachpinsel beinahe aus. Mit Acrylfarben kann man dagegen auch feine gleichförmige Linien aus verdünnter Farbe ziehen. Deshalb sollte man zusätzlich relativ dünne Rundpinsel zur Verfügung haben, die sowohl aus Rindshaar als auch aus Synthetikfaser bestehen können. Große Pinsel wählt man stets mit flachem Haarkörper, es sei denn, man möchte ein Bild aus breiten Strichen mit sehr flüssiger Farbe erhalten.

Die Haarsorten

Die Acrylmalerei läßt sich mit jedem Pinsel durchführen. Logischerweise eignen sich Synthetikpinsel am besten. Die Konsistenz der Acrylfarben ist erheblich dichter als die von Aquarellfarben, jedoch leichter als die von Ölfarben. Der Synthetikpinsel liegt etwa in der Mitte zwischen dem weichen Rotmarder- oder Rindshaarpinsel und dem groben, steifen Schweinsborstenpinsel. Der Haarkörper aus Synthetikfaser besteht aus preiswertem Polyestermaterial, das einerseits weich ist und andererseits seine Form und Spitze behält. Voraussetzung ist jedoch, daß man nicht mit zu dichter Farbe arbeitet und die Impastos nicht aufreibt. Sonst öffnet sich der Haarkörper sofort und verformt sich restlos. Für solch einen Malstil wählt man wie bei der Ölmalerei am besten Schweinsborstenpinsel.

Normalerweise besitzt der Künstler alle Pinselarten und wählt sie je nach dem Typ seines Werkes aus. Für stark verdünnte Acrylfarben eignen sich auch Aquarellpinsel.

Abb. 77: Schweinsborstenpinsel sind erheblich steifer als Synthetikpinsel und fassen mehr Farbe.

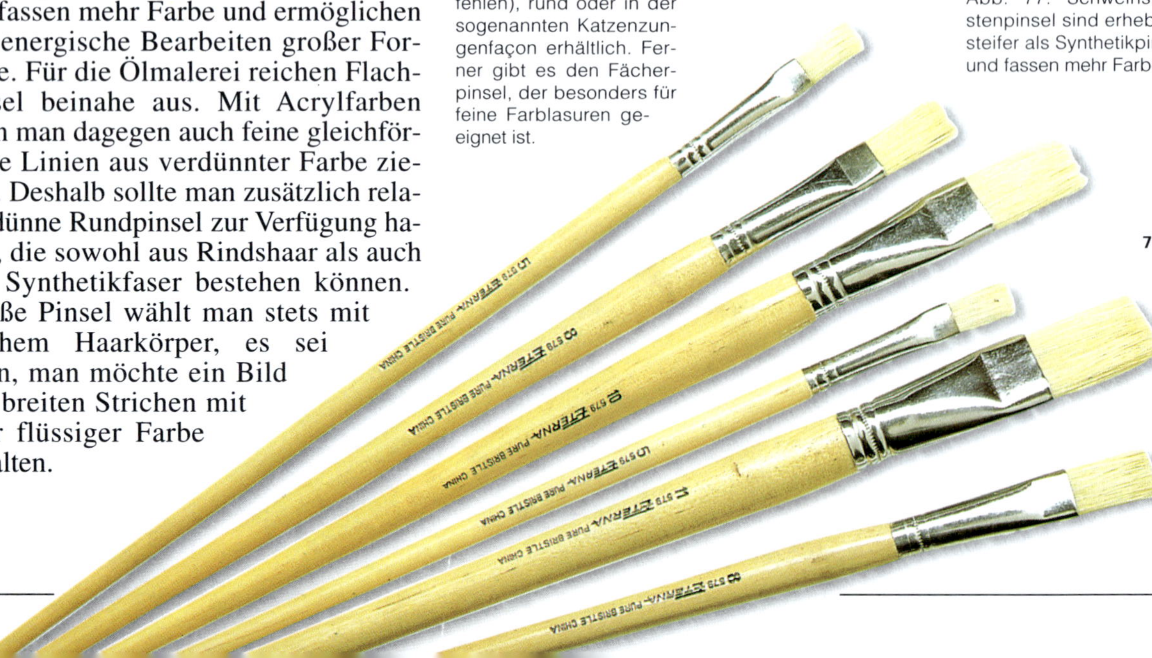

77

Malerpinsel

Zum Auftragen der Grundierung auf die Leinwand, die Malpappe oder das Papier sowie für großformatige Arbeiten sind Malerpinsel unverzichtbar. Für Grundierungen eignen sich am besten Flachpinsel aus Schweinsborsten von mindestens 6 oder 7 cm Breite. Zum Malen wählt man besser weichere Sorten. Ideal sind Japanpinsel, deren Haarkörper an den Stiel genäht ist. Wichtig ist, daß man die Malerpinsel vor der Benutzung einige Minuten einweicht, damit der Gummi, der die Haare zusammenhält, aufquillt und der Haarkörper auf der Malfläche keine Borsten verliert.

78

79

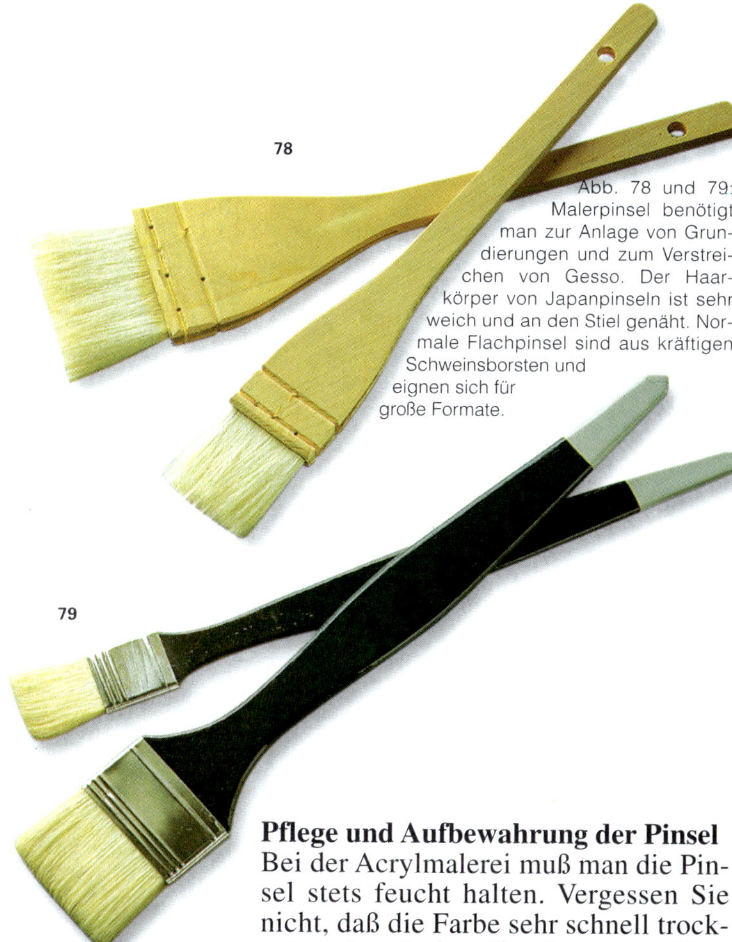

Abb. 78 und 79: Malerpinsel benötigt man zur Anlage von Grundierungen und zum Verstreichen von Gesso. Der Haarkörper von Japanpinseln ist sehr weich und an den Stiel genäht. Normale Flachpinsel sind aus kräftigen Schweinsborsten und eignen sich für große Formate.

80

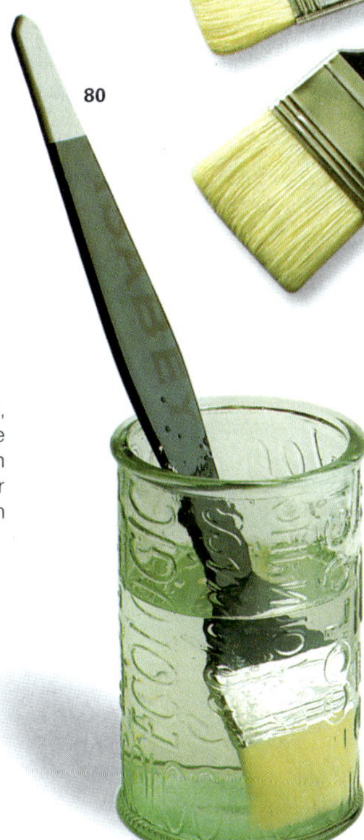

Abb. 80: Der Haarkörper von Schweinsborstenpinseln ist mit dem Stiel verleimt. Vor Gebrauch muß man ihn einige Minuten in Wasser stellen, damit der Leim quillt und keine Haare auf der Malfläche haften bleiben. Sie würden die Gleichförmigkeit und die Glätte der Grundierung beeinträchtigen.

Abb. 81: Hier einige alte Synthetikpinsel, deren Haarkörper durch Reiben über die Malfläche verdorben wurde. Trotzdem können die Pinsel noch zum Ziehen dicker Striche oder zum Anlegen von Farbflecken geeignet sein.

81

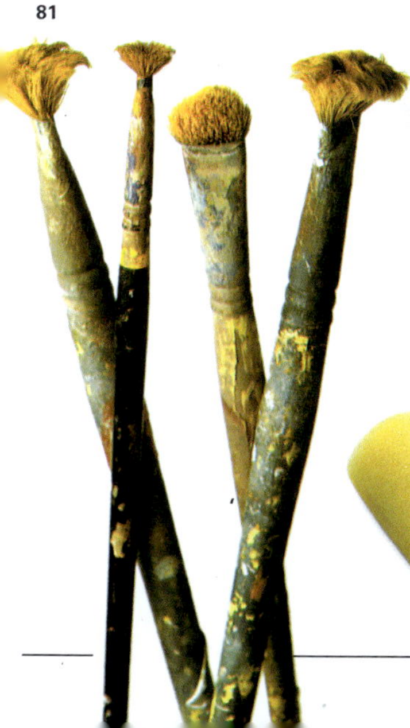

Pflege und Aufbewahrung der Pinsel

Bei der Acrylmalerei muß man die Pinsel stets feucht halten. Vergessen Sie nicht, daß die Farbe sehr schnell trocknet und nach dem Trocknen unauflöslich ist. Der Haarkörper eines schlecht gepflegten Pinsels verhärtet am Ansatz, so daß die Haare nur im oberen Abschnitt beweglich bleiben. Typisch sind die im Innern verbliebenen Farbkrümel, die beim Malen Kratzer und Spuren hinterlassen. Die getrocknete Farbe kann mit Azeton teilweise wieder gelöst werden. Besser ist jedoch, es gar nicht soweit kommen zu lassen und die Pinsel während der Arbeit stets in Wasser zu stellen. Nach Abschluß der Sitzung müssen sie mit Wasser und Seife gereinigt werden.

Schwämme

Für alle Malverfahren auf Wasserbasis benötigt man Schwämme. Mit Schwämmen kann man eine stark verdünnte Farbe maximal ausziehen. Dies ist vor allem bei Aquarellfarben angezeigt. Bei der Acrylmalerei lassen sich darüber hinaus auch breiige Farben mit dem Schwamm verstreichen. Die leichte Konsistenz der Acrylfarben macht dies möglich.

82

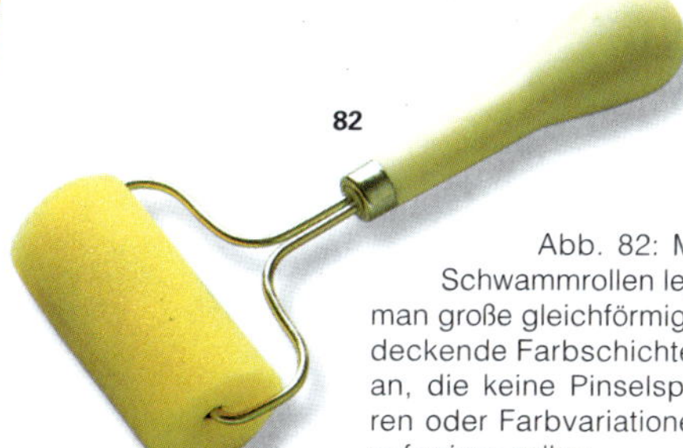

Abb. 82: Mit Schwammrollen legt man große gleichförmige, deckende Farbschichten an, die keine Pinselspuren oder Farbvariationen aufweisen sollen.

Die Paletten

Traditionelle Paletten

Für die Arbeit mit Acrylfarben eignen sich alle traditionellen eckigen, runden oder ovalen Paletten, die man sonst für die Ölmalerei verwendet. Ihr einziger Nachteil betrifft die Reinigung. Bei der Ölmalerei kann man die restliche Farbe mit dem Spachtel abkratzen und die Fläche anschließend mit einem Lösungsmittel säubern. Dies ist bei Acrylfarben nicht möglich, da sie zu schnell trocknen und an der Palette haften bleiben. Zum Lösen müßte man kräftig kratzen und würde am Ende selbst die solideste lackierte Holzfläche beschädigen. Auch ein Schutzüberzug böte keine Lösung, weil man ihn wahrscheinlich gemeinsam mit der Farbe entfernen würde. Ein guter Ersatz für die Holzpaletten ist der Block aus Papierpaletten. Sobald ein Blatt mit Farbmischungen bedeckt ist, reißt man es ab und nimmt ein neues. Ein Nachteil ist jedoch, daß sich das Papier wegen der großen Wassermenge leicht wellt.

Kunststoffpaletten

Kunststoffpaletten haben gegenüber Holzpaletten den Vorteil, daß sich die Farbe leichter davon lösen läßt, wobei man achtgeben muß, daß man die Oberfläche nicht zerkratzt. Bei einer zerkratzten Oberfläche bleibt jedesmal Farbe haften, so daß die Reinigung immer schwieriger wird. Daher muß man die Palette beim Säubern gut anfeuchten oder sie direkt unter den Wasserstrahl halten.

83

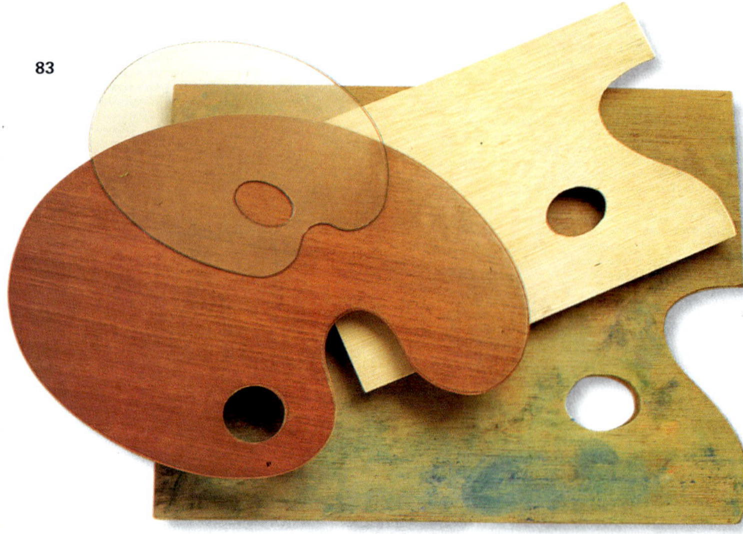

Abb. 83. Alle traditionellen Paletten eignen sich auch für Acrylfarben. Holz wirft jedoch Probleme bei der Reinigung auf, da die Acrylfarben fest daran haften. Beim Abkratzen kann das Holz beschädigt werden. Daher sollte man lieber Kunststoffpaletten verwenden.

84

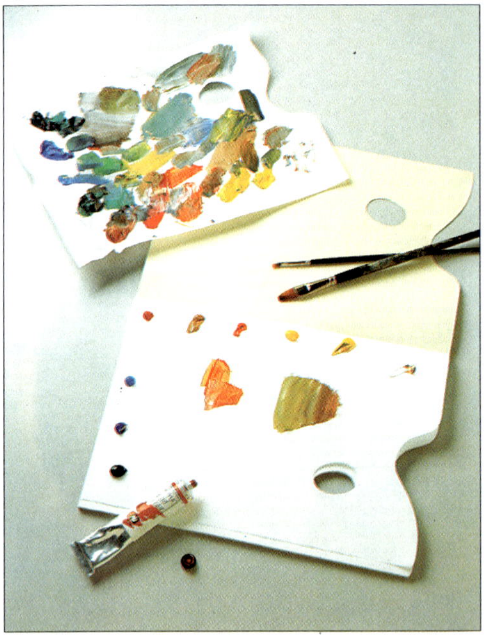

Abb. 84: Ein Block Papierpaletten hat den Vorteil, daß man die gefüllten Blätter wegwerfen kann. Ist eine Palette ganz mit Farbe bedeckt, reißt man sie ab und fährt mit einem frischen Blatt fort. Für die Arbeit mit viel Wasser sind sie allerdings weniger geeignet, da sich das Papier wellt.

85

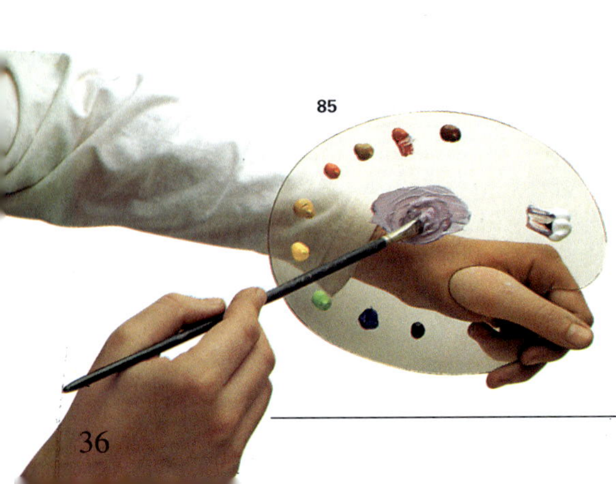

86

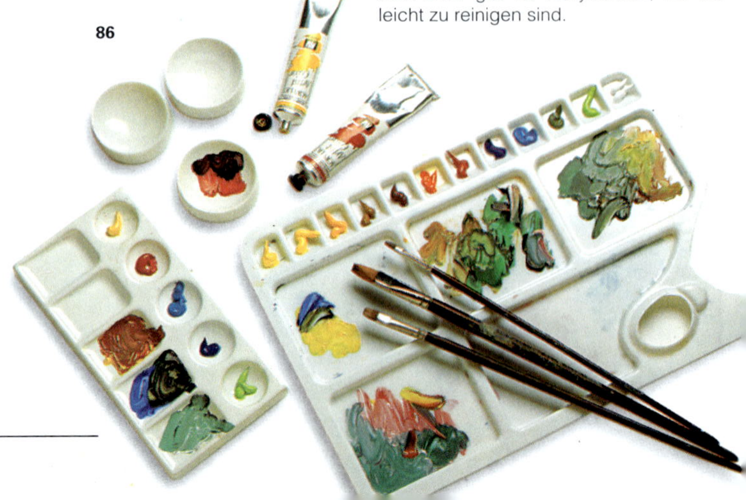

Abb. 85 und 86: Kunststoffpaletten mit und ohne Fächer sowie Näpfe eignen sich sehr gut für Acrylfarben, da sie leicht zu reinigen sind.

Andere Paletten

Am besten geeignet für die Acrylmalerei ist eine glatte Fläche aus sehr hartem Material wie zum Beispiel Glas, Marmor oder Kunststoff. Sie zerkratzt nicht bei der Arbeit mit dem Spachtel und verfärbt sich nicht, da sie nicht saugfähig ist. Man muß die Palette während der Sitzung häufig reinigen, da sich beim Reiben mit dem Pinsel winzige Partikel von der halbtrockenen Farbschicht lösen. Diese Partikel werden auf die Leinwand übertragen und bilden Knötchen, die die Bildschicht beschädigen können. Die Reinigung der hier genannten Paletten bereitet keine Schwierigkeit, vorausgesetzt, man hat sie zuvor angefeuchtet. Glaspaletten werden einfach mit einem Spezialschaber für Glas gereinigt.

In diesen Abschnitt gehören ferner die kleinen Gefäße oder Näpfe aus Steingut. Sie werden normalerweise von Aquarellmalern zum Mischen der Farben verwendet und eignen sich wegen ihrer Härte und Wasserdichte auch für die Acrylmalerei. Zum Abschluß sei noch erwähnt, daß auch Teller und sonstige Steingutgefäße die traditionelle Palette ersetzen können.

87

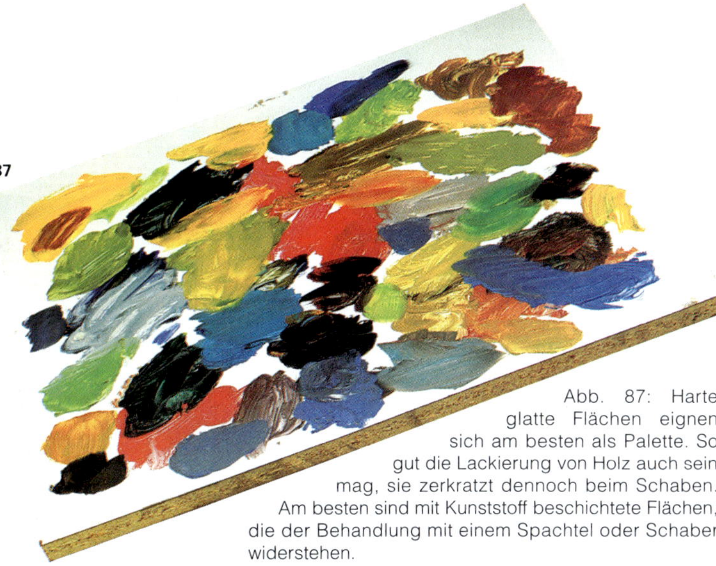

Abb. 87: Harte glatte Flächen eignen sich am besten als Palette. So gut die Lackierung von Holz auch sein mag, sie zerkratzt dennoch beim Schaben. Am besten sind mit Kunststoff beschichtete Flächen, die der Behandlung mit einem Spachtel oder Schaber widerstehen.

88

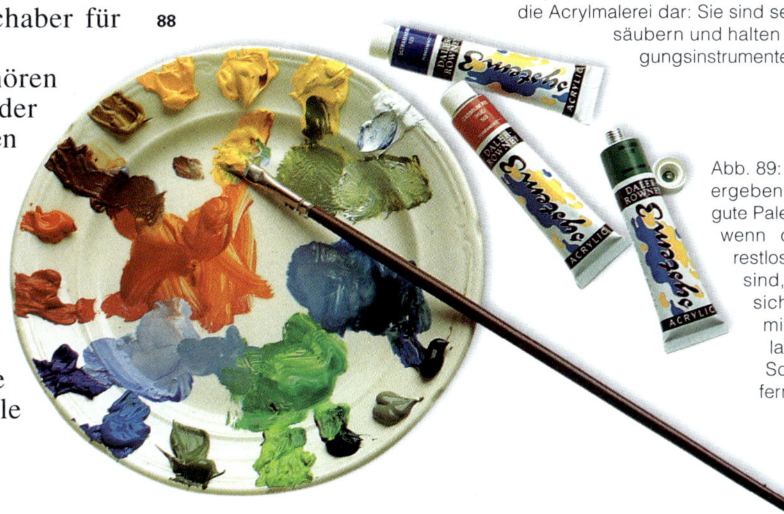

Abb. 88: Steingutteller stellen eine perfekte Palette für die Acrylmalerei dar: Sie sind sehr leicht zu säubern und halten allen Reinigungsinstrumenten stand.

Abb. 89: Glasplatten ergeben ebenfalls gute Paletten. Selbst wenn die Farben restlos getrocknet sind, lassen sie sich mühelos mit einem relativ scharfen Schaber entfernen.

89

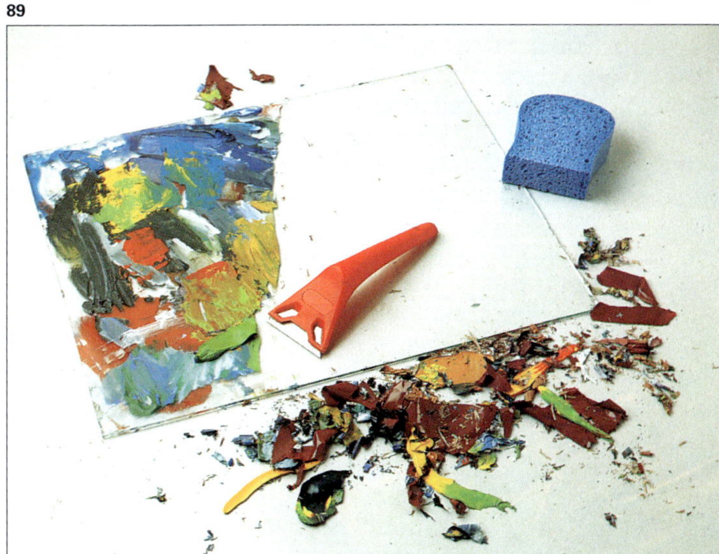

Spezialpaletten

Vor einigen Jahren hatte die Firma Rowney Spezialpaletten für die Acrylmalerei in den Handel gebracht. Sie bestanden aus einer angefeuchteten Papiermembrane, die das Trocknen der Farbe verhindern sollte. Das System erwies sich als ziemlich umständlich; deshalb findet man diese Paletten heute nur selten im Handel. Künstler, denen das rasche Trocknen der Farben nicht gefällt, sollten lieber ein anderes Malverfahren wählen und nicht zu komplizierten Lösungen greifen, die diese Eigenschaft der Acrylfarben herabsetzen.

Der Malgrund

90

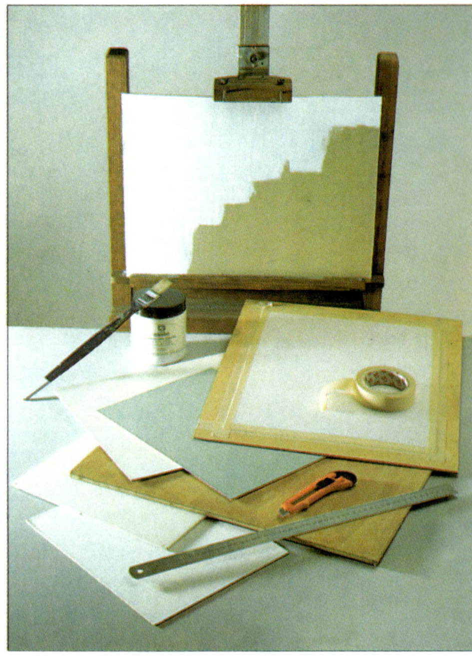

Abb. 90: Pappe kann ein guter Malgrund für Acrylfarben sein, sofern die Fläche nicht zu porös ist. In diesem Fall kann man sie zu Beginn mit einer Schicht Gesso überziehen. Gesso dient auch als Grundierung von Holzplatten unterschiedlicher Stärke.

Die Leinwand

Leinwand wird am häufigsten für die Acrylmalerei verwendet. Das beste Maltuch besteht aus Leinen, gefolgt von der Mischung aus Leinen und Baumwolle sowie reiner Baumwolle. Die Zurichtung der Leinwand ist etwas anders als für die Ölmalerei. Die Grundierung für Ölfarben ist leicht fettig, so daß die Acrylfarben nicht gut darauf haften würden. Manchmal läßt sich dieser Nachteil beseitigen, indem man die Leinwand zuvor mit Alkohol entfettet. Besser ist es jedoch, gar nicht erst das Risiko einzugehen, daß die Farbschicht nach dem Malen ihre Haftung verliert und sich wie eine Haut ablöst. Auch zu saugfähige Grundierungen sind ungeeignet, es sei denn, der Künstler strebt ein ausgesprochen mattes, trockenes Erscheinungsbild an. In jedem Fall ist die Arbeit auf sehr absorbierender Leinwand mühsam; Lasuren aus stark verdünnter Farbe sind schwierig, wenn nicht sogar unmöglich. Wichtig ist also, daß man eine Leinwand mit Spezialgrundierung für Acrylfarben wählt (oder mit einer Universalgrundierung, die sich für alle Malverfahren eignet).

Möchte der Künstler ein unbehandeltes Maltuch selbst vorbereiten, überzieht er es am besten mit einer oder mehreren Schichten Gesso. Je mehr Schichten, desto geringer wird die Saugkraft und desto weniger macht sich die Struktur der Leinwand bemerkbar. Die Anzahl der aufzutragenden Schichten ist praktisch unbegrenzt und kann bis zu einer absolut glatten Fläche ohne Webstruktur führen (wobei die Wahl von Leinwand als Malgrund in diesem Fall nicht unbedingt gerechtfertigt wäre). Man kann auch Farbpigmente in den Gesso mischen, um eine kolorierte Grundierung zu erhalten. Außerdem besteht die Möglichkeit, Füllstoffe unterschiedlicher Dicke hinzuzufügen (Sand, Marmorpulver, Bimsstein etc.), so daß eine mehr oder weniger strukturierte Fläche entsteht.

Desgleichen kann man eine transparente Zurichtung wählen, um die Farbe der Leinwand als Untergrund beizubehalten. Dazu trägt man entweder mehrere Schichten Acryl-Malmittel oder ein farbloses Gel auf. Wichtig ist, daß die Leinwandporen sorgfältig verschlossen werden und eine Schicht entsteht, auf der die Farbe gut haftet.

Papier, Malpappe und Holz

Beinahe jede fettfreie Fläche ist ein geeigneter Malgrund für Acrylfarben. Neben Leinwand werden am meisten Papier, Malpappe und Holz gewählt.

Papier unterschiedlicher Stärke nimmt die Acrylfarben problemlos an. Allerdings ist es viel saugkräftiger als Leinwand, was sich durch einen Über-

Abb. 91: Um mit Acrylfarben auf Papier zu malen, muß die Fläche vorab mit einer Schicht Gesso überzogen werden. Ist das Papier sehr dünn, muß es wie bei der Aquarellmalerei gespannt werden. Der Gesso kann durch Acrylfarbe ersetzt werden, falls man eine getönte Untermalung wünscht.

91

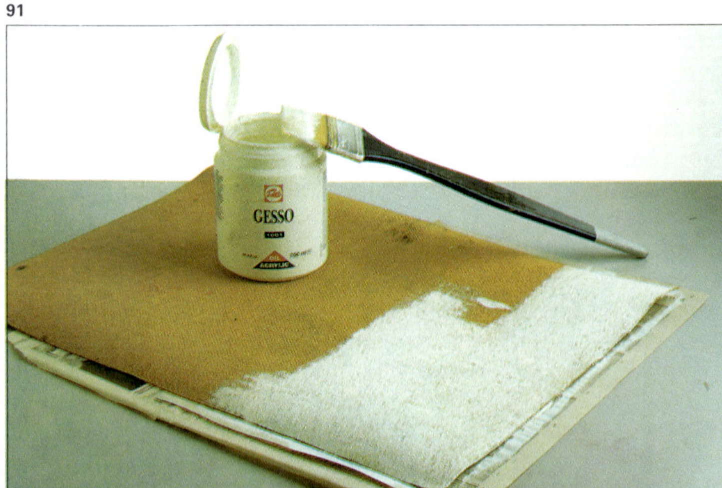

92

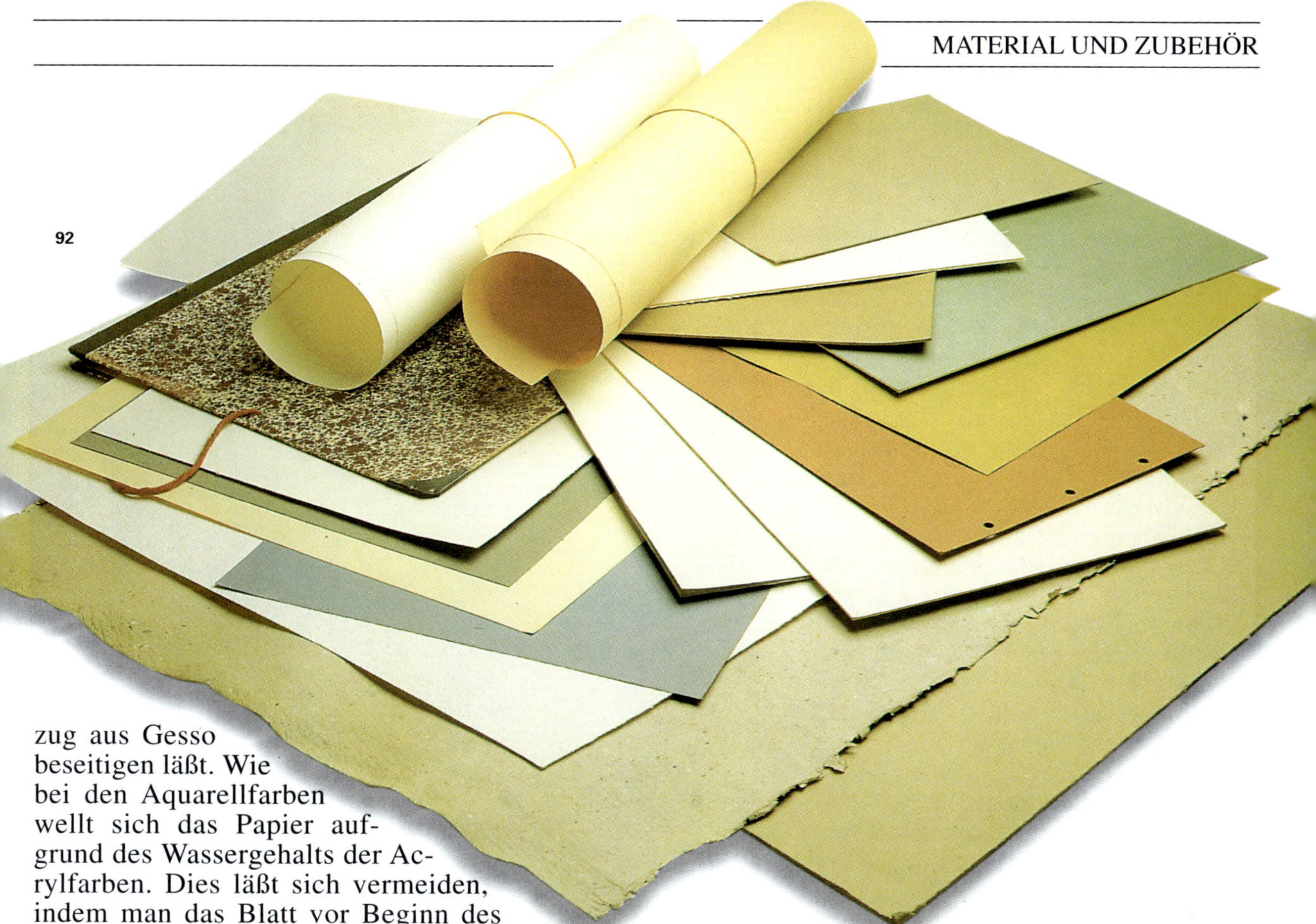

zug aus Gesso beseitigen läßt. Wie bei den Aquarellfarben wellt sich das Papier aufgrund des Wassergehalts der Acrylfarben. Dies läßt sich vermeiden, indem man das Blatt vor Beginn des Malens spannt und die Klebestreifen nach dem restlosen Trocknen des Papiers wieder entfernt. Auf diese Weise bleibt das Blatt absolut glatt.

Malpappe ab einer gewissen Stärke braucht nicht mehr gespannt zu werden. Sollte sie dem Künstler zu porös sein, braucht er sie nur zu grundieren. Im Handel sind Malpappen guter Qualität, die keinerlei Vorbereitung benötigen, so daß man direkt darauf malen kann. Die Farbe des Papiers oder der Malpappe kann für jene Künstler interessant sein, die gern mit Transparenzen arbeiten.

Auch auf entsprechend grundiertem Holz kann man mit Acrylfarben malen. Die Grundierung läßt sich mit einer geschliffenen Schicht Gesso abschließen, so daß eine absolut glatte polierte Fläche entsteht. Wegen seiner Festigkeit und Stabilität ist Holz ein recht angenehmer Malgrund. Er kann mit zahlreichen Farbschichten bedeckt werden.

93

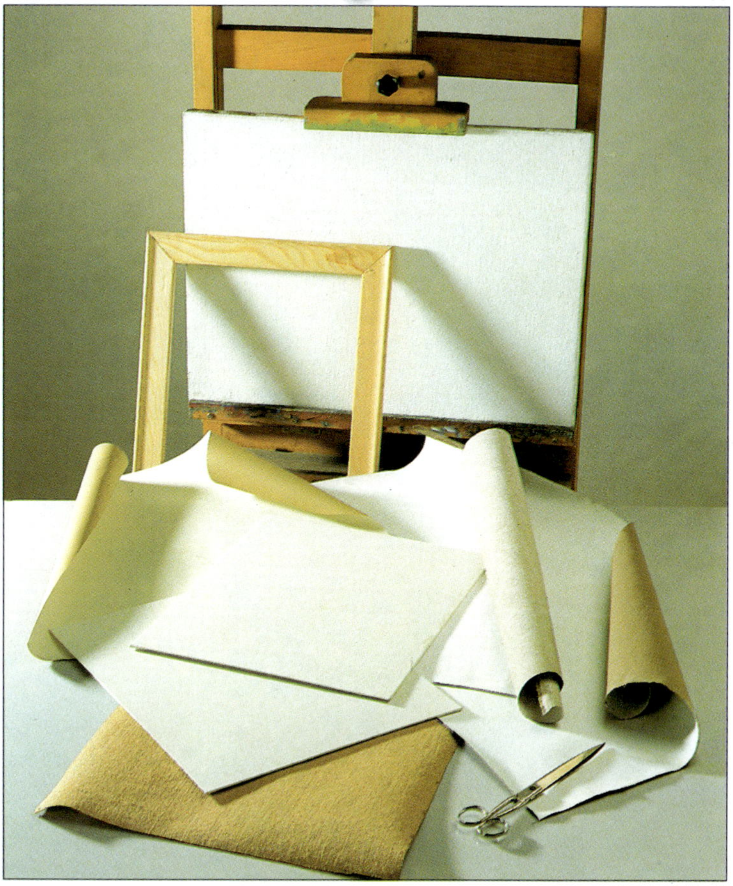

Abb. 92 und 93: Jeder Malgrund eignet sich für Acrylfarben, sofern er zwei Voraussetzungen erfüllt: Er darf weder zu porös sein noch zu glatt. (Dann haftet die Farbe nicht gut und löst sich am Ende wieder ab.) Leinwand muß mit einer Acrylgrundierung versehen sein (keine Ölgrundierung). Unbehandelte Leinwand benötigt eine Schicht Gesso oder Acrylfarbe als Grundierung.

Einige technische Möglichkeiten

Auf den folgenden Seiten wollen wir uns mit einigen technischen Möglichkeiten befassen, zu denen der Künstler bei der Arbeit mit Acrylfarben greifen kann. Als Modell haben wir einen Pfau in freier Interpretation gewählt. Der Malgrund besteht aus mit Gesso grundierter Pappe; das Material ist das übliche für die Acrylmalerei: Farben, Pinsel und Schwämme. Ziel unserer Übung ist es, aufzuzeigen, wie man die Acrylfarben geschickt und ohne technische Vorkehrungen verteilen kann. Da die Farben rasch trocknen, können sie während der Anfertigung eines Bildes auf unterschiedlichste Weise verändert werden. Man kann sie auf eine feuchte oder trockene Fläche legen, mit einem Künstlerpinsel oder einem Spachtel auftragen, mit einer Bürste oder einem Schwamm verteilen und alles mit einem Lappen wieder entfernen, solange die Schicht noch feucht ist. In unserem Fall unterliegt das Werk mehreren Veränderungen, damit die Form und die Farbe sowie die Qualität der Struktur und das Erscheinungsbild bereichert werden.

Das jeweilige Verfahren kann der Leser den Bildunterschriften entnehmen und das Ergebnis in der Praxis überprüfen.

94

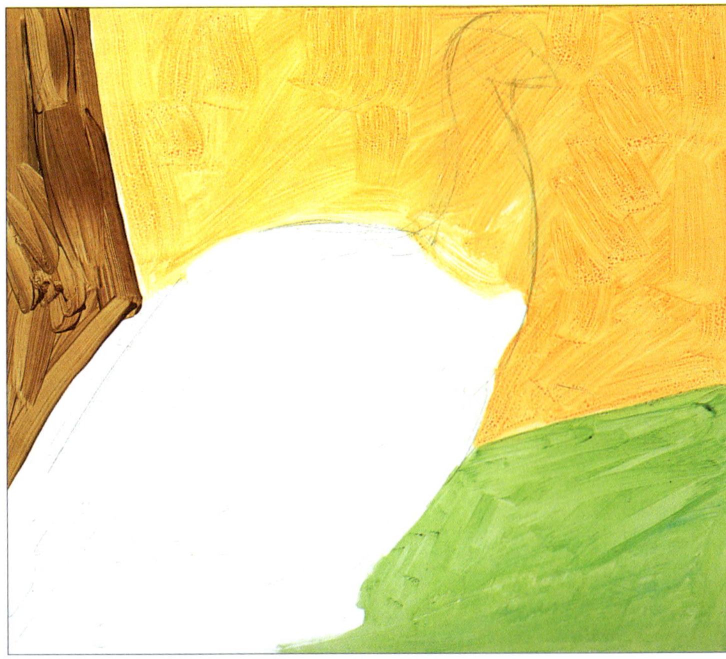

Abb. 94: Diese Übung wird auf dicker Malpappe durchgeführt, die mit Gesso grundiert wurde. Das Weiß des Untergrunds scheint durch die Farbflecken und läßt sie leuchten. Die weiße Aussparung im Zentrum der Komposition sorgt dafür, daß die hellen Stellen in den Pfauenflügeln ebenfalls mehr Leuchtkraft erhalten.

95

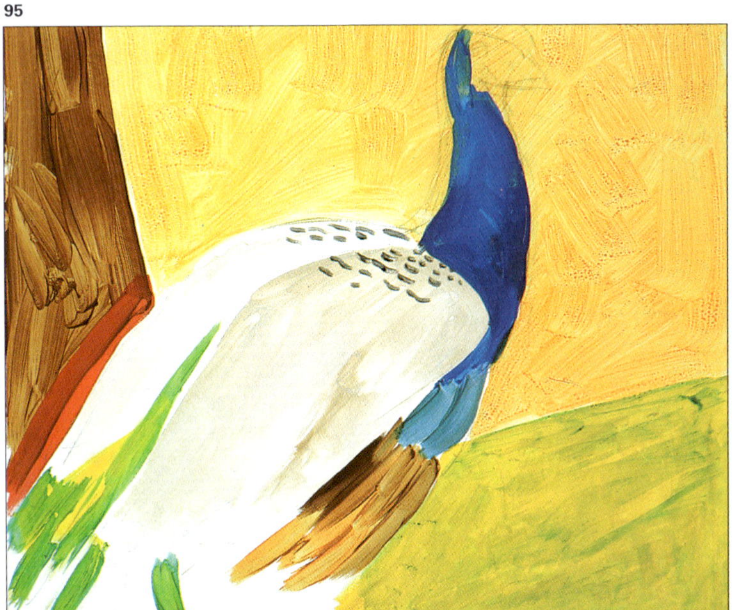

96

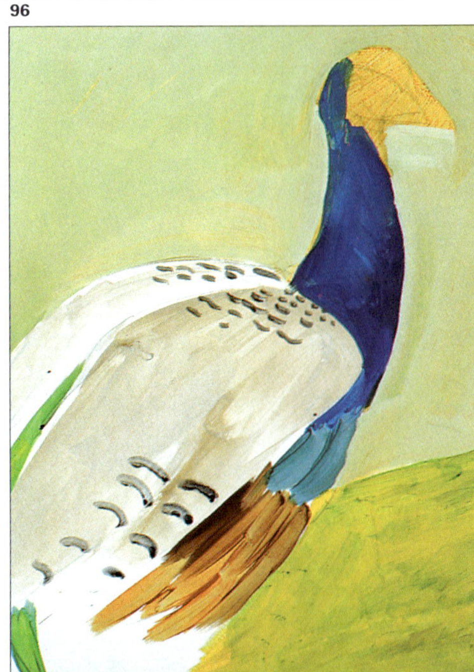

Abb. 95 und 96: Die ersten Farbflecken werden als große Blocks ohne Details angelegt und dienen als Grundlage für die Harmonisierung. Da wir direkt auf dem Weiß malen, entstehen einige Transparenzen. Die obere Abbildung zeigt, wie der Pfauenflügel mit einer sehr feinen grauen Lasur aufgebaut wurde, die als Grundlage für die Details der Federn dient. Der Hals und der Kopf bestehen aus schlichten Farbflecken, die nur die Form und das Volumen angeben. Für die Anlage dieser Flecken sollte man breite flache Synthetikpinsel verwenden.

97

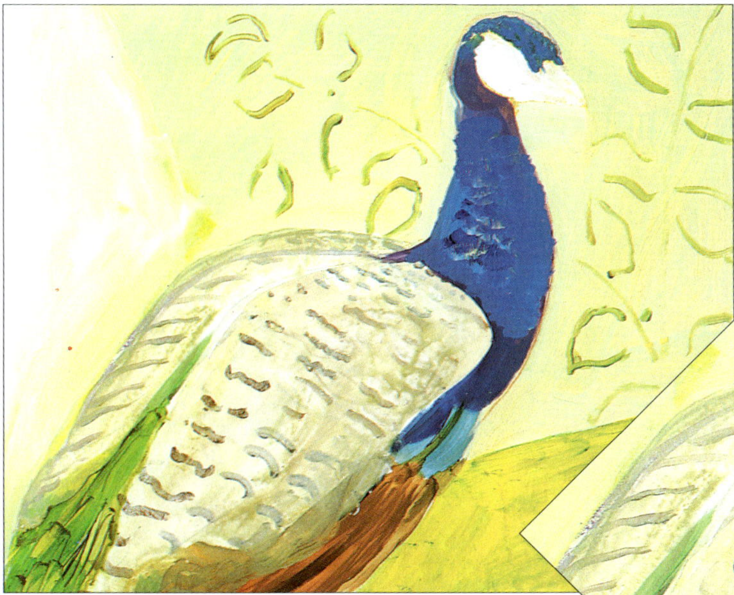

Abb. 97: Mit Acrylfarben lassen sich rasch Verbesserungen anbringen. Aufgrund der sehr kurzen Trocknungszeit kann man eine Farbe beinahe unmittelbar mit einer anderen überlagern (deckend oder als Lasur). In diesem Fall deckt das Hellgrün des Hintergrunds die vorigen Farben vollständig ab.

98

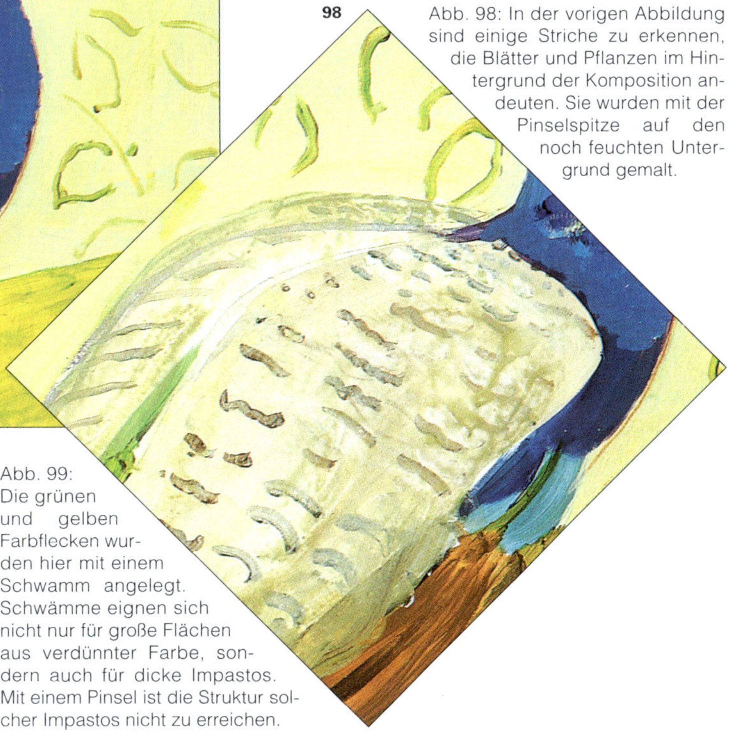

Abb. 98: In der vorigen Abbildung sind einige Striche zu erkennen, die Blätter und Pflanzen im Hintergrund der Komposition andeuten. Sie wurden mit der Pinselspitze auf den noch feuchten Untergrund gemalt.

99

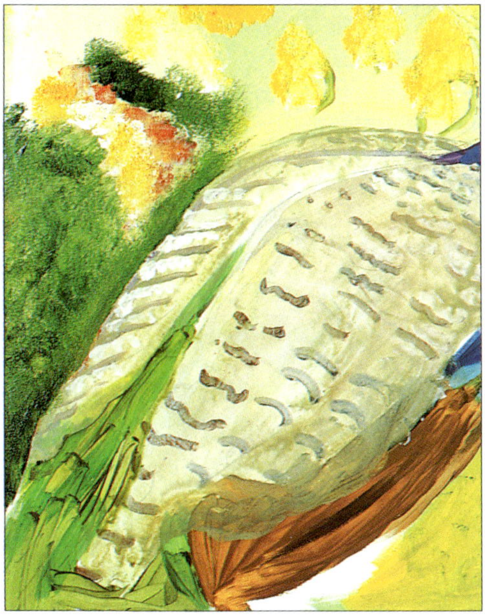

Abb. 99: Die grünen und gelben Farbflecken wurden hier mit einem Schwamm angelegt. Schwämme eignen sich nicht nur für große Flächen aus verdünnter Farbe, sondern auch für dicke Impastos. Mit einem Pinsel ist die Struktur solcher Impastos nicht zu erreichen.

100

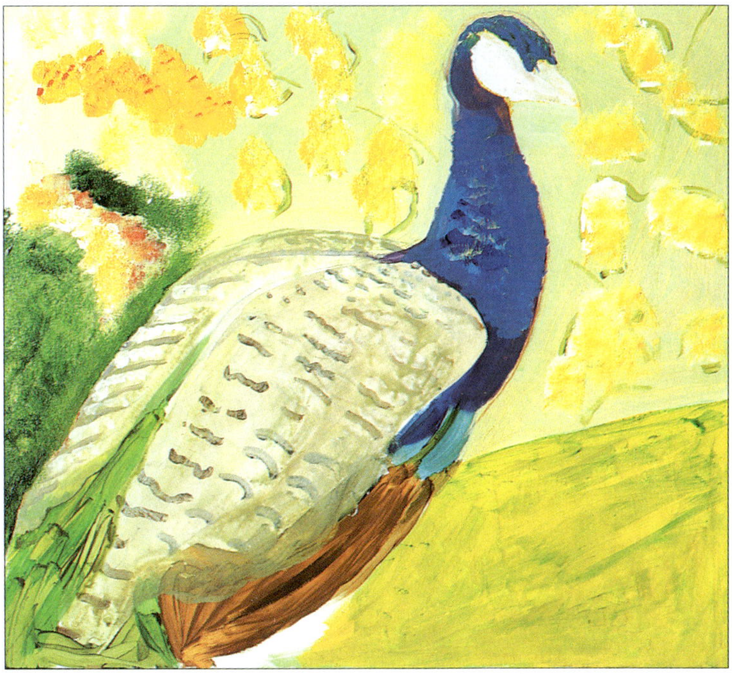

Abb. 100: Die Impastos für die Blüten wurden mit dem Schwamm auf die feuchte vorige Schicht gelegt. Die Farben mischen sich nicht völlig, weil der Künstler nicht stark gerieben hat. Auf diese Weise entstehen äußerst vielfältige Farbvariationen. Eventuelle Krümel und Reliefs lassen sich mit einem Spachtel oder einem weiteren sauberen Schwamm entfernen.

Einige technische Möglichkeiten

101

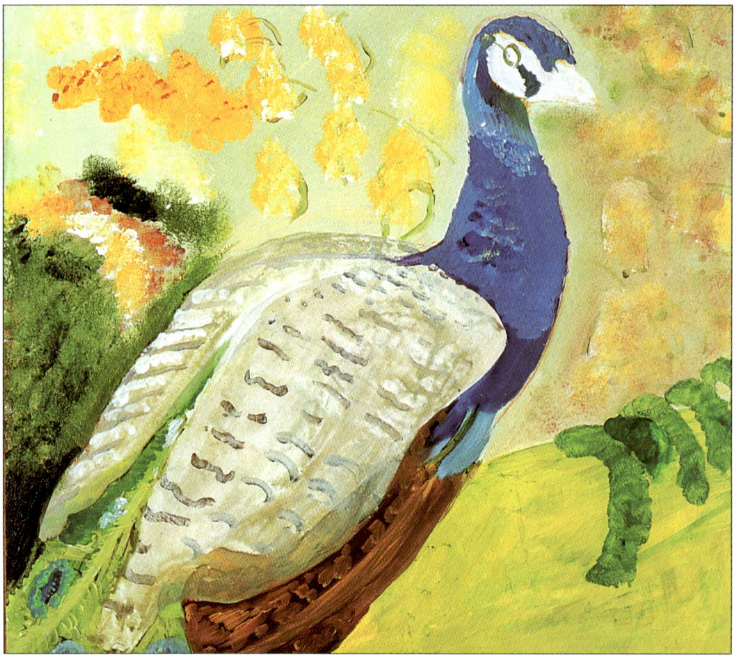

102

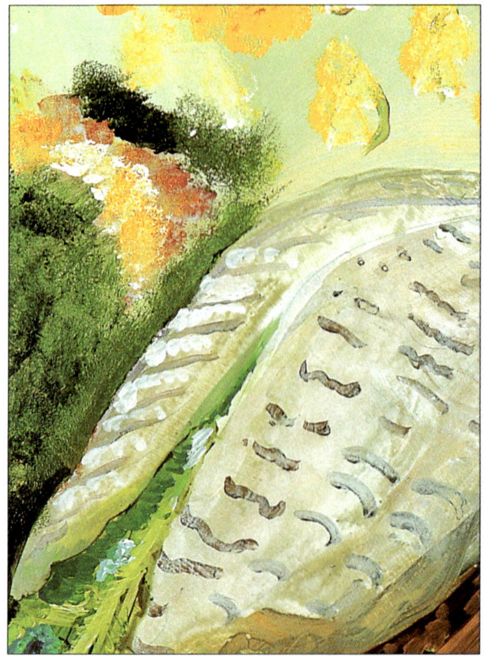

103

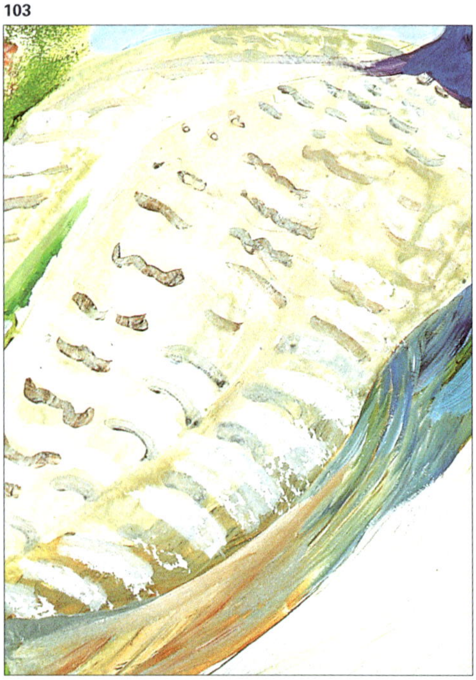

Abb. 101: Mit halbfeuchtem Schwamm und wenig Farbe wurden weitere Farbflecken auf die Impastos gelegt. Diese nuancieren und dämpfen die vorigen Flekken. Aufgrund der raschen Arbeitsweise mit Acrylfarben kann man die Flecken und Formen mühelos überlagern. Die Landschaft oder der Hintergrund des realistischen Pfaus verändert sich je nachdem, was das Bild dem Künstler eingibt.

Abb. 102: Hier sehen Sie einen Ausschnitt aus den Flecken, die mit dem Schwamm angelegt wurden, sowie die einzelnen Lasuren und übrigen Farbaufträge, mit denen die Flügel aufgebaut wurden. Sie sind das Ergebnis einer gewandten Arbeitsweise, welche eventuelle Zufälle geschickt für den Farbaufbau nutzt.

104

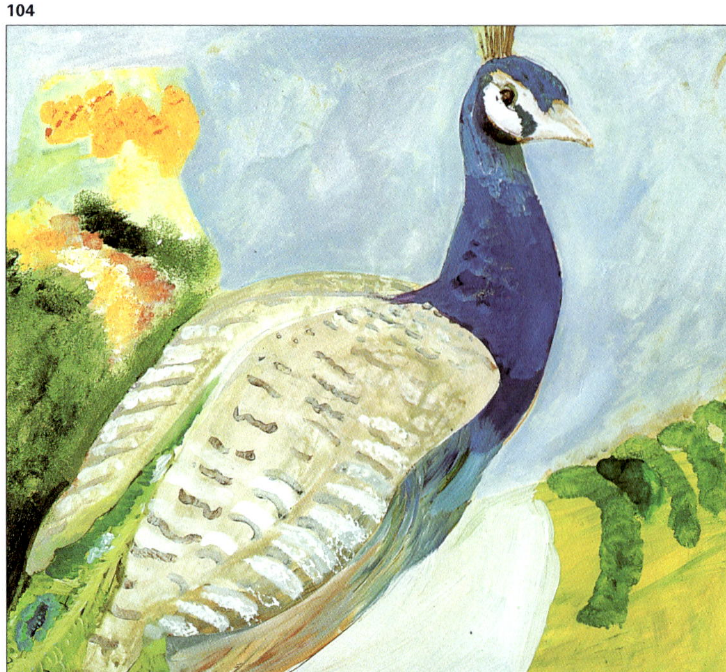

Abb. 103 und 104: Der obere Ausschnitt des Flügels entstammt dem rechten Stadium des Bildes. Die weißen Flecken zwischen den dunklen Strichen sorgen für eine Struktur innerhalb der Federn. Wie die übrigen Farben wurden sie ziemlich verdünnt aufgetragen und decken den Untergrund nicht restlos ab. Der Hintergrund wurde dagegen abgedeckt, um einen Ausgleich für die zahlreichen Details zu schaffen. Die Farbe besteht aus einer Mischung von Blau mit den noch feuchten Resten der vorigen Schicht. Diese sind durch Transparenz zu erkennen.

105

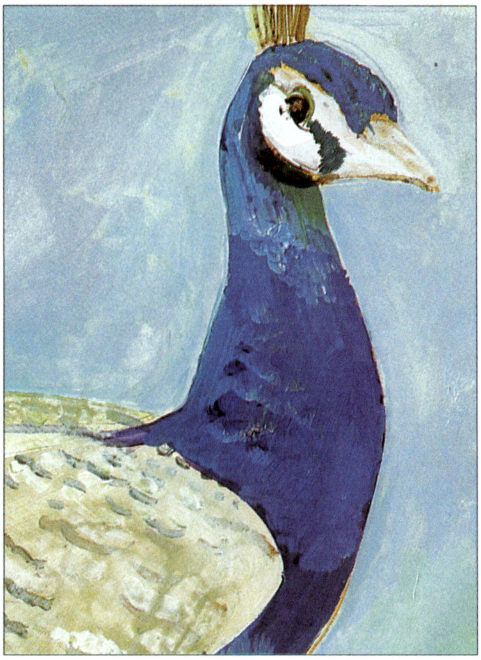

106

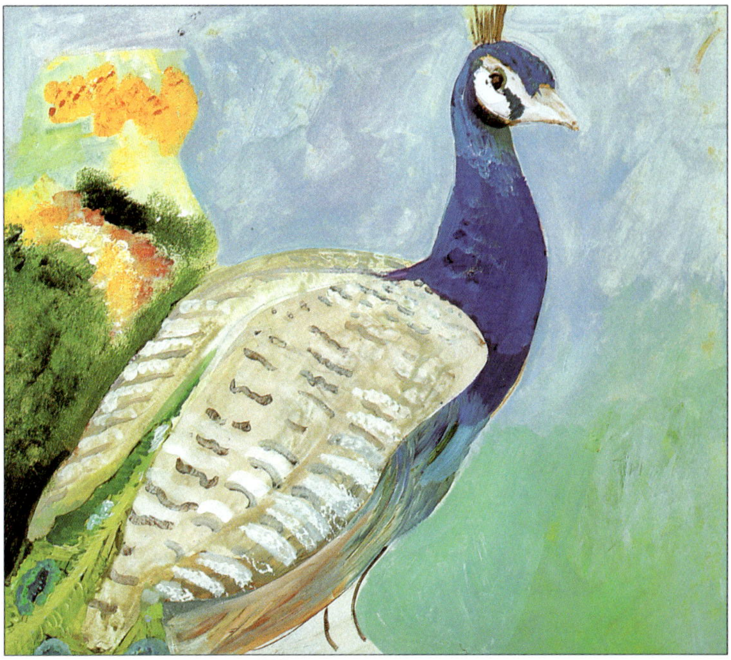

Abb. 105: Dieser Ausschnitt zeigt die verschiedenen Blautöne am Hals des Pfaus. Um das typische Irisieren der Farben wiederzugeben, wurden unterschiedliche Blaunuancen gemischt und ohne Reibung mit dem Pinsel aufgetupft. Es entsteht eine dichte Fläche von großer Vielfalt mit herrlichen Nuancen.

Abb. 106 und 107: Diese beiden Abbildungen zeigen die letzten Stadien der Arbeit. Auf der ersten ist der Hintergrund beinahe vollständig abgedeckt; auf der zweiten wurden zwei Farbflächen überlagert, die eine Landschaft andeuten. Die seitlichen Blumen blieben erhalten und heben sich kräftig vor dem hellblauen Himmel ab.

108

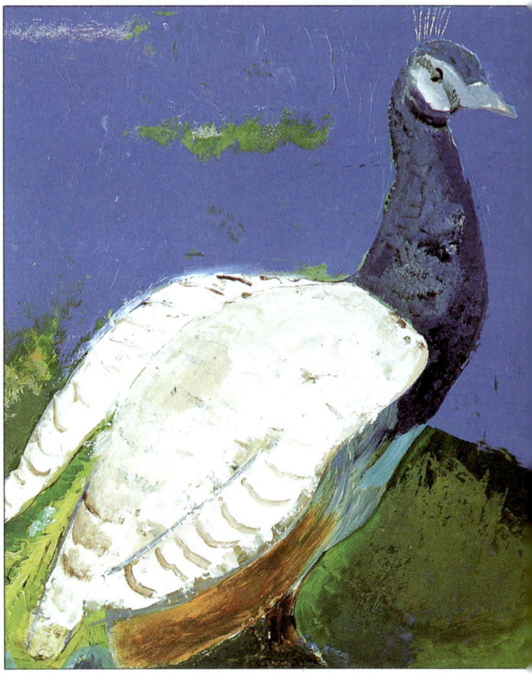

107

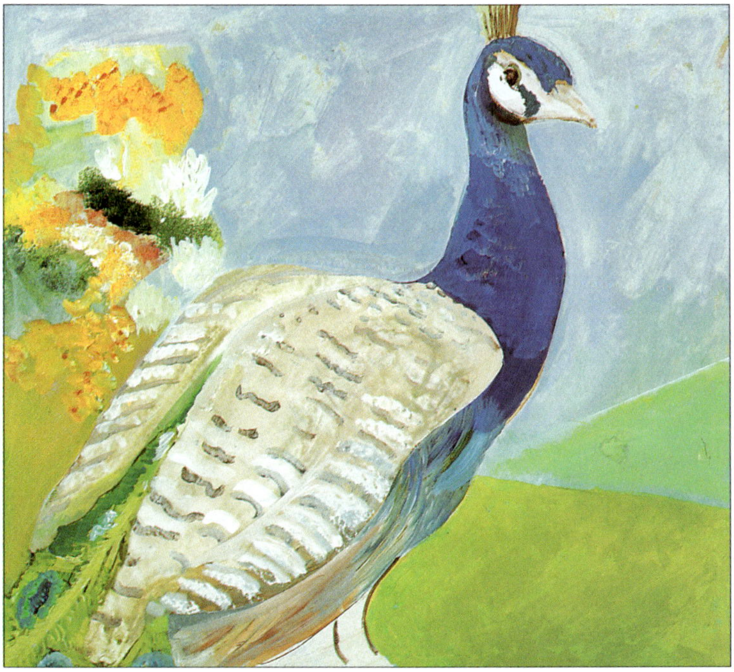

Abb. 108: Als letzte wichtige Veränderung wurde der Himmel mit wesentlich kräftigerem Ultramarinblau übermalt. So entsteht ein Kontrast zwischen den Flügeln des Pfaus und dem Kopf, während sich der Hals stärker in die Farbenharmonie integriert. Beim Malen konnten einige technische Möglichkeiten der Acrylfarben ausprobiert werden. So rasches Arbeiten ist mit keinem anderen Verfahren möglich.

Acrylfarben und Pastellfarben

Mischtechniken

In letzter Zeit mehren sich die Künstler, die in ihrem Streben nach malerischen Ausdrucksmöglichkeiten zu einer Kombination unterschiedlicher künstlerischer Techniken greifen. Dabei kann es sich um traditionelle wie um moderne Verfahren handeln. Zahlreiche Maler mischen das verschiedenartigste Material, um möglichst vielfältige Werke zu schaffen: pflanzliche Substanzen, Hölzer etc., die mit natürlichen oder synthetischen Harzen, Latex, Firnis, Ölen, Vinyl etc. gebunden werden. Das Ergebnis dieser Experimente führt gelegentlich zu einer wahren Katastrophe, weil das Bild sich rasch auflöst. In anderen Fällen entstehen jedoch erstaunlich attraktive Resultate.

Eine Möglichkeit für Mischtechniken ist die Verbindung von Acrylfarben mit Pastellen. Bei dieser Kombination besteht keine Gefahr der Zerstörung.

109

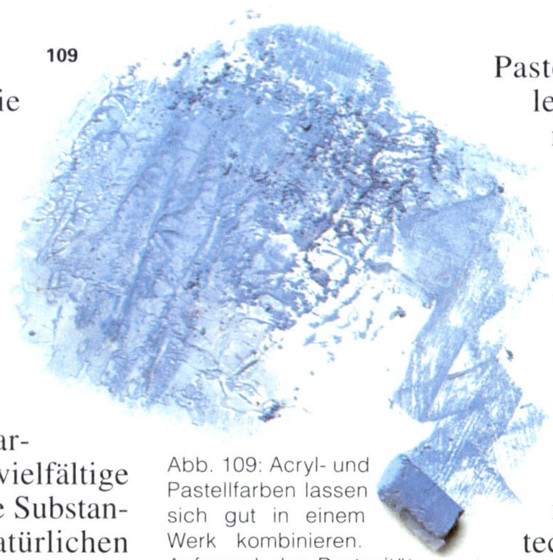

Abb. 109: Acryl- und Pastellfarben lassen sich gut in einem Werk kombinieren. Aufgrund der Pastosität der ersten und der samtartigen Eigenschaften der zweiten entsteht eine originelle Wirkung, die auf körnigem Malgrund gut zur Geltung kommt.

Abb. 110: Pastellfarben können in jedem Stadium des Werkes eingeführt werden. Beginnt man mit ihnen, kann man sie fixieren, so mischen sie sich nicht mit den Acrylfarben.

Pastellfarben enthalten ein äußerst leichtes Bindemittel, das mit Acrylfarben vereinbar ist. Außerdem werden bei der Herstellung für beide Farben dieselben Pigmente verwendet.

Trocken- und Naßtechnik

Die Pastelltechnik ist dem Wesen nach trocken. Man benötigt keinen Verdünner, sondern trägt die Farbe ohne Zwischenstufe direkt auf das Papier. Die Acrylmalerei ist dagegen eine Naßtechnik. Sie erfordert ein flüssiges Transportmittel (das Medium) sowie ggf. einen Verdünner (Wasser). Logischerweise sollte das Pastell daher erst aufgetragen werden, nachdem die Acrylfarben getrocknet sind. Der Weg kann aber auch umgekehrt sein: Man legt die Acrylfarben auf die Pastellstriche und verändert deren Farbe.

Dies sind die beiden Grundtechniken für die Kombination von Acryl- und Pastellfarben, und beide haben ihre Vor-

110

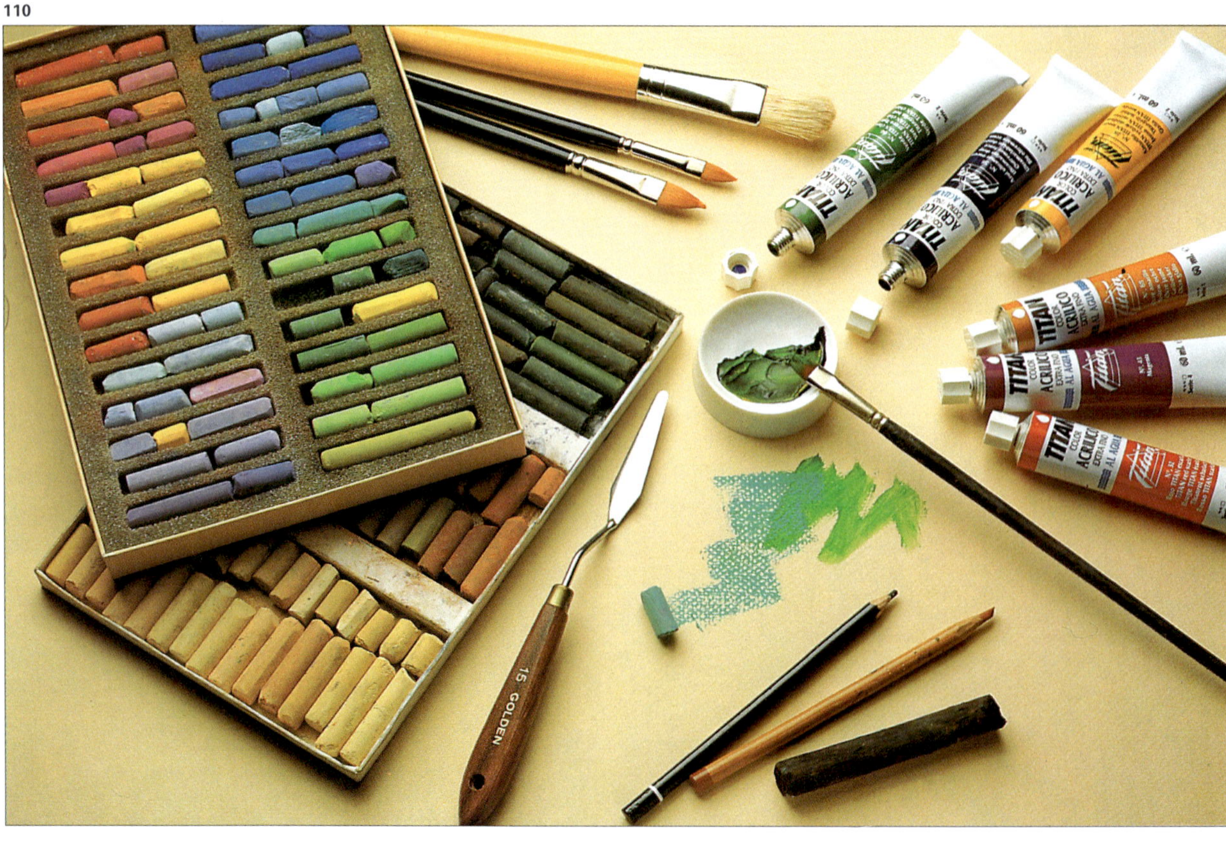

111

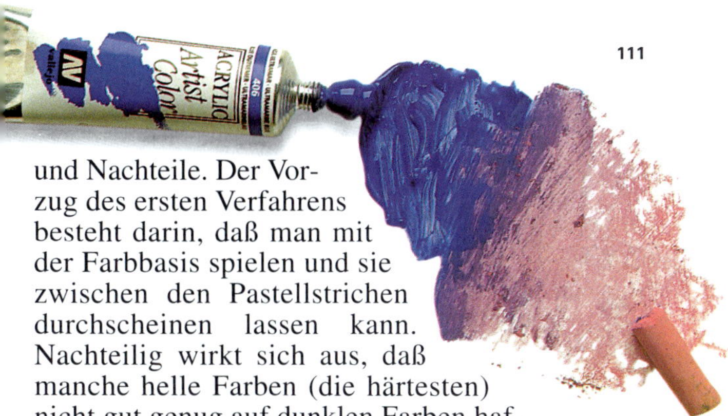

112

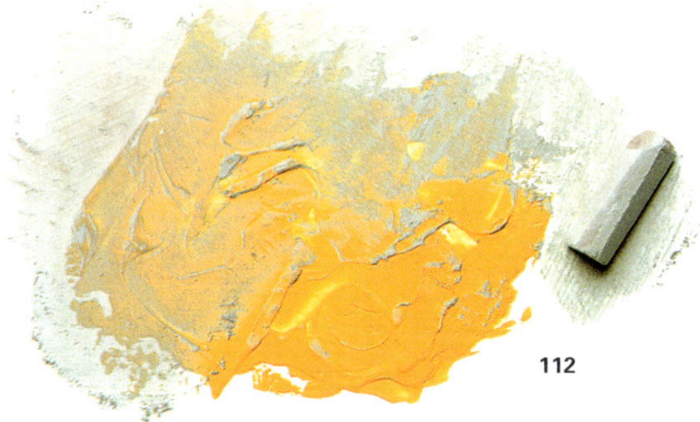

Abb. 111 und 112: Acryl- und Pastellfarben können gemischt werden, indem man mit den Stäbchen über die noch feuchte Acrylschicht reibt (Abb. 111). Man tönt sie solange direkt auf dem Papier, bis die gewünschte Nuance erreicht ist. Die Pastellfarbe kann auch auf die getrocknete Fläche getragen werden und ergibt dann eine sehr attraktive Lasur (Abb. 112).

und Nachteile. Der Vorzug des ersten Verfahrens besteht darin, daß man mit der Farbbasis spielen und sie zwischen den Pastellstrichen durchscheinen lassen kann. Nachteilig wirkt sich aus, daß manche helle Farben (die härtesten) nicht gut genug auf dunklen Farben haften, um sie restlos abzudecken. Das Ergebnis ist ein schmutziger Farbschleier. Der Vorteil der zweiten Arbeitsweise beruht darin, daß man zunächst mit Pastellfarben nach der geeigneten Nuance sucht und diese anschließend mit Acrylfarbe übermalt. Zweitens wird die Pastellfarbe zu einem weiteren Bestandteil der Mischungen, aus denen das Endergebnis besteht. Der Nachteil dieser Technik besteht darin, daß gewisse Pastelltöne die Acrylfarben aufgrund ihrer Pigmentdichte stärker verschmutzen, als man vermuten könnte, oder verhindern, daß sie ausreichend auf der Leinwand oder dem Papier haften. Durch eine angemessene Kombination beider Techniken lassen sich diese Probleme jedoch lösen.

Beginnt man mit den Pastellfarben, sollte man keine Schichten überlagern. Auf einer dünnen Farbschicht haftet die Acrylfarbe gut und mischt sich ein wenig mit ihr. Verschmutzt eine Farbe zu stark, kann man sie nach dem Trocknen mit Weiß oder heller Farbe übermalen und von vorn beginnen. Eine letzte Möglichkeit besteht darin, Pastell auf die noch feuchte Acrylfarbe zu tragen und beide Nuancen zu mischen.

Strukturen

Pastellfarben lassen sich auf vielfache Weise mit Strukturen kombinieren. Nicht nur die eigentliche Struktur der Acrylfarbe bildet eine interessante Basis, man kann auch Füllstoffe hinzunehmen. Es sei jedoch daran erinnert, daß sehr dunkle Farben nicht gut mit Pastellfarben überlagert werden können. Ferner würde eine ausgeprägte Struktur die Pastellfarbe belasten und sie wirkungslos machen.

Abb. 113: Nach etwas Übung bereitet die Mischung von Pastell- und Acrylfarben keinerlei Schwierigkeiten. Ein Überschuß an Pastellfarbe läßt sich leicht entfernen. Nach dem Mischen bilden beide Farben eine Einheit. Hüten sollte man sich nur vor sehr dicken Impastos und ausgesprochen dunklen Acrylfarben.

113

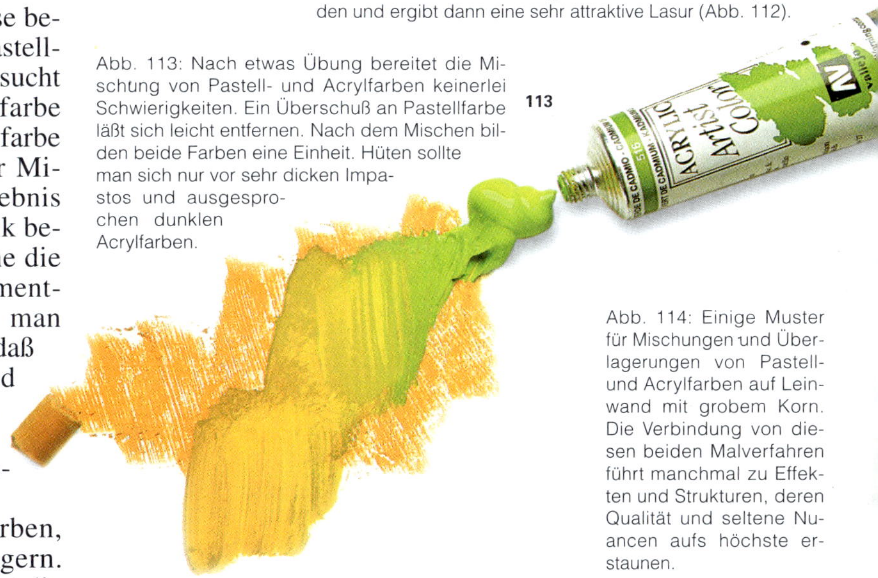

Abb. 114: Einige Muster für Mischungen und Überlagerungen von Pastell- und Acrylfarben auf Leinwand mit grobem Korn. Die Verbindung von diesen beiden Malverfahren führt manchmal zu Effekten und Strukturen, deren Qualität und seltene Nuancen aufs höchste erstaunen.

114

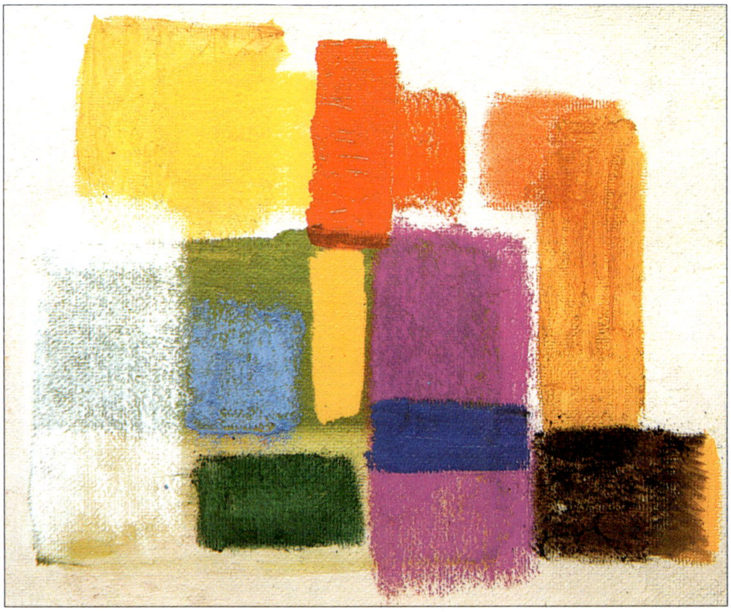

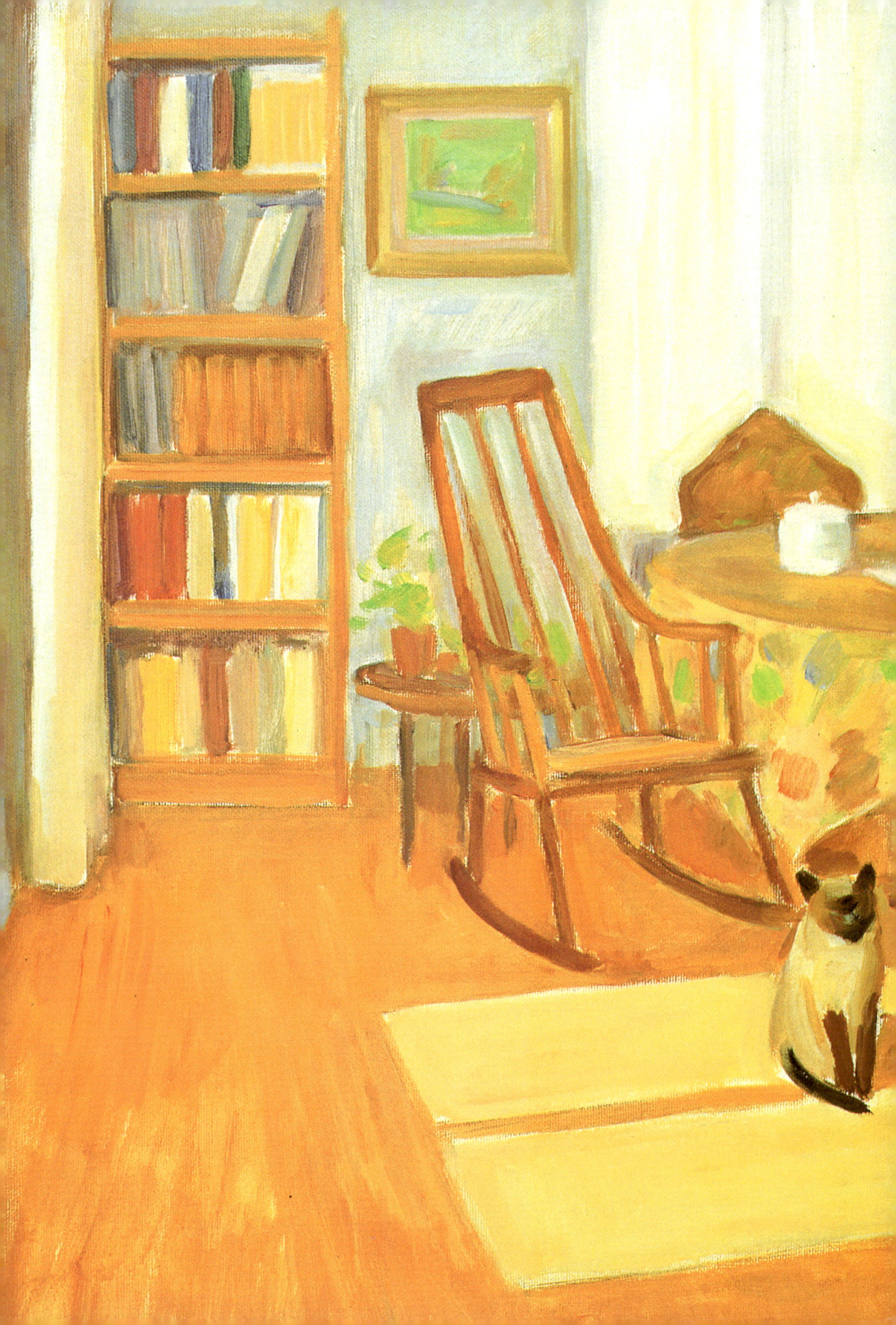

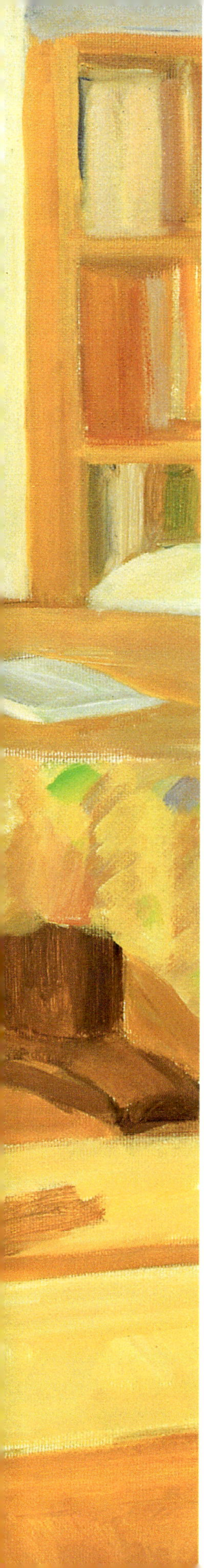

Acrylfarben eignen sich hervorragend für die Einführung in die künstlerische Praxis. Ihre Handhabung ist einfach und wirft keine großen technischen Schwierigkeiten auf. Trotz ihrer Problemlosigkeit unterliegen die Farben keinerlei Beschränkung. Das möchten wir Ihnen auf den folgenden Seiten anhand der Arbeitsweise unterschiedlicher Künstler zeigen, die allesamt Acrylfarben als kreatives Ausdrucksmittel gewählt haben. Mit und ohne Hilfsmittel beweisen unsere Gastkünstler das große Potential dieses Mediums.

Die Acrylmalerei in der Praxis

Die abstrakte Kunst

Bei dem normalen Kunstfreund hat sich die abstrakte Malerei noch nicht als eine weitere Möglichkeit innerhalb der zahlreichen kreativen Verfahren durchgesetzt. Viele betrachten sie weiterhin als unverständliche oder selektive Kunst, die nur den Eingeweihten zugänglich ist. Zum Glück wächst die Anzahl jener Amateure jedoch ständig, die einen normalen Umgang mit dieser Kunstform pflegen und sich von einem abstrakten Bild weder überraschen noch abschrekken lassen.

Wie bereits zu Beginn dieses Buches erwähnt, muß die abstrakte Malerei wie jede andere Stilrichtung interpretiert werden, nur daß man sich nicht an ein Thema hält, sondern seine Aufmerksamkeit auf das Spiel der Farben, die Strukturen und die Verteilung der Farbflecken richtet. Der Prozeß ähnelt also trotz allem dem Verfahren, mit dem wir die Nuancen und die Komposition einer Landschaft oder eines Stillebens aufspüren. Wenn wir die Töne, den Rhythmus der Pinselstriche und die phantasievolle Verteilung der Elemente bewundern, bewerten wir nichts anderes als die abstrakten Aspekte des Bildes.

115

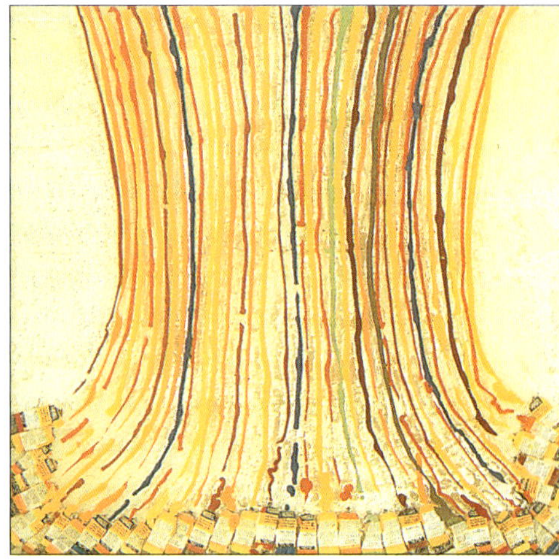

Abb. 115: Arman (geb. 1924), *Farbbogen*, Stiftung Peter Stuyvesant. Die abstrakte Kunst erlaubt unzählige Varianten, von feierlichen Kompositionen bis zu spöttischen Werken wie diesem. Hier werden die dekorativen Möglichkeiten der Acrylfarben voll ausgenutzt.

116

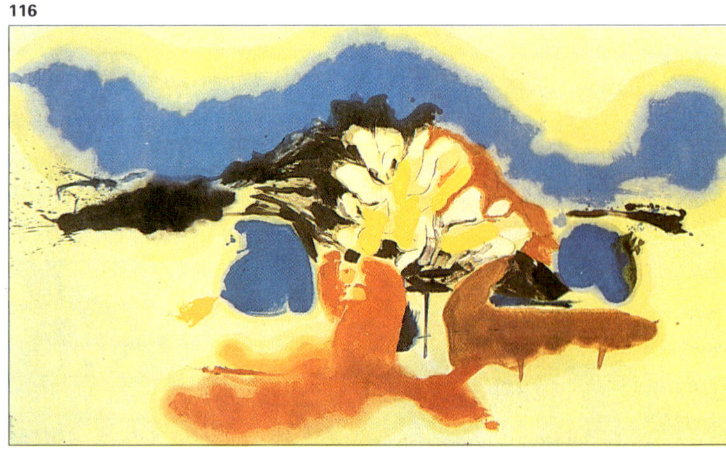

Abb. 116: Helen Frankenthaler (geb. 1928), *Blaue Raupe*, Privatsammlung. Das Werk nutzt die Saugkraft der Leinwand. Die flüssige Farbe sorgt für einen Lichtkranz um jeden Fleck, der eine besondere Atmosphäre erzeugt und Kontraste mildert.

117

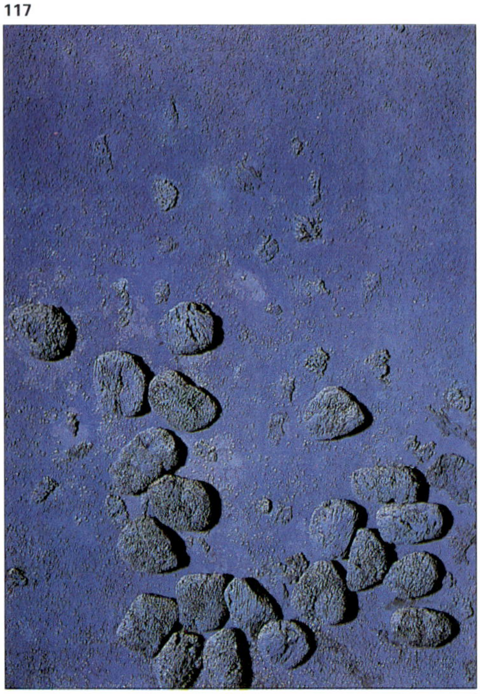

Abb. 117: Yves Klein (geb. 1928), *Blaues Schwammrelief*, Privatsammlung. Dieses Werk zählt zu den Collagen, für die unterschiedliche Materialien und Gegenstände kombiniert werden. Die Tönung der Arbeit besorgte der Künstler mit Acrylfarbe.

118

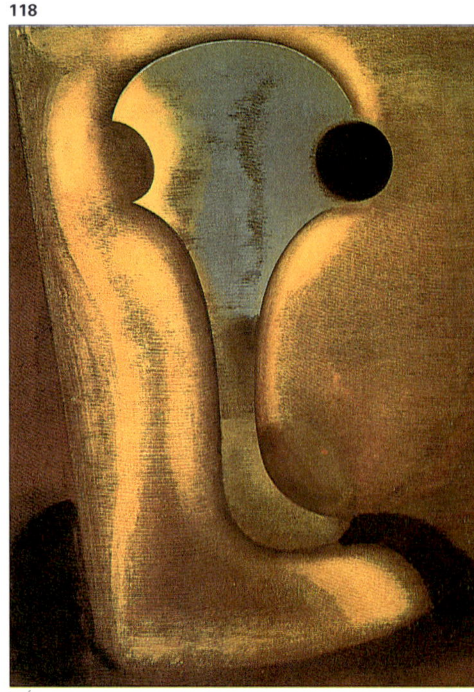

Abb. 118: Gary Stephan (geb. 1942), *Ohne Titel*, Gallery Mary Boone, New York. Die Qualität dieser Komposition entstand durch Aufreiben der ziemlich trockenen Farbe mit dem Pinsel, so daß die Struktur der Leinwand erhalten blieb. Eines der geläufigen Motive für die abstrakte Malerei besteht aus dem Spiel mit den Kontrasten der Strukturen.

Unterschiedliche Grade der Abstraktion

Die Betrachtung der abstrakten Malerei als Ganzes bedeutet eine außerordentliche Verallgemeinerung. Wie bei der gegenständlichen Kunst gibt es so viele abstrakte Stile wie Schöpfer. Der Grad der Abstraktion kann sehr unterschiedlich sein. Der Künstler kann von einem realistischen Thema ausgehen, seine Interpretation fortlaufend bereinigen und immer mehr Wert auf die Farbe legen, bis sich die Formen in Farbflecken verwandeln, die keinerlei Beziehung zur Realität mehr haben. Oder das Gegenteil: Der Maler geht von einer abstrakten Komposition aus und gestaltet sie immer komplizierter, bis ein ferner Anklang der Realität entstanden ist. Oder das abstrakte Bild besteht aus reinen Pinselstrichen und Flekken, die solange kombiniert werden, bis sich ein Gleichgewicht entwickelt, das eine farbliche Einheit vermittelt.

In jedem Fall ist eine absolute Abstraktion, bei der weder der Maler noch der Betrachter den geringsten Hinweis auf die Realität entdecken, schwierig. Ein abstraktes Werk aus Blautönen kann immer noch an die Transparenz der Luft oder an eine Wasserfläche erinnern.

119

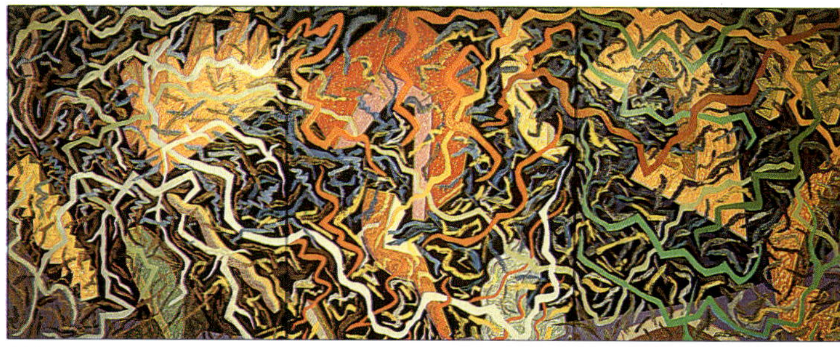

120

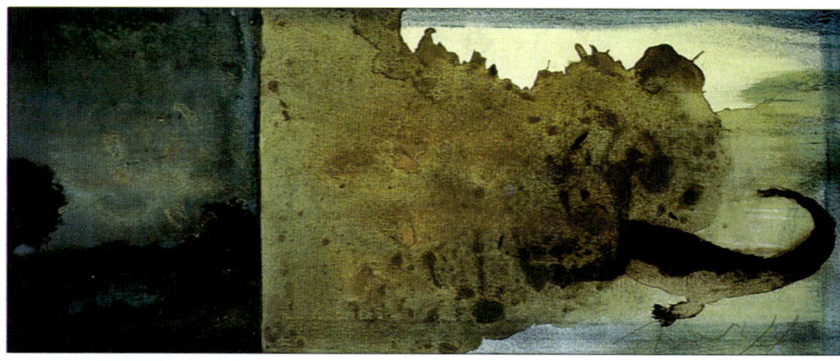

121

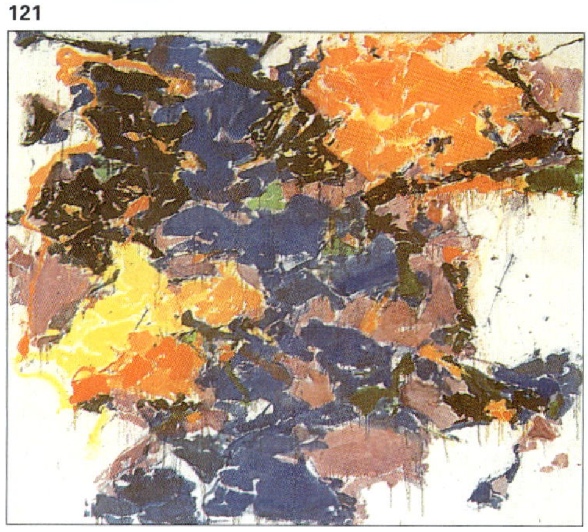

Abb. 119: Joan Thorne (geb. 1943), *Zamba*, Privatsammlung. Obwohl ein erkennbarer gegenständlicher Inhalt fehlt, enthält das Bild architektonische Andeutungen, die sich aus dem Farbenspiel ergeben.

Abb. 120: Ramón de Jesús (geb. 1969), *Gemälde*, Privatsammlung. Farblasuren und die Kombination von Bildern ergeben ein Werk mit traumhaften Anklängen.

Abb. 121: Sam Francis (geb. 1923), *Komposition*, Privatsammlung. Farbtropfen lassen sich nutzen, um herrliche abstrakte Muster wie hier zu komponieren.

Abb. 122: Morris Louis (1912–1962), *Gemälde*, Privatsammlung. Dieses Bild macht einen malerischen Gebrauch von der leeren Fläche. Die seitlichen Bänder erzeugen einen Rhythmus von großer dekorativer Kraft, der beinahe einer visuellen Verzerrung gleicht.

122

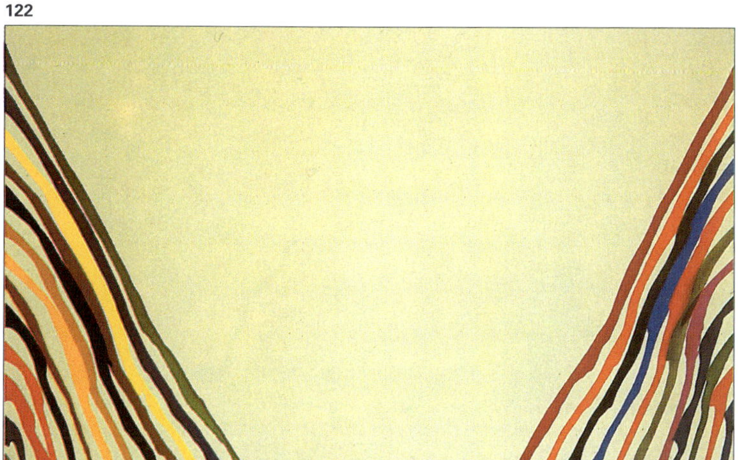

Das Verfahren der Abstraktion

Jedes Bild ist das Ergebnis einer Abstraktion des tatsächlich Gesehenen. Dieser Prozeß betrifft ebenfalls einen Großteil der abstrakten Bilder, gilt jedoch vor allem für die Ausdrucksmittel: der Künstler muß sie absolut eigenständig verwenden, ohne sie repräsentativen Zwecken unterzuordnen. Eine Lasur, eine interessante Farbkombination oder eine Verbindung von Pinselstrichen ist nicht auf die Darstellung des Himmels, eines Kleides oder Kopfes beschränkt. Sie kann aufgrund ihres Eigenwertes auftauchen und muß ohne Hintergedanken betrachtet und bewertet werden.

Ein abstraktes Bild von Ramón de Jesús

Auf den folgenden Seiten wird der Maler Ramón de Jesús ein abstraktes Bild mit Acrylfarben malen. Größtenteils handelt es sich um Farben, die der Künstler selbst in relativ großen Kunststoffgefäßen aus Pigmenten und einem matten Acryl-Malmittel hergestellt hat. Der Maler benutzt keine breite Palette, sondern beschränkt sich auf Rot- und Erdtöne sowie Schwarz, Weiß und Blau. Er malt auf einer Leinwand mit ziemlich strukturierter Acrylgrundierung, um seinen Farben größere Qualität zu verleihen. Eine Staffelei benötigt er nicht. Er legt die Leinwand auf den Boden, um zu verhindern, daß die ziemlich flüssigen Farben verlaufen.

Der Künstler improvisiert mit einigen Farbnotizen, die an eine ferne Landschaft mit Ruinen erinnern. Die Inspiration ist ohne Zweifel romantisch. Doch Ramón de Jesús stellt eine sehr freie farbliche Interpretation damit an. Sie ist so frei, daß sie die Bezeichnung abstrakt verdient.

Abdeckstreifen

Der Maler überzieht die Leinwand so mit waagerechten Abdeckstreifen, daß die Fläche in einen großen mittleren Abschnitt und zwei kleinere unterteilt wird. Der mittlere Streifen wird das Motiv des Werkes aufnehmen, die beiden anderen bilden eine Art Rahmen, der an Himmel und Wasser erinnert.

Nachdem die Streifen aufgeklebt sind, legt der Maler die Farbe im mittleren Abschnitt an. Es handelt sich um Ocker, den er mit einem Malerpinsel aufträgt und mit der Hand verstreicht, um eine vielfältigere Struktur als mit dem Pinsel zu erreichen. Ramón arbeitet mit viel Farbe: Er hat das Pigment mit relativ wenig Medium gemischt, um einen ziemlich dicken, deckenden Brei zu erhalten.

Ohne das Trocknen der Farbe abzuwarten, deckt der Künstler den Ocker mit einer dicken Schicht Oxidrot ab, das sich teilweise mit der vorigen Schicht mischt. Er fügt weiteres Rot mit parallelen Pinselstrichen hinzu, bis der gesamte Ocker praktisch übermalt ist.

123

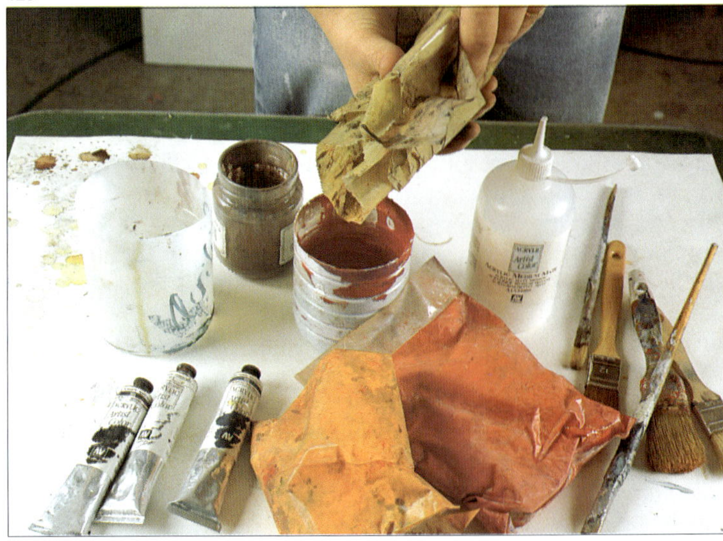

124

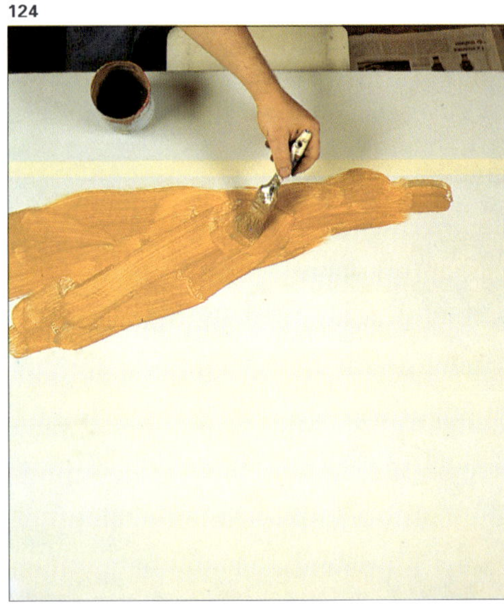

Abb. 123: Der Künstler stellt seine Farben selbst her: eine reduzierte Skala aus Rot- und Erdtönen, die er mit etwas Blau ergänzt. Er arbeitet nur mit runden und flachen Schweinsborstenpinseln sowie mit Schwämmen.

Abb. 124 und 125: Nachdem er die Fläche mit zwei Abdeckstreifen oben und unten begrenzt hat, beginnt der Künstler, die Farbe mit einem Malerpinsel zu verstreichen. Außerdem nimmt er die Hände zur Hilfe, um eine gute Struktur zu erhalten und die monotone Wiederholung von Pinselstrichen innerhalb der Farbfläche zu verhindern.

125

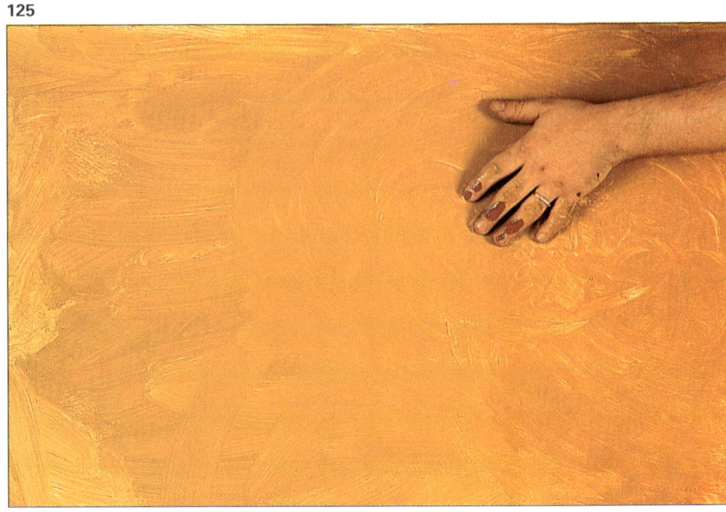

Die Arbeit in der Naßtechnik

Der Künstler arbeitet auf der feuchten Farbe weiter, zunächst mit einem sauberen Pinsel, der eine umgekehrte Funktion wie sonst üblich einnimmt. Anstatt Farbe abzulegen, zieht Ramón helle Striche in den roten Grund (das Weiß bzw. Ocker der Leinwand). Es handelt sich also quasi um eine negative Version der traditionellen Malweise. Dann legt der Maler den Schwamm auf die noch feuchte Fläche und hebt Farbe durch Reiben wieder ab. Dadurch erzeugt er einige Farbflecken, die an Ruinen erinnern. Aufgrund des mehr oder weniger großen Drucks beim Reiben mit dem Schwamm entstehen unterschiedliche Farbeffekte innerhalb der Fläche (das Weiß der Leinwand, die Mischung von Ocker und Rot etc.). Diese sorgen für Abstände zwischen den Farbflecken und erzeugen ein Gefühl von Tiefe. Hier unterscheidet sich die abstrakte Malweise also nicht von der Realität, auch wenn diese „Landschaft" der Phantasie entsprungen ist.

Die Hauptschwierigkeit dieses Stadiums besteht darin, Farbflecken zu erhalten, die sich in das Gesamtbild einfügen, sich nicht zu stark vom Hintergrund abheben und gleichzeitig nicht übermäßig darin aufgehen.

126

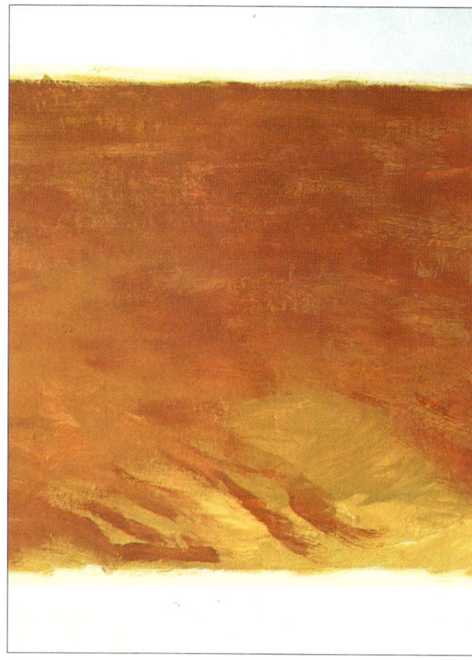

Abb. 126: Die Mischungen aus Rot und Ocker sind nicht gleichförmig. Der Maler strebt kein homogenes Farbfeld an, sondern möchte eine Grundlage aus Farbübergängen, Nuancen und Überlagerungen schaffen. Dies gelingt nicht ausschließlich mit dem Pinsel. Deshalb muß er zwischen den Werkzeugen wechseln: Hände, Schwamm, dicke Malerpinsel etc.

127

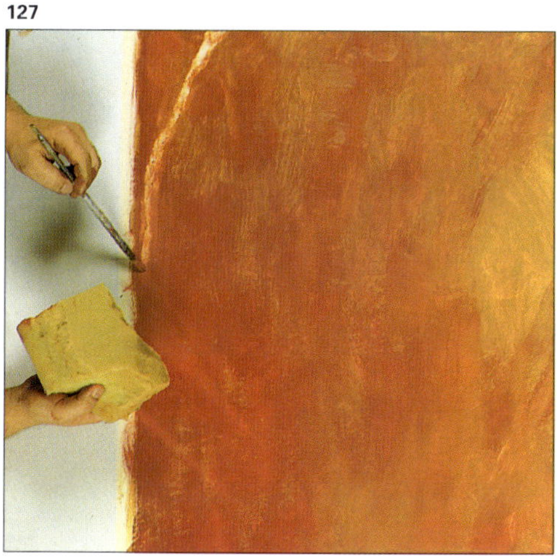

Abb. 127: Dies ist eine interessante Art, Linien anzulegen: als negative Malerei mit einem sauberen angefeuchteten Pinsel in der noch feuchten Farbfläche. Der Schwamm, den der Künstler in der Hand hält, dient der Reinigung des Haarkörpers von der Farbe. Sie muß rasch erfolgen, bevor die Acrylfarbe zu trocknen beginnt.

128

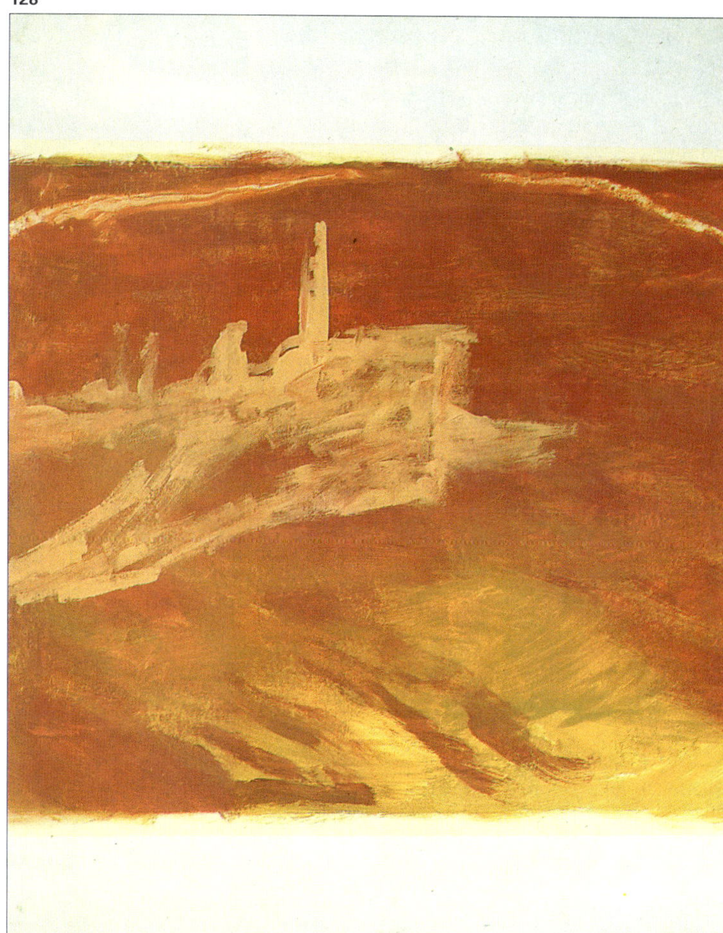

Abb. 128: Das Weiß des Papiers spielt bei Ramón de Jesús' Malweise eine wichtige Rolle. Das gilt allerdings nur für die Anfangsphase der Arbeit, solange er die Farbe noch mit einem Schwamm oder einem Pinsel wieder von der Leinwand nehmen kann.

129

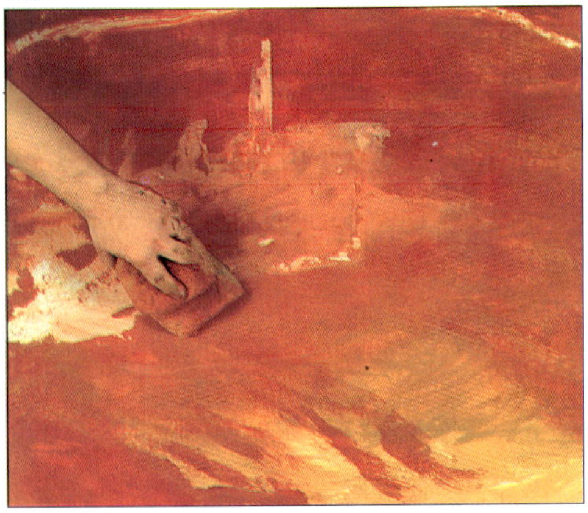

130

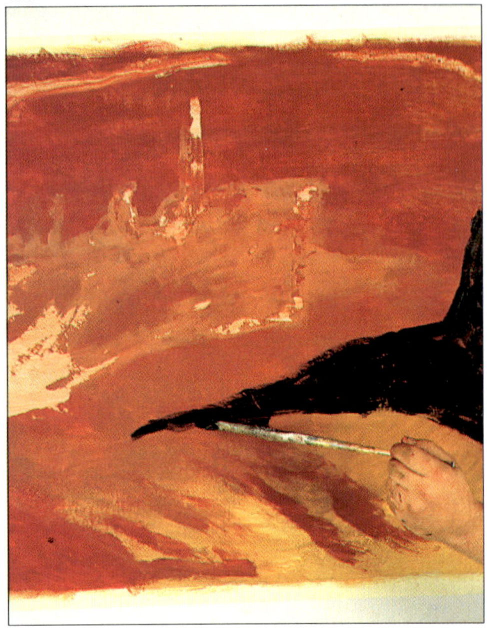

Abb. 129 und 130: Der geringe gegenständliche Inhalt des Bildes beginnt sich in den Farbflecken abzuzeichnen, die an Ruinen oder schematische Landschaftselemente erinnern. Tonwert- und Farbkontraste erzeugen den Eindruck von Ferne, die das Gefühl einer Landschaft unterstreicht.

Abb. 131: Die Farbbrüche und -veränderungen erreicht der Künstler, indem er mit dem Schwamm über die feuchte Fläche fährt und diese anschließend mit dem Pinsel retuschiert. Bei Werken, die nicht von einem tatsächlichen Modell ausgehen, muß der Maler neben Form und Farbe auch die Malweise und die Ausführung der Kontraste miteinbeziehen.

131

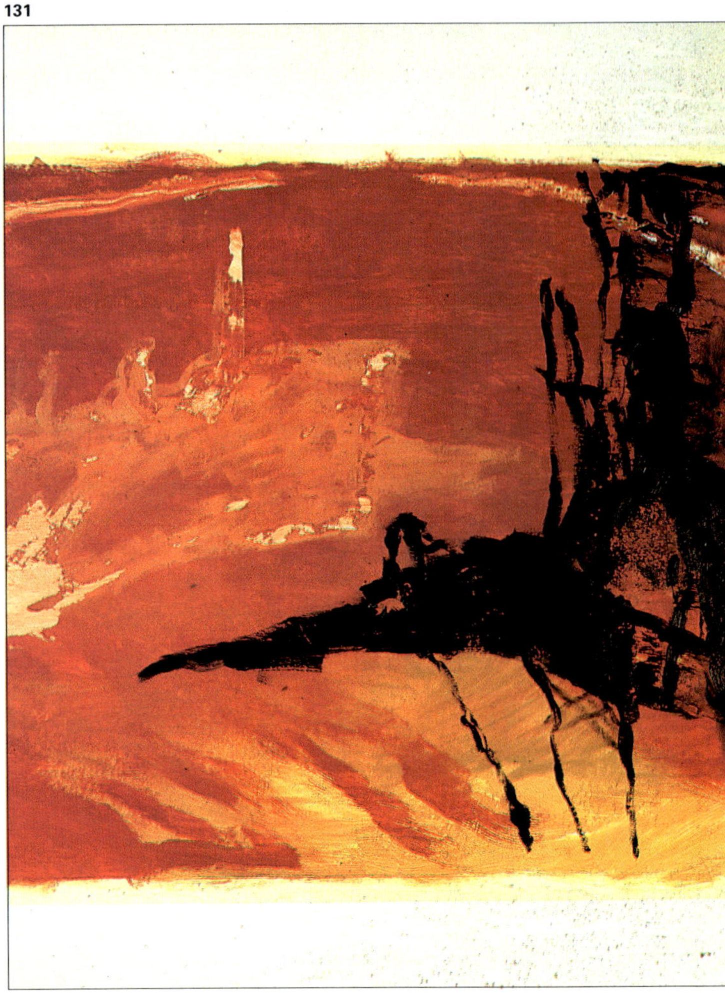

Naß und trocken

Der Maler konzentriert sich jetzt auf die Lösung der erdachten Landschaft, die den mittleren Abschnitt der Leinwand einnimmt. Sie erhält die Form eines recht trostlosen Panoramas aus Ruinen fremdartiger Gebäude, die mit der eigentlichen Geographie verschmelzen. Der Hintergrund hat sich in eine rötliche Atmosphäre verwandelt, ähnlich der einer Feuersbrunst, und unterstreicht die Dramatik der Landschaft.

Wir sind Zeugen einer sehr persönlichen, engagierten Arbeitsweise, die unerwartete Möglichkeiten der Acrylmalerei zum Vorschein bringt. Der Künstler arbeitet auf der noch feuchten Fläche, um die Farbschicht bis zu einem gewissen Grad wieder abheben zu können. Außerdem trägt er Lasuren aus flüssiger Farbe auf und sprüht Wasser mit einem Zerstäuber auf die Flecken, um sie aufzulösen. Gleichzeitig kontrolliert er die Feuchtigkeit mit einem Fön und verhindert, daß sich das Wasser zu stark ausdehnt oder die Farbe übermäßig verläuft.

Diese Kombination der Naß- und Trockentechnik, dem Auftragen von Impastos und deren Bearbeitung mit dem Schwamm unter sorgfältiger Bemessung der Wassermenge ist nur mit Acrylfarben möglich und mit keinem anderen Malverfahren durchzuführen. Sie ist ein perfektes Beispiel für die allen Experimenten zugängliche Natur der Acrylmalerei, die keinen akademischen Regeln unterliegt und nicht von der Tradition belastet ist.

Die schwarzen Farbflecken

Die schwarzen Farbflecken und Striche, die in der Landschaft auftauchen, sind spontan angelegt worden. Sie haben kein präzises Aussehen, sondern deuten den Vordergrund aus Ruinen nur an, der die zuvor angelegten Formen in den Hintergrund verdrängt. Die Ruinen erinnern an ein Science-fiction-Panorama, an eine Stadt irgendwo zwischen Gotik und Zukunft, die ihre unwirkliche Stimmung der expressionistischen, malerischen Behandlung von Form und Farbe verdankt. Die Zeichnung ist nicht von den Flecken zu trennen; die Form geht nicht von einer Eingangszeichnung aus, sondern taucht spontan auf, wobei die Umrisse von den unregelmäßigen Farbflecken gebildet werden. Die Ausdruckskraft beruht auf der Intensität und der Suggestion der ungeplanten oder höchstens sehr allgemein geplanten Flecken. Wie zahlreiche abstrakte Maler vertraut Ramón de Jesús auf die Ausdruckskraft des Materials, das ihm den Weg weist.

132

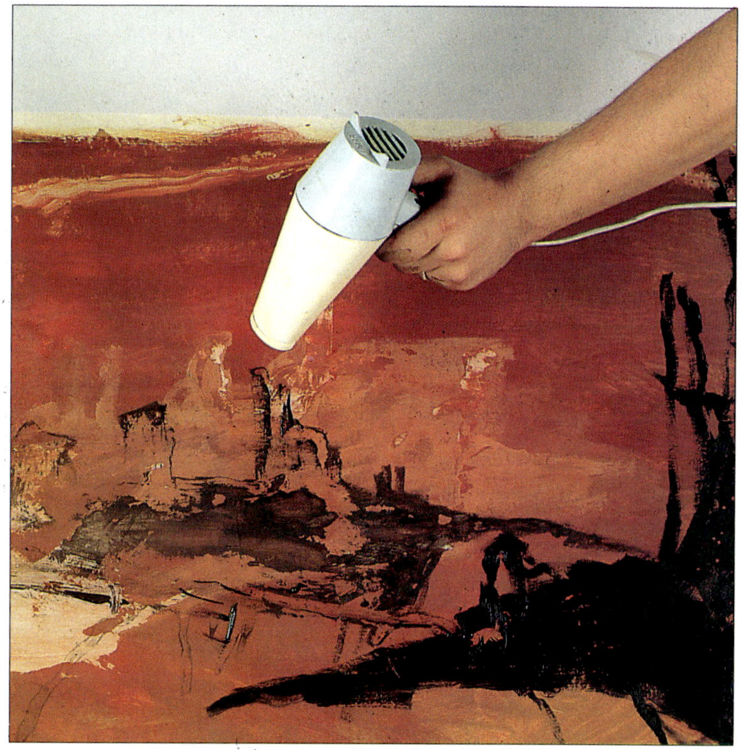

Abb. 132: Wichtig ist die Kontrolle der Feuchtigkeit. Der Künstler hat eine stark mit Wasser verdünnte Acryllasur auf die flache Leinwand gelegt, die nicht aufgesogen wird (oder höchstens minimal). Er muß abwarten, bis sie trocknet, damit die Lasurwirkung erhalten bleibt. Um das Trocknen zu beschleunigen, kann er mit einem Haarfön nachhelfen.

133

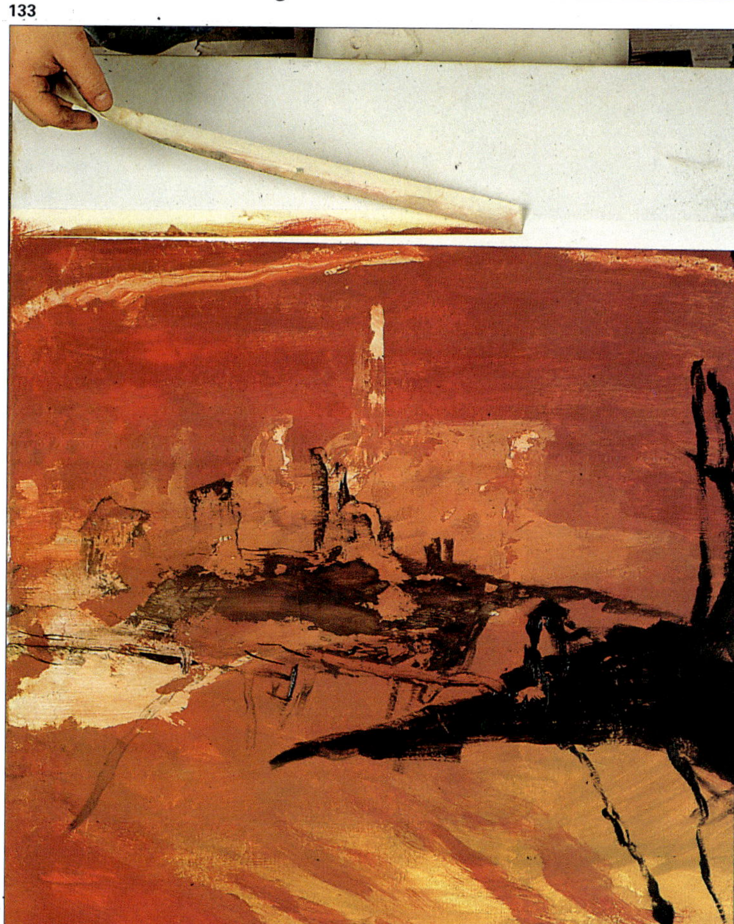

Die oberen und unteren Streifen

Nachdem der mittlere Abschnitt der Komposition fertiggestellt ist, entfernt der Künstler die Klebestreifen, die für eine absolut gerade Begrenzung der Fläche gesorgt haben. Anschließend legt er sie an den Innenrand des zentralen Abschnitts, um die sauberen Grenzlinien zu behalten. Für die beiden äußeren Abschnitte wird er erheblich hellere, kältere Farben verwenden, die einen intensiven Kontrast zu dem großen zentralen Motiv bilden.

Abb. 133: Die Überlagerung diverser Effekte – dichte, undurchsichtige Farbe, Farbflecken mit dem Schwamm, das Weiß der Leinwand, das mit dem Schwamm oder dem Pinsel wieder hervorgeholt wird, und Lasuren – sorgt für unterschiedliche Ebenen und eine irreale Atmosphäre (Nebel, Dunst etc.).

Himmel und Wasser

Die Behandlung des oberen und unteren Streifens unterscheidet sich nicht wesentlich von der des restlichen Werkes. Ramón de Jesús arbeitet weiter in der Naßtechnik, trägt die Farbe mit dem Schwamm auf, streicht sie aus und legt einen bewölkten Himmel an. Bevor er mit der eigentlichen Arbeit beginnt, überzieht er die Fläche mit Schwarz, damit die Farbe anschließend durch Mischung abgestumpft wird. Der Himmel erhält eine grobe helle Grundlage, auf die der Künstler Blau trägt und mit dem Schwamm vermischt. Das Ergebnis ist ein streifiger, verschmutzter Ton, der aussieht, als wäre er mit einem großen Malerpinsel angelegt worden. Die Farbe weist Nuancen auf, die sich aus der unvollständigen Mischung der Grundfarbe mit Blau ergeben.

Die Ausarbeitung der Wolken

Für die Darstellung der Wolken trägt der Maler Schwarz auf die noch nicht getrocknete Fläche. Die Farbe kann weiterhin bearbeitet und mit dem Untergrund gemischt und verschmolzen werden. Der Künstler modelliert die Wolken und fügt Hellgrau hinzu, sobald eine Nuance zu dunkel wird. Die Arbeit erfolgt mit Pinsel und Schwamm, so daß vielfältige Transparenzen und deckende Stellen entstehen. Die nasse Farbe suggeriert eine feuchte Atmosphäre und einen schweren, tief hängenden Himmel.

Das Meer

Den unteren Abschnitt der Komposition könnte man als Darstellung von Meer betrachten. Es wurde genauso angelegt wie der Himmel. Der Künstler hat mit dem Schwamm Blau auf das Hellbeige der Grundfarbe getragen und damit gemischt. So ist Hellblau entstanden, ein sogenanntes „Wasserblau". Auf der getrockneten Fläche hat Ramón de Jesús einen Mittelstreifen mit Abdeckband begrenzt und Worte aus Buchstaben hineingemalt, die schwer zu entziffern sind. Sie ähneln einer Inschrift, die von der Zeit ausgelöscht worden zu sein scheint und sich hervorragend in die ferne Atmosphäre der Komposition einfügt.

134

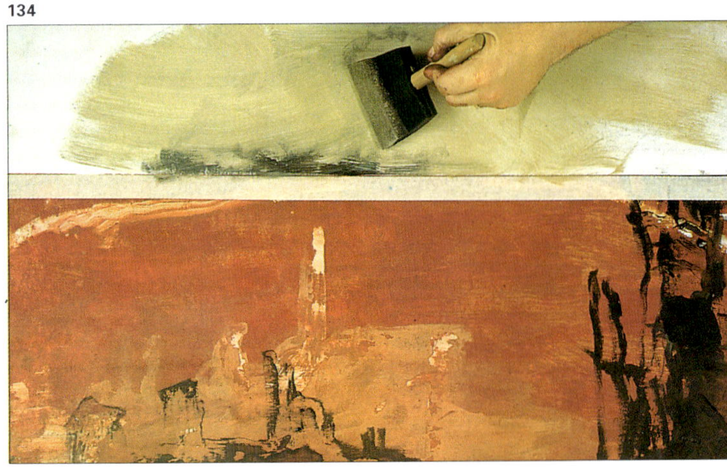

135

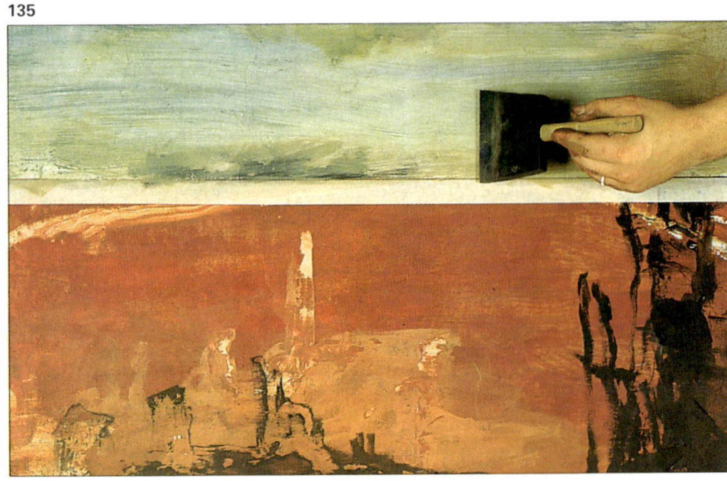

Abb. 134: Der obere Streifen, der beim Malen ausgespart worden ist, wird nun den Himmel aufnehmen. Die wolkige Fläche entsteht mit Hilfe eines flachen Schwamms.

Abb. 135: Nachdem das Weiß der Leinwand mit der hellen Farbe abgedeckt worden ist, trägt der Künstler einige blaue Tupfer auf, die er unmittelbar darauf mit dem feuchten Untergrund verschmilzt.

Abb. 136: Durch Einsatz von Schwamm und Pinsel hat der Künstler unterschiedliche Farbstärken erzielt, die bereits wie Wolken wirken. Eine originelle Methode, die zu einem ziemlich realistischen Ergebnis führt.

136

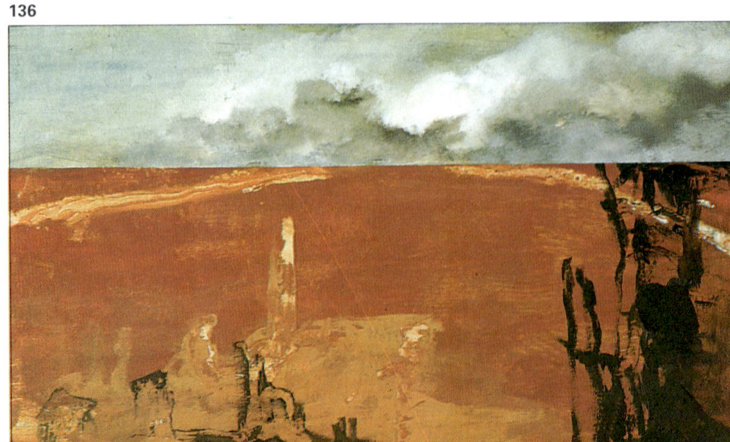

137

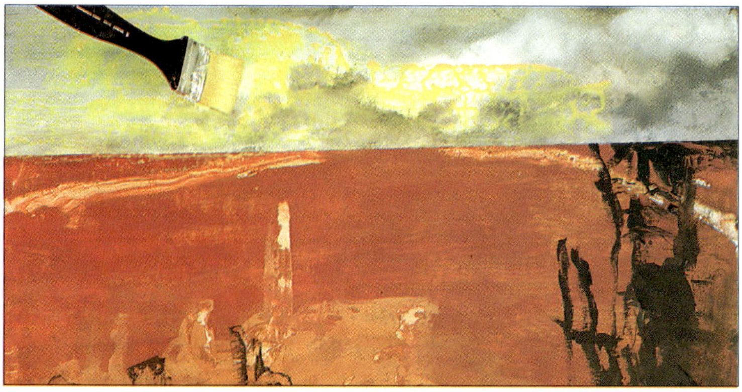

Das fertige Werk

Das Bild ist fertig. Die scharfen Linien, welche die drei Abschnitte der Komposition trennen, unterstreichen den imaginären, abstrakten Charakter des Werkes. Die Behandlung zahlreicher Stellen des Bildes unterscheidet sich nicht sonderlich von der einer gegenständlichen Landschaft. Die abstrakte Anlage wird durch die Trennung und Fragmentierung des Werkes verdeutlicht, bei dem jeder Abschnitt eine andere Eigenart aufweist.

138

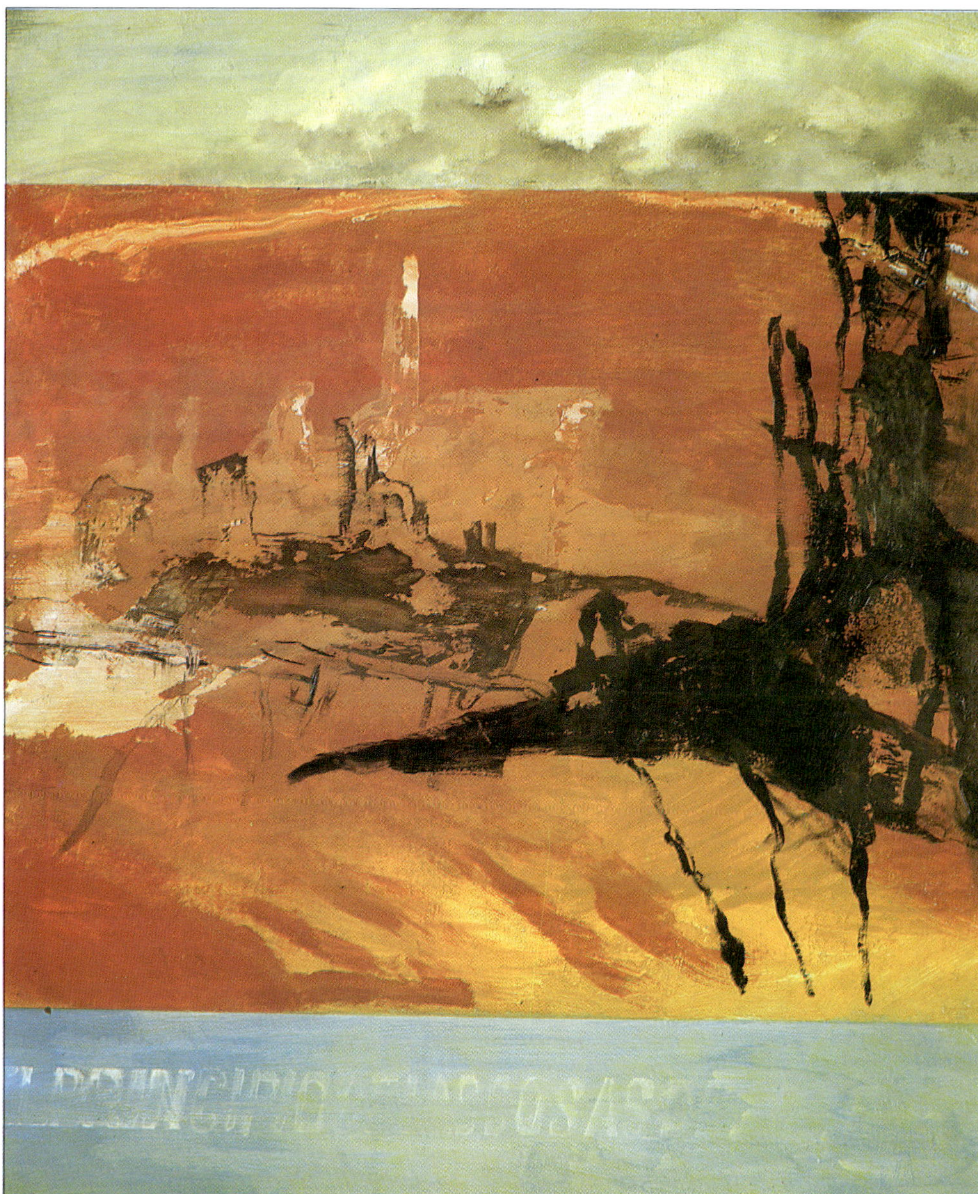

Abb. 137: Um die realistische Wirkung des Himmels zu verstärken, bearbeitet der Künstler die Fläche mit einem Pinsel und einer Bürste und stark verdünnter Farbe. Die Kombination von gesättigter und stark verdünnter Farbe erzeugt ein intensives Spiel von Licht und Schatten, das die Volumen der Wolken modelliert. Wichtig ist, daß die Retuschen auf der feuchten Fläche erfolgen, damit die Farbe durchgehend bleibt und keine für getrocknete Flecken typischen scharfen Ränder oder Kontraste bildet.

Abb. 138: Das Werk ist fertig. Aus dem Kontrast unterschiedlicher Techniken, flacher und modellierter Farben, Überlagerungen und Transparenzen etc. entstand ein Bild, das zweifellos eine räumliche Wirkung aufweist. Es handelt sich um eine Landschaft, jedoch um ein imaginäres Motiv, das der Phantasie des Künstlers entsprungen ist und sein Vermögen beweist, eine große Anzahl origineller Effekte mit Acrylfarbe zu erzielen.

Neue Darstellungsformen

Abb. 139: R. A. Penck (geb. 1934), *Ohne Titel*, Privatsammlung. Primitive Zeichen und Gestalten waren in den achtziger Jahren große Mode. Die Künstler suchten nach neuen Alternativen für den abstrakten Stil der internationalen Kunstszene.

Die zeitgenössische Malerei hat sich nie den technischen Fortschritten der graphischen Industrie verschlossen. Wie auf den Seiten über die Popart nachzulesen, haben zahlreiche Künstler die Methoden der Plakatmalerei und der Illustration ihren Zwecken angepaßt – manchmal in ironischer oder kritischer Absicht, in anderen Fällen in einem echten Streben nach Neuem.

Als eine der ersten Techniken wurde die Serigraphie übernommen. Bei diesem Verfahren wird die Farbe auf Nylonsiebe getragen. Das Siebnetz ist nur an den jeweiligen Stellen für die gewünschte Farbe durchlässig. Mit Hilfe dieser Siebe läßt sich ein Bild beliebig oft reproduzieren. Zahlreiche Künstler verbinden das Verfahren jedoch mit anderen Maltechniken, insbesondere mit Acrylfarben, um Unikate zu schaffen.

Die von zeitgenössischen Künstlern am meisten verwendeten modernen Methoden betreffen das Abdecken des Malgrunds, das mechanische Aussparen bestimmter Flächen und die Arbeit mit Schablonen. Sie stammen aus der Plakatmalerei und lassen sich leicht mit traditionellen Verfahren kombinieren. Aufgrund ihres raschen Trocknungsvermögens und der Mühelosigkeit, mit der man sowohl deckende Schichten als auch Transparenzen anlegen kann, eignen sich Acrylfarben am besten für die Arbeit mit diesen Methoden.

139

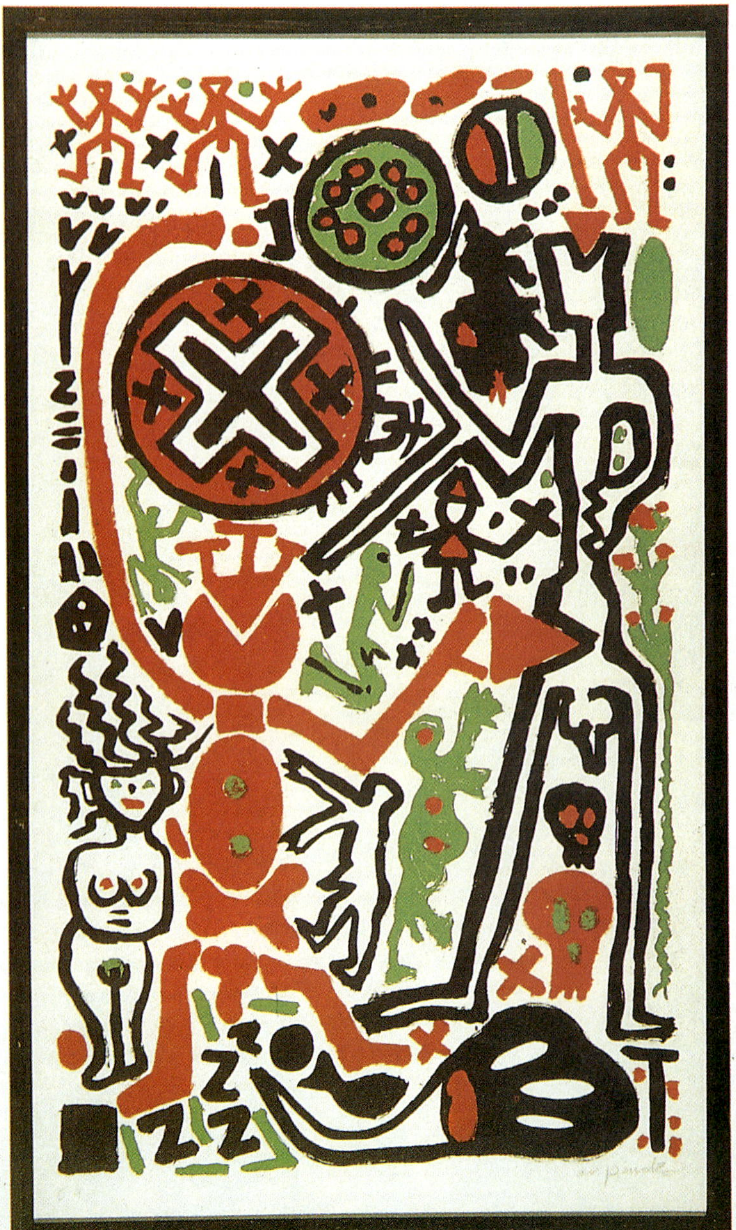

Abb. 140: Roy Lichtenstein (geb. 1923), *Stilleben mit Zierfischen*, Privatsammlung. Lichtenstein arbeitete hier mit der Rasterwirkung und der typischen Struktur von Vierfarbreproduktionen. Die Inspiration an Kommunikationsmitteln, Comics und Fotos ist seit den sechziger Jahren ein charakteristisches Kennzeichen der modernen Kunst.

140

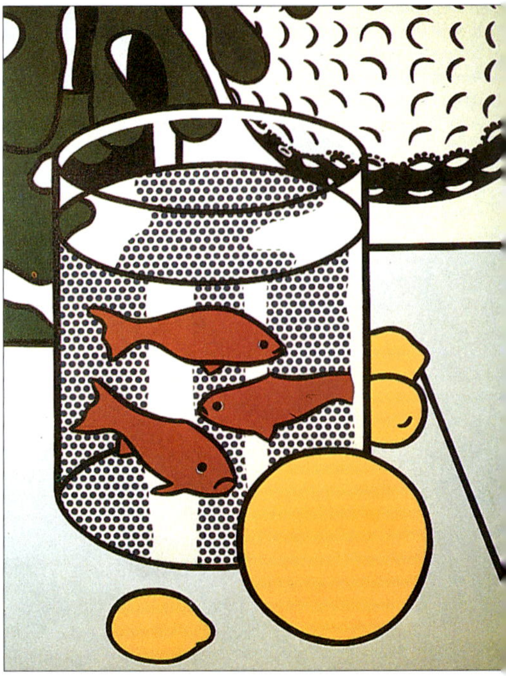

Wegen des großen Aufwands, den diese Methoden erfordern, gehen manche Künstler von Fotografien als Modell aus. Das Foto wird nicht als solches reproduziert, sondern mit Hilfe der Abstraktion der Farbe und der Stilisierung der Formen interpretiert. Durch die Abstraktion verwandeln sich die Farben in gleichförmige Flächen und die Formen in lineare Ornamente. Mit Abdeckstreifen und Schablonen kann der Künstler seine Version des Fotos auf der Leinwand reproduzieren, sie dadurch bereichern und ihr einen imaginären Hauch verleihen, der dem Foto normalerweise nicht anhaftet.

Eine weitere Möglichkeit besteht in der Verwendung von Fotokopien für Montagen oder Collagen. Die Vergrößerungen öffnen neue Perspektiven für diese Arbeitsweise, bei der man flache Formen mit Schattierungen, Volumen mit grafischen Zeichen etc. verbinden kann.

Natürlich können sich nicht alle Künstler für die neuen Technologien begeistern. Für zahlreiche Maler bedeuten sie nicht mehr als eine entbehrliche Nebensache. Wer sein Bild lieber auf traditionelle Weise nach der Natur malt, dürfte kaum großes Interesse für die neuen Techniken aufbringen. Für jene, die bei der Arbeit von einem genauen Plan ausgehen und klare Vorstellungen von ihrem künftigen Werk haben, sind sie jedoch eine große Hilfe. Das gilt sowohl für die gegenständliche als auch für die abstrakte Malerei in den unterschiedlichsten Stilen. Außerdem stellen die neuen Techniken keine Konkurrenz für die traditionellen Methoden dar, sondern können mit ihnen ergänzt oder kombiniert werden. Die neuen Methoden öffnen den Weg zum Experiment und sind eine Hilfe, die der heutige Maler in den Dienst seiner Kreativität stellen kann.

141

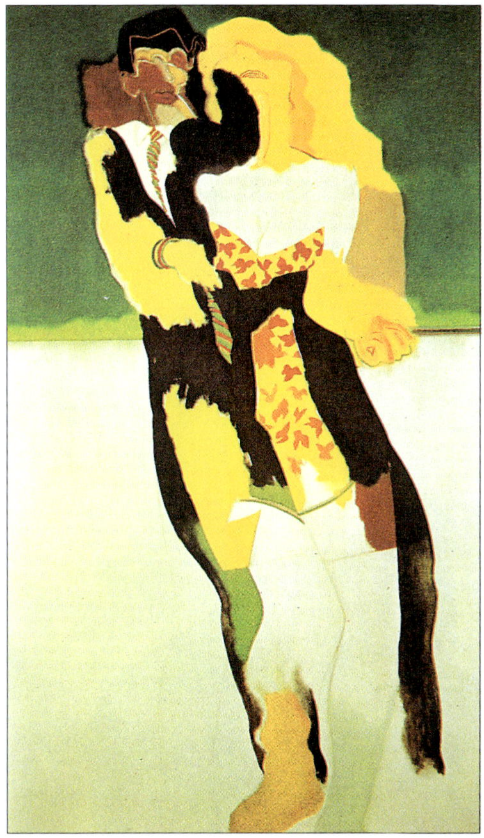

Abb. 141: Allen Jones (geb. 1936), *Gemälde*, Privatsammlung. Charakteristische Merkmale dieses Bildes, das eindeutig von der Popart beeinflußt ist, sind die stilisierte Zeichnung, die Kraft der gleichförmigen Farbe und die Inspiration durch die Volkskunst.

142

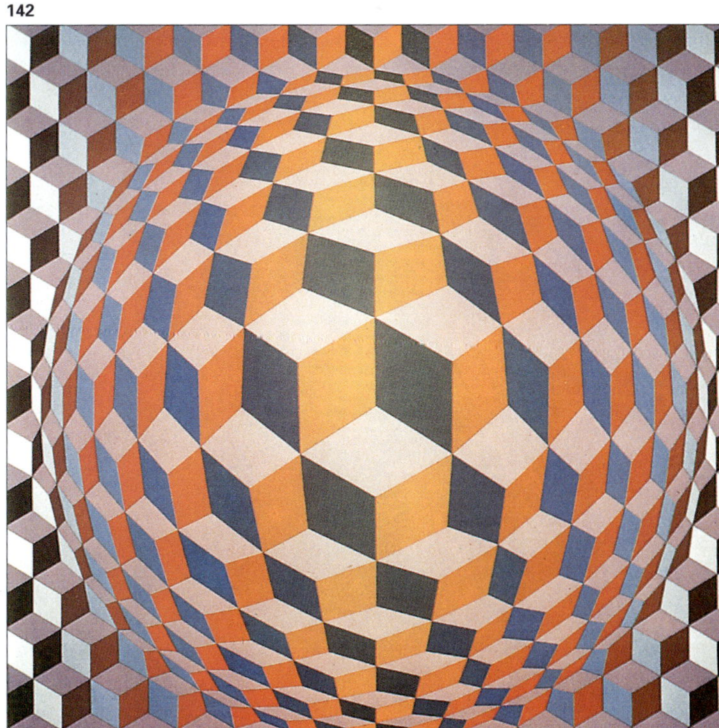

Abb. 142: Victor Vasarely (geb. 1908), *Kugel mit Quadraten*. Vasarely inspiriert sich an Zeichnungen und wissenschaftlichen Konstruktionen. Er berechnet seine Werke sorgfältig und stellt sie mit Hilfe von Maskierfilmen und Zeichentechniken her. Die Acrylfarbe trägt zu diesem Endergebnis bei.

Jordi Martorell: Eine Komposition mit Schablonen

Zwischen Zeichnung und Malerei

Auf den folgenden Seiten sehen Sie die Anfertigung einer Auftragsarbeit durch Jordi Martorell. Es handelt sich um ein Werk, das zwischen einer Zeichnung und einem Gemälde liegt. Die Arbeit erinnert an eine Illustration, kann aufgrund ihrer Ausführung und der sorgfältigen Wahl des Materials jedoch als Unikat betrachtet werden, das nicht zur Reproduktion bestimmt ist. Die kreative Arbeitsweise des Künstlers knüpft an bekannte Zeichen, die etwas signalisieren. Der Maler geht jedoch über das hinaus, was man normalerweise unter einer Signalisierung versteht, und schafft sein eigenes Repertoire an Zeichen, Farben und Kompositionen – ein erheblich kreativeres Repertoire als üblicherweise bei professionellen Illustratoren und Grafikern zu finden ist. Die Kraft seiner Werke beruht darin, daß sie den Betrachter überzeugen, ein eindeutiges Signal vor Augen zu haben, obwohl es der Phantasie des Künstlers entsprungen ist.

In unserem Fall wird der Künstler ein Stilleben so anfertigen, als handele es sich um ein Verkehrszeichen, allerdings um ein stärker ausgearbeitetes und interessanteres Zeichen als jene, die wir auf der Straße vorfinden. Es zeigt einen Tisch mit einer Kaffeetasse (oder einem Becher) sowie einer Gebäckschnecke (die auch ein Teller sein könnte).

143

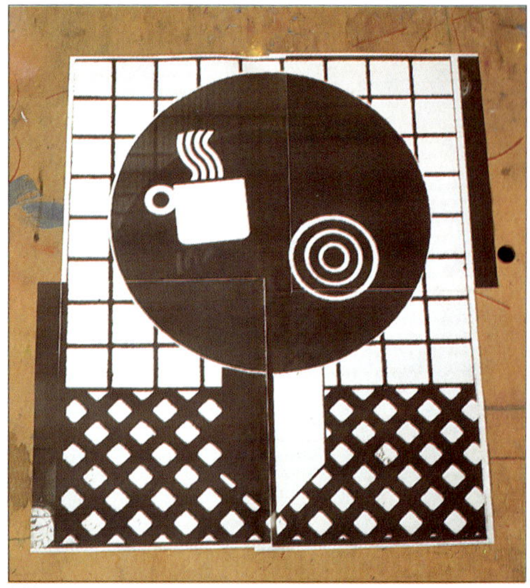

Abb. 143: Der Künstler hat das Motiv nach einem kleinen Schwarzweiß-Original vorbereitet und mit einem Kopiergerät auf die Maße des endgültigen Malgrunds vergrößert. Es handelt sich um vier Fotokopien, aus denen sich das Gesamtbild zusammensetzt.

Abb. 144: Das Gesamtbild wird auf einem selbstklebenden Maskierfilm befestigt, der auf der Seite gegenüber zu sehen ist (Abb. 146). Das Motiv und der Maskierfilm haben dasselbe Format wie der Malgrund.

144

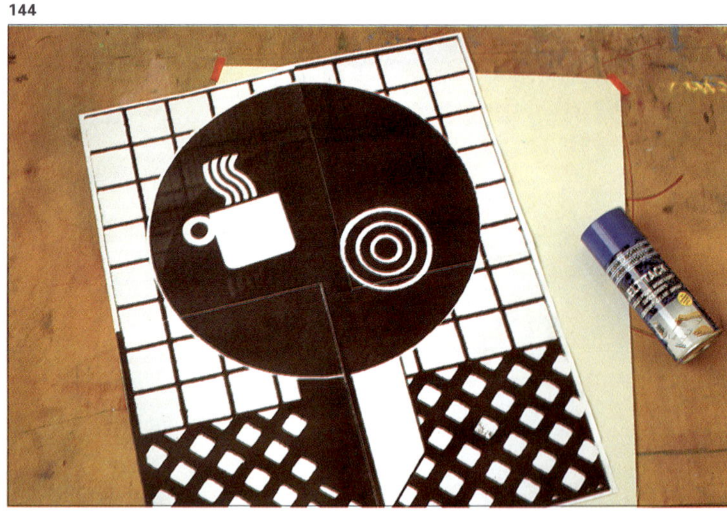

145

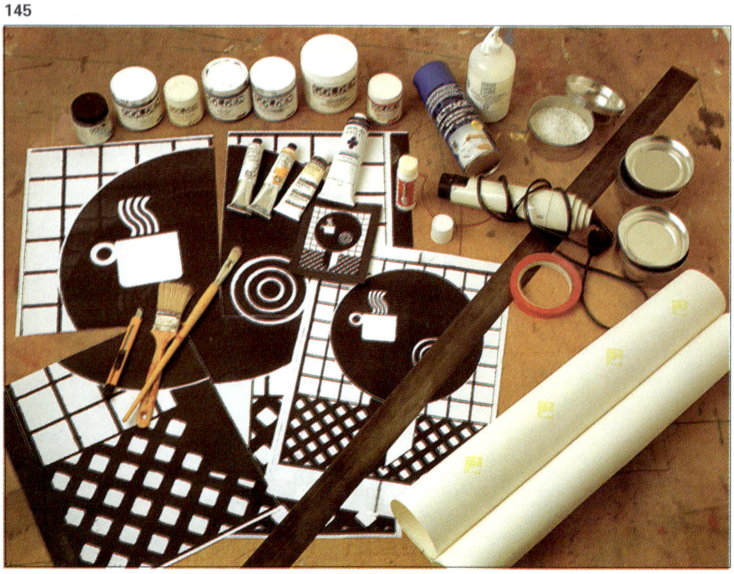

Material und Arbeitsweise

Jordi Martorell wird mit den üblichen Acrylfarben sowie mit Spezialfarben arbeiten: zwei unterschiedliche Grautöne, die mit Graphitpulver angereichert sind. Wir hoffen, daß deren Brillanz in den Abbildungen zu erkennen ist. Darüber hinaus arbeitet der Künstler mit Fotokopien und selbstklebenden Schablonen.

Abb. 145: Mit diesem Material arbeitet Jordi Martorell. Neben dem kleinen Original, den Vergrößerungen und dem Maskierfilm erkennen wir u.a. einen Cutter, Maskierstreifen, einen Handtrockner, Klebstoff als Spray, die üblichen Acrylfarben sowie Metallpigmente.

146

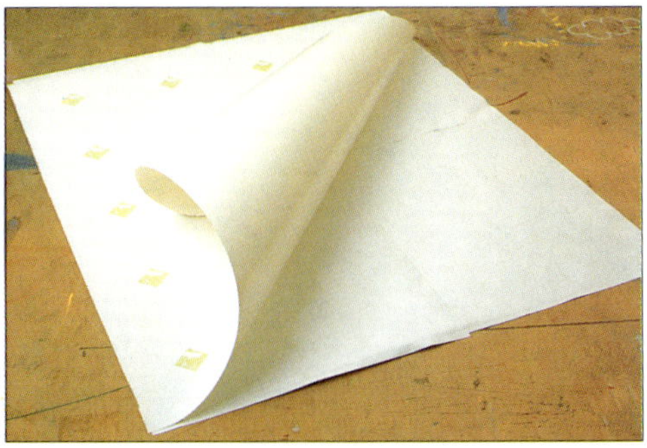

Abb. 146: Dies ist der selbstklebende Maskierfilm, den Zeichner und Illustratoren gewöhnlich verwenden. Es handelt sich um eine transparente Folie, die auf der Rückseite mit einem undurchsichtigen Schutzblatt versehen ist. Nachdem die Masken (die Form der darzustellenden Elemente) herausgeschnitten sind, können sie auf den Malgrund geklebt und nach und nach zur Begrenzung der Konturen aufgedeckt werden.

Bei den Fotokopien handelt es sich um Vergrößerungen des Originalmodells in vier Teilen im Folioformat. Fügt man die Teile zusammen, erhält man genau die Größe der Leinwand, die als Malgrund dienen wird. Es geht also darum, ein Schwarzweißbild auf eine Leinwand zu übertragen und es in Farbe zu malen. Dafür arbeitet der Maler mit Schablonen bzw. selbstklebenden transparenten Masken. Die Fotokopie wird mit einem Spray auf der Oberseite befestigt; die Unterseite haftet auf der Leinwand. Mit der Maske lassen sich weiße oder bereits bemalte Flächen aussparen. Gemeinsam mit der Fotokopie schneidet der Maler auch die Umrisse des Maskierfilms aus. Hebt man ihn ab, wird die Leinwand aufgedeckt, und man kann die Form innerhalb ihrer Begrenzungen exakt ausmalen. Die Fotokopie dient teilweise auch als Linienblatt, damit alle ausgeschnittenen Teile des Maskierfilms genau den Proportionen der zu malenden Formen entsprechen.

Die ersten Schritte

Als erstes klebt Martorell die Vorlage auf den Maskierfilm und diesen auf die Leinwand. Wichtig ist, daß die Maße der drei Schichten (Fotokopie, Maskierfilm und Leinwand) genau übereinstimmen, damit es keine Kompositionsprobleme gibt und alle Umrisse der Fotokopie ihre exakte Entsprechung in den gemalten Stellen auf der Leinwand finden. Anschließend schneidet er das Zentralmotiv aus dem Tisch – also den Umriß und eine Seite des Beins – mit einem Cutter aus. Dabei wird gleichzeitig auch der Maskierfilm geschnitten. Die ausgeschnittene Form entspricht der Fläche auf der Leinwand, die nach dem Abheben der Schablone zu sehen ist und von den Umrissen der Fotokopie begrenzt wird. Vor dem Malen trägt der Künstler Klarpaste für Acrylfarben auf die Ränder, damit diese beim Anlegen der Farbe nicht unregelmäßig werden. Das Medium schließt eventuelle Lufttaschen, die sich zwischen dem selbstklebenden Film und der Leinwand gebildet haben könnten, und verhindert, daß die Farbe dort eindringt.

147

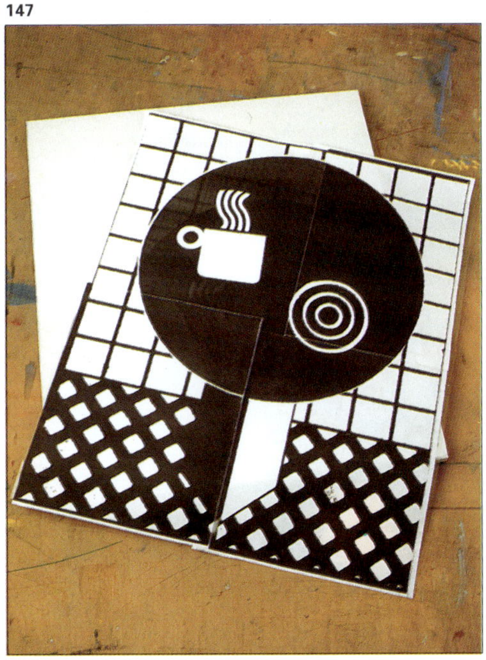

Abb. 147: Der Künstler befestigt das vergrößerte und zusammengesetzte Original mit Sprühkleber auf der Oberseite des Maskierfilms. Es dient als Vorlage zum Ausschneiden der Formen in der korrekten Größe. Man erhält die exakten Schablonen, indem man die Umrisse mit dem Cutter einschneidet. Die Schablonen werden mit der Unterseite auf die Leinwand geklebt.

148

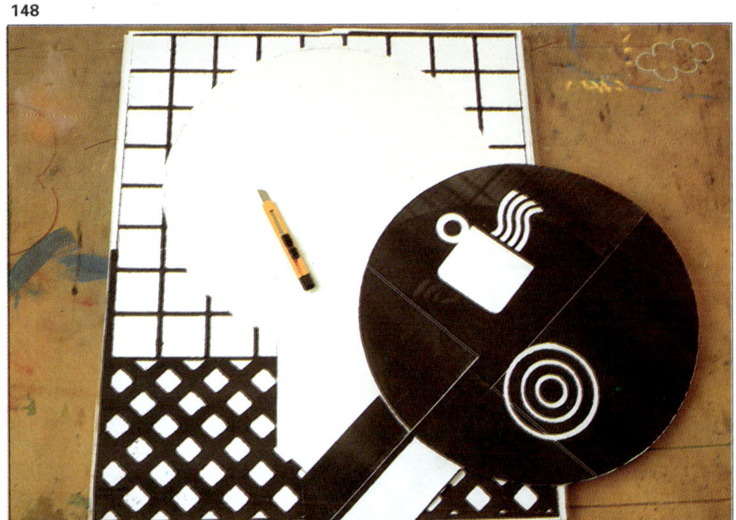

Abb. 148: Das Original ist auf die Schablone und diese ihrerseits auf die Leinwand geklebt worden, die dasselbe Format wie das Original und der Maskierfilm besitzt. Hier wurde der Tisch bereits ausgeschnitten. Das Weiß entspricht der transparenten Schablone.

Die Elemente auf dem Tisch

Bevor er den großen Kreis für den Tisch malt, schneidet Martorell die Tasse und den Teller aus der Schablone, um die Formen auf der Leinwand weiß auszusparen. Anschließend hebt er den Kreis für den Tisch ab, so daß die Leinwand mit Ausnahme der Stellen für die Tasse und den Teller sichtbar wird. Auch diese Elemente versiegelt er mit Klarpaste. Um rascher arbeiten zu können, beschleunigt er das Trocknen mit einem Haarfön, bevor er die Farbe, helles Graphitgrau, aufträgt. Vor dem Verstreichen hat der Künstler sie leicht mit Acryl-Malmittel verdünnt, da Wasser die Brillanz und die Dichte der Graphitschicht schwächt. Auf diese Weise behält die Farbe die charakteristische ölige Brillanz des Materials.

149

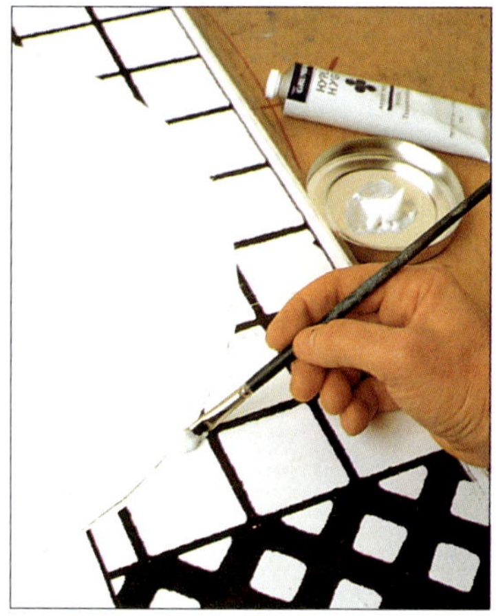

150

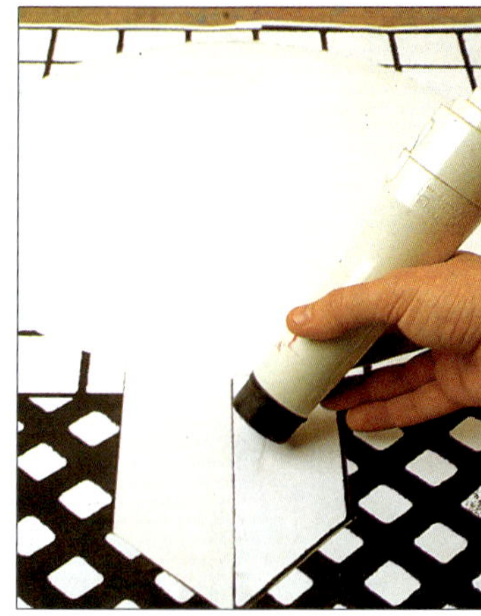

151

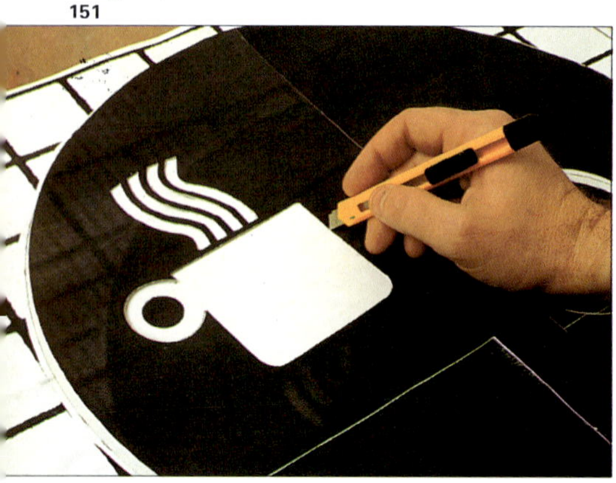

152

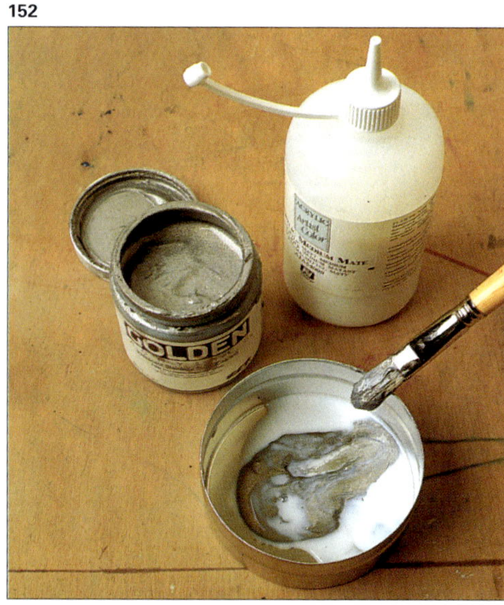

Abb. 149: Um zu verhindern, daß die Farbe irgendwo unter den nicht gut haftenden Schablonenrand dringt, trägt der Künstler Klarpaste auf die Ränder, die die Umrisse nach dem Trocknen versiegelt.

Abb. 150: Um das Trocknen der Paste zu beschleunigen, fährt er die Umrisse der ausgeschnittenen Form mit einen Handtrockner nach.

Abb. 152: Für den Tisch verwendet Jordi Martorell helles Graphitgrau. Um es zu verflüssigen, ohne die Farbstärke zu verringern, fügt er etwas Acryl-Malmittel hinzu.

Abb. 151: Nachdem die Form des Tisches vorhanden ist, werden die Schablonen für die Tasse und den Teller ausgeschnitten und vor dem Malen auf der Leinwand befestigt.

153

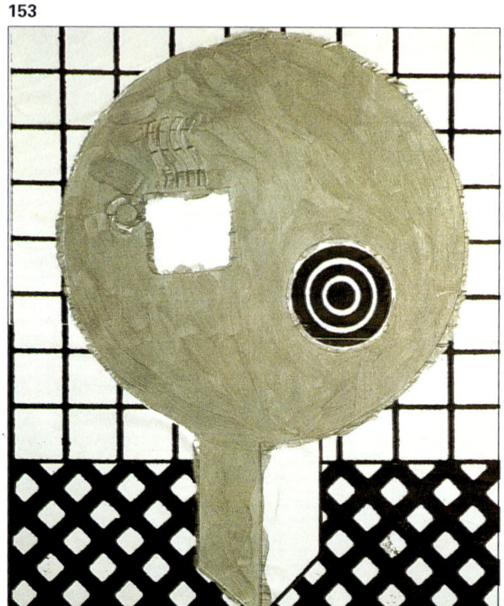

Abb. 153: Das Grau für den Tisch ist bereits angelegt. Von den Elementen, die sich darauf befinden, wurden Schablonen angefertigt und auf der Leinwand befestigt, damit die entsprechenden Stellen weiß ausgespart bleiben und nicht mit grauer Farbe abgedeckt werden können.

Die erneute Anlage der Schablonen

Lassen Sie mich noch einmal darauf hinweisen, in welchem Stadium des Werkes wir uns zur Zeit befinden. In der Praxis weist unsere Methode zwar keine ernsthaften Komplikationen auf, könnte beim Erklären aber ziemlich verwirrend erscheinen. Der Künstler hat den Kreis für den Tisch gemalt. Innerhalb dieses Kreises hat er die Formen für die Tasse und den Teller ausgespart. Dazu hat er sie aus der restlichen Schablone ausgeschnitten und auf der Leinwand liegenlassen. Er hat also den gesamten Kreis mit Ausnahme der beiden genannten Elemente gemalt. Hebt er die Schablonen anschließend ab, erscheinen sie innerhalb der grauen Fläche in Weiß.

Nun muß er beide Formen rot ausmalen. Dafür legt er die Tisch-Schablone mit der ausgeschnittenen Tasse und dem Teller wieder an. Da die freien Flächen genau mit den weißen Aussparungen auf der Leinwand übereinstimmen, kann er die Umrisse mit der Klarpaste versiegeln und trägt die neue Farbe auf.

Das Verfahren enthält eine Komplikation, die sich aus der Form des Tellers aus konzentrischen roten und schwarzen Kreisen ergibt. Auch diese löst man mit Schablonen für die einzelnen Kreise.

Das gegenwärtige Stadium des Werkes
Bei soviel Erklärungen zum technischen Verfahren scheint das eigentliche Werk in den Hintergrund getreten zu sein. Doch alle Schritte haben zu Ergebnissen geführt, die genau mit der Absicht des Künstlers übereinstimmen. Im Zentrum der Leinwand befindet sich der graphitgraue Tisch mit den ausgesparten Elementen. Der restliche Malgrund ist mit Maskierfilm abgedeckt. Zum Malen von Tasse und Teller legt der Künstler die Schablone zum Schutz des Tisches wieder an, versiegelt die Ränder und trägt die Farbe für beide Elemente auf.

154

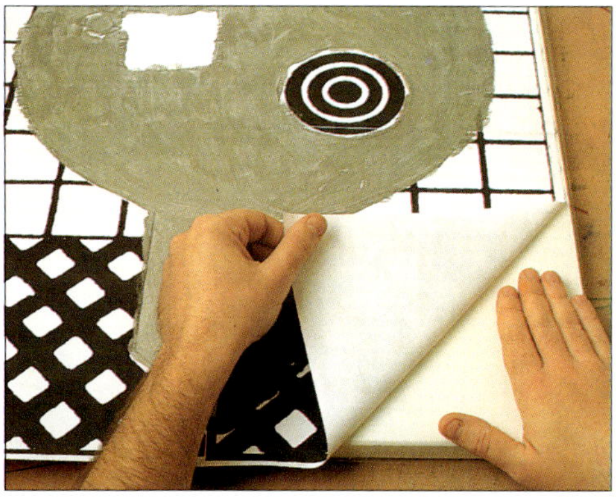

Abb. 154: Nachdem der Tisch gemalt ist, wird die Schablone entfernt. Anschließend wird der Tisch abgedeckt, um den Hintergrund zu bearbeiten. Die Schablone löst sich mühelos ab.

155

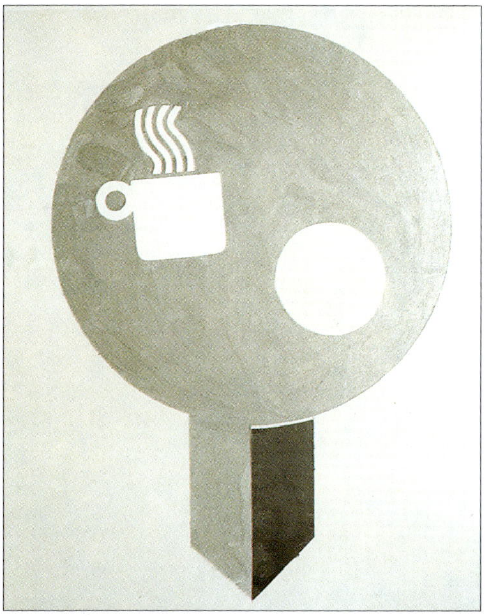

Abb. 155: Diese Abbildung zeigt das Verfahren, mit dem der Künstler gearbeitet hat. Nachdem die Schablone entfernt wurde, sind die bemalte Leinwand sowie die Aussparungen für den Hintergrund und die beiden Elemente zu sehen. Das Dunkelgrau des Beins wurde unter Aussparung des restlichen Tisches gemalt.

Abb. 156: Der Tisch wird erneut mit dem transparenten Maskierfilm abgedeckt (also ohne das Original) und die Umrisse der Tasse und des Tellers versiegelt, damit keine Farbe in die graue Zone dringen kann.

156

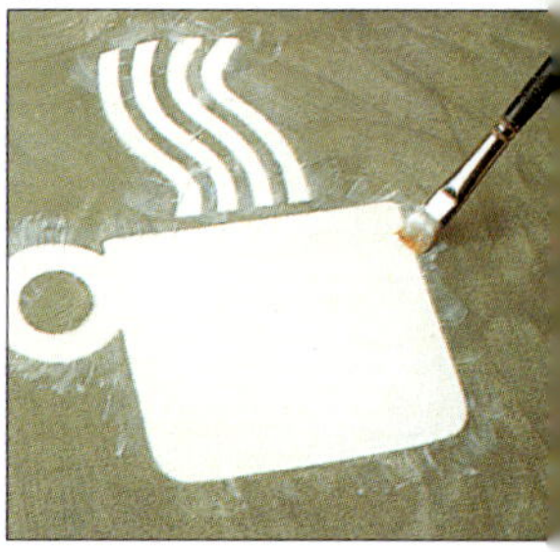

Abb. 157 und 158: Die Tasse und der Teller sind gemalt worden. Auf der Abbildung erkennt man den transparenten Maskierfilm. Dieses Verfahren wird entsprechend für die Anlage der Ringe auf dem Teller wiederholt.

157

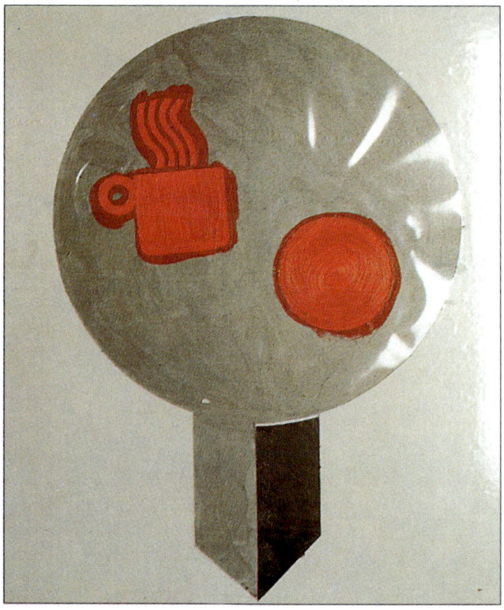

158

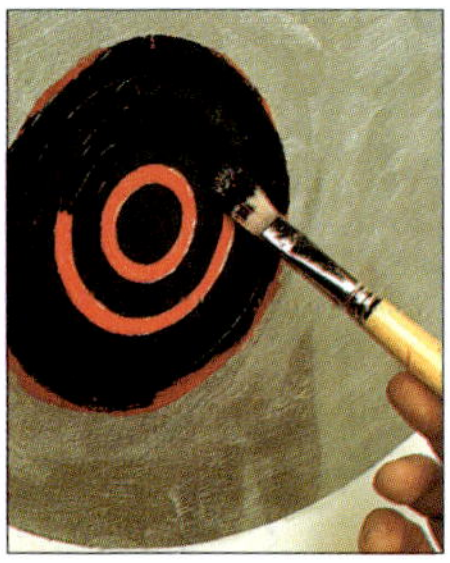

159

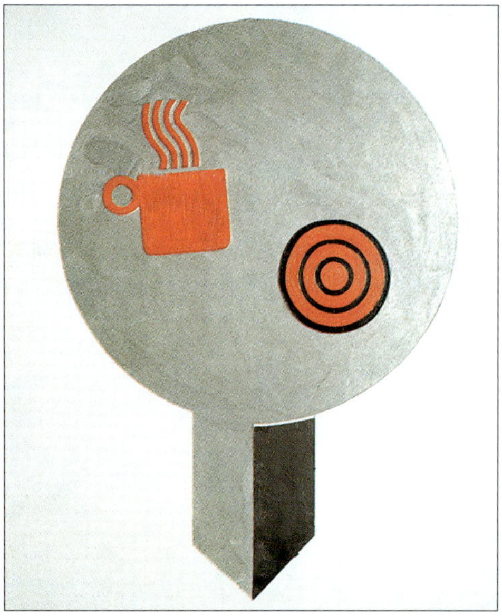

Abb. 159: Hier das Werk ohne den selbstklebenden Maskierfilm. Das Motiv ist bereits fertiggestellt. Nur der Hintergrund muß noch gemalt werden.

160

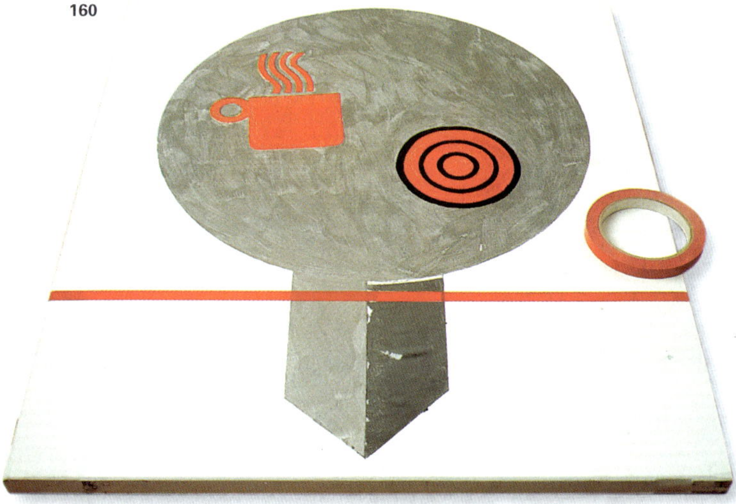

161

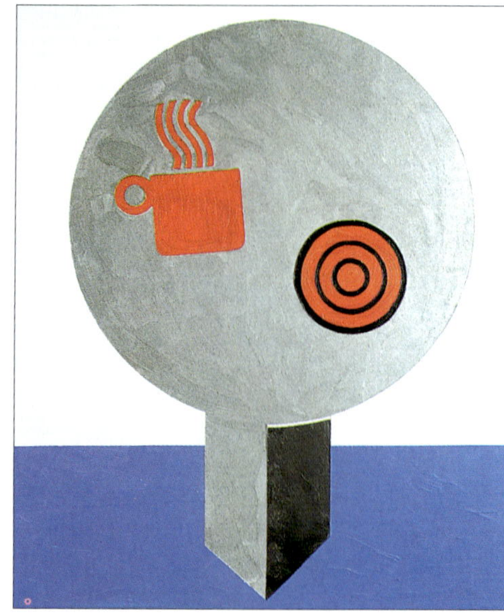

162

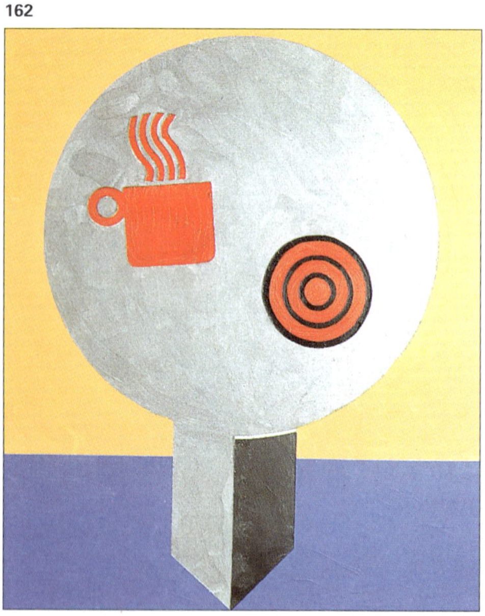

163

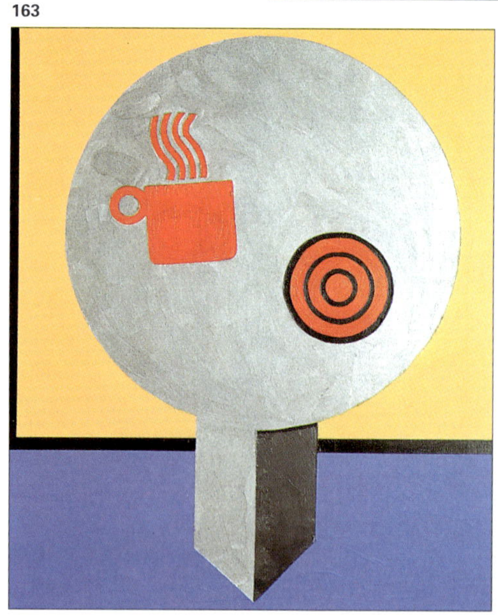

Abb. 160: Um den Hintergrund malen zu können, ohne daß die Farben in die bereits fertiggestellten Flächen dringen, muß der Tisch erneut mit der Schablone abgedeckt werden, so daß nur die restliche Komposition frei bleibt. Hier hat nun der Künstler einen Abdeckstreifen angelegt, um die Fläche für den Boden zu begrenzen.

Abb. 161: Es war sehr einfach, den Boden der Komposition zu malen. Mit Hilfe der Schablone für den Tisch und des Abdeckstreifens als Begrenzung konnte die entsprechende Fläche der Leinwand mühelos mit Farbe gefüllt werden.

Abb. 162: Der Hintergrund wurde auf dieselbe Weise gemalt wie der Boden: Die Schablone für den Tisch blieb liegen, und die Begrenzung zum Boden wurde durch einen Abdeckstreifen unterhalb der Trennlinie gesichert.

Abb. 163: Abdeckstreifen wurden auch verwendet, um so den schwarzen Rahmen zu malen. Jetzt braucht der Boden nur noch etwas weiter ausgearbeitet zu werden. Dann ist das Bild fertig.

Aussparungen mit Abdeckstreifen

Der Maler hat die Arbeit mit den Schablonen im Innern des Tisches abgeschlossen. Jetzt befaßt er sich mit dem Hintergrund und dem Boden der Komposition. Zunächst deckt Jordi Martorell den Tisch erneut mit der Schablone ab, damit die Pinselstriche für den Hintergrund nicht über die Umrisse geraten.

Mit einem Abdeckstreifen trennt er den Abschnitt für den Boden vom Hintergrund, um ihn genau bis zur richtigen Höhe zu malen. Dies erledigt er mit hellem Ultramarinblau, denn er möchte lebhafte Farben als Kontrast zu den Grautönen des Zentralmotivs in die Komposition aufnehmen. Die Entscheidung fällt erst in letzter Minute – wir erinnern uns, daß er zunächst von Weiß und Schwarz ausging – und geschieht aufgrund der Erkenntnis, daß es dem Werk angesichts seiner Größe und Schlichtheit besser bekommt.

Die Anlage des Hintergrunds aus Kadmiumgelb erfolgt auf dieselbe Weise: Die Fläche wird mit einem Abdeckstreifen begrenzt.

Abschlußarbeiten

Die letzten Schritte für das Werk sind einfach und rasch erledigt. Jordi Martorell muß nur die richtigen Farben dafür auswählen und sie gleichförmig – also ohne Nuancen – auftragen. Der Künstler hat den gelben Hintergrund in einen schwarzen Rahmen gefaßt und dafür erneut Abdeckstreifen zur Hilfe genommen. Diese Streifen benötigt er auch für den Boden. Er spart die unteren Begrenzungen des Tisches aus, legt einen Raster auf den Boden und malt diesen schwarz. Nachdem die Abdeckstreifen entfernt sind, ist der Boden mit einem Rautenmuster überzogen, der an Bodenplatten erinnert.

Das Endergebnis ist ein synthetisches Werk von großer visueller Kraft, in dem alle Elemente auf ihren Grundcharakter reduziert wurden. Die Möglichkeiten der Acrylfarben mit ihrer unterschiedlichen Brillanz und Konsistenz kommen in den gleichförmigen Flächen hervorragend zur Geltung.

164

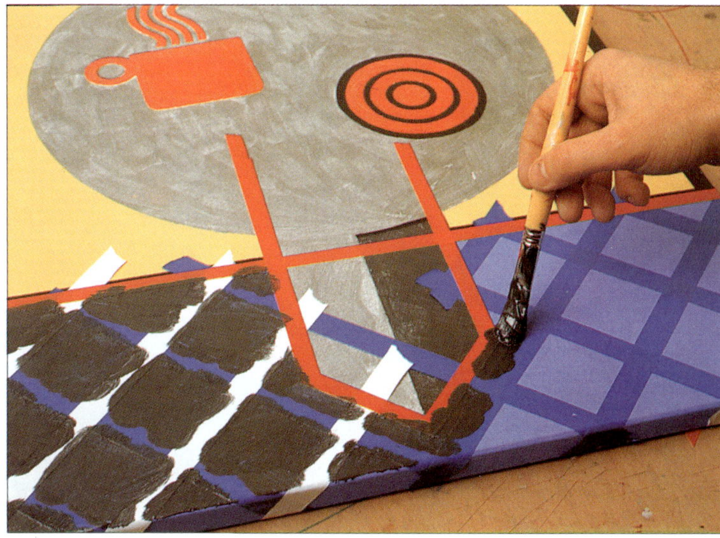

165

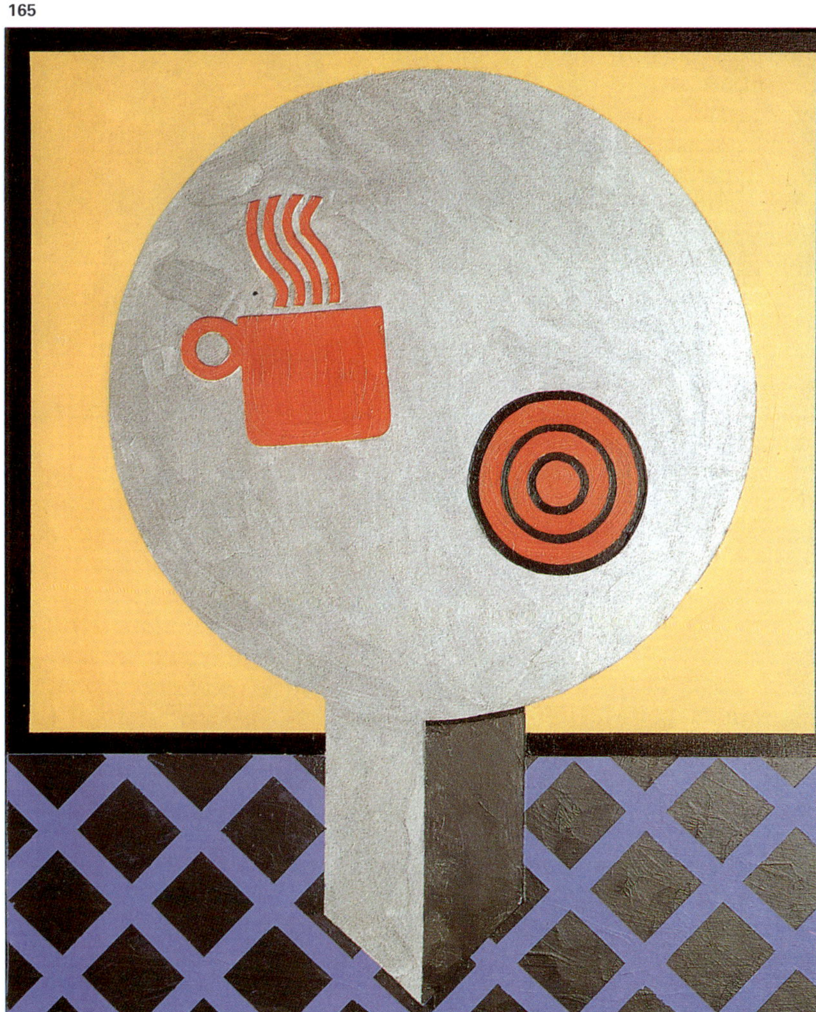

Abb. 164: Um die Bodenplatten darzustellen, hat Jordi Martorell kreuzweise Abdeckstreifen angelegt, so daß eine Art Rautenmuster entstand. Anschließend überzieht er die Fläche mit schwarzer Farbe und muß nur achtgeben, daß er die Begrenzung zum hellen Hintergrund nicht überschreitet.

Abb. 165: Hier das fertige Werk. Die Kombination von lebhaften Farben sowie die Gegenüberstellung von metallischen und traditionellen Tönen verleiht dem Werk Vitalität und sorgt für äußerst interessante visuelle Effekte. Das Herstellungsverfahren ähnelt eher dem einer Zeichnung als einem Gemälde im engeren Sinn. Doch das Ergebnis ist sehr ausdrucksstark und besitzt große farbliche Qualität.

Versionen der Wirklichkeit

166

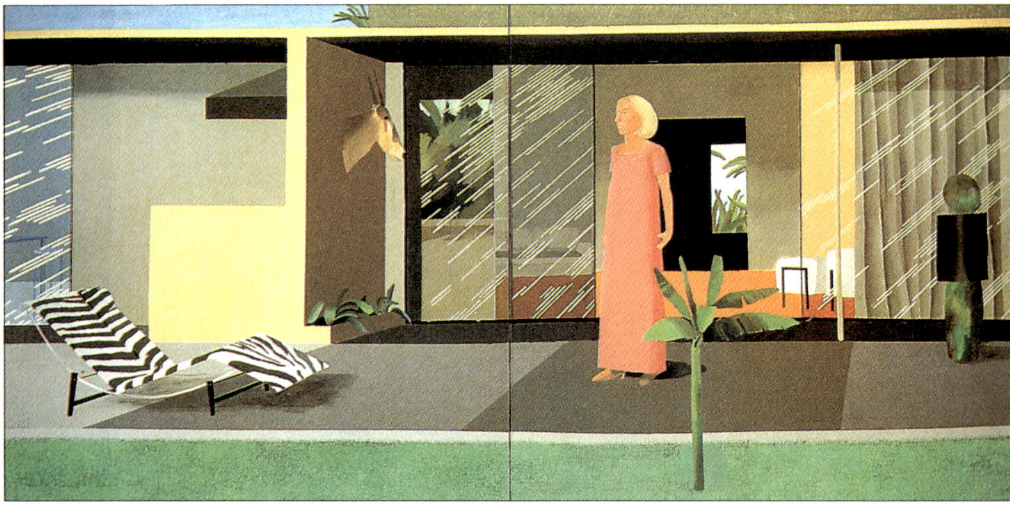

167

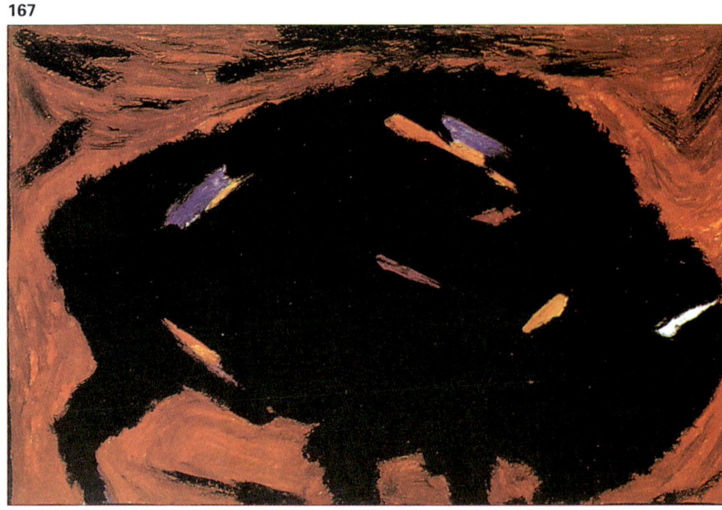

Der Prozeß der Auflösung der traditionellen gegenständlichen Malerei begann mit den Kubisten, wurde von zahlreichen Avantgardisten fortgeführt und scheint mit der abstrakten Malerei seinen Abschluß gefunden zu haben. Heute gibt es keine eindeutig vorherrschenden Tendenzen und die Geltung der gegenständlichen Malerei ist unbestritten. Dennoch kann der zeitgenössische Maler aus den Experimenten und revolutionären Entdeckungen der Avantgarde die unterschiedlichsten Lehren ziehen und vermeiden, zu den leblosen akademischen Methoden der gegenständlichen Malerei zurückzukehren.

Eines der charakteristischsten Merkmale der zeitgenössischen Kunst ist die Möglichkeit, die Wirklichkeit mit Hilfe unterschiedlicher Stile zu interpretieren und zu äußerest kühnen Formen zu greifen. Die Acrylmalerei fördert diese Vielfalt der Stile. Sie kann auf unterschiedlichste Weise eingesetzt werden und unterliegt keinen kanonischen Vorschriften. Neben vielen weiteren Faktoren ist ihr rasches Trocknungsvermögen entscheidend. Mit Acrylfarben kann man improvisieren, Lösungen erproben, eine Fläche sofort abdecken, eine Komposition restlos verändern etc. Mit ihren intensiven Tönen selbst bei stark verdünnten Lasuren ermöglicht sie eine äußerst koloristische Malweise. Die Haltbarkeit der Farben garantiert dem Maler die Beständigkeit seines Werkes.

Es verwundert nicht, wie die unterschiedlichsten gegenständlichen Tendenzen, darunter auch einige äußerst extravagante, einander während der letzten zwanzig Jahre gefolgt sind. Mit gewaltigen Formaten und großzügigen Pinselstrichen haben die Künstler einen figurativen Kontrapunkt zur abstrakten Malerei gesetzt und mit räumlichen Doppeldeutigkeiten oder isolierten Gestalten bzw. Elementen auf großen Farbflächen gespielt. Die Wende zum Gegenständlichen warf erneut Probleme auf, die bereits im Impressionismus und in anderen realistischen Schulen aufgetaucht waren: Farbe, Aufbau des bildlichen Raums etc. Nur kann der zeitgenössische Maler sie in einem anderen Licht betrachten und mit neuer Freiheit lösen.

Abb. 166: David Hockney, *Hausfrau in Beverly Hills*, Privatsammlung. Hockney hat sein gegenständliches Werk am Rand der abstrakten internationalen Tendenzen geschaffen. Die Elemente und die Szenen, die sie darstellen, sind jedoch unverwechselbar für die Kunst seiner Zeit. Der kalte brillante Stil paßt ebenfalls zur zeitgenössischen Ästhetik.

Abb. 167: Andraz Salamun (geb. 1946), *Bison*, Stiftung Peter Stuyvesant. Die schematische Version eines natürlichen Motivs. Die farbliche Interpretation und die Anlage der großen Farbflecken ist ein Erbe der Abstraktion.

168

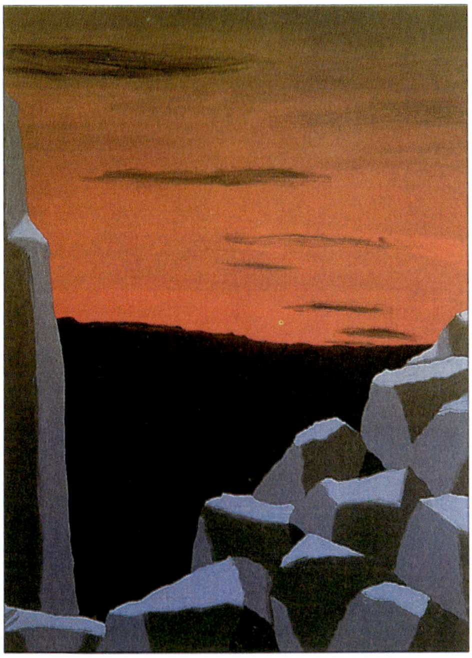

169

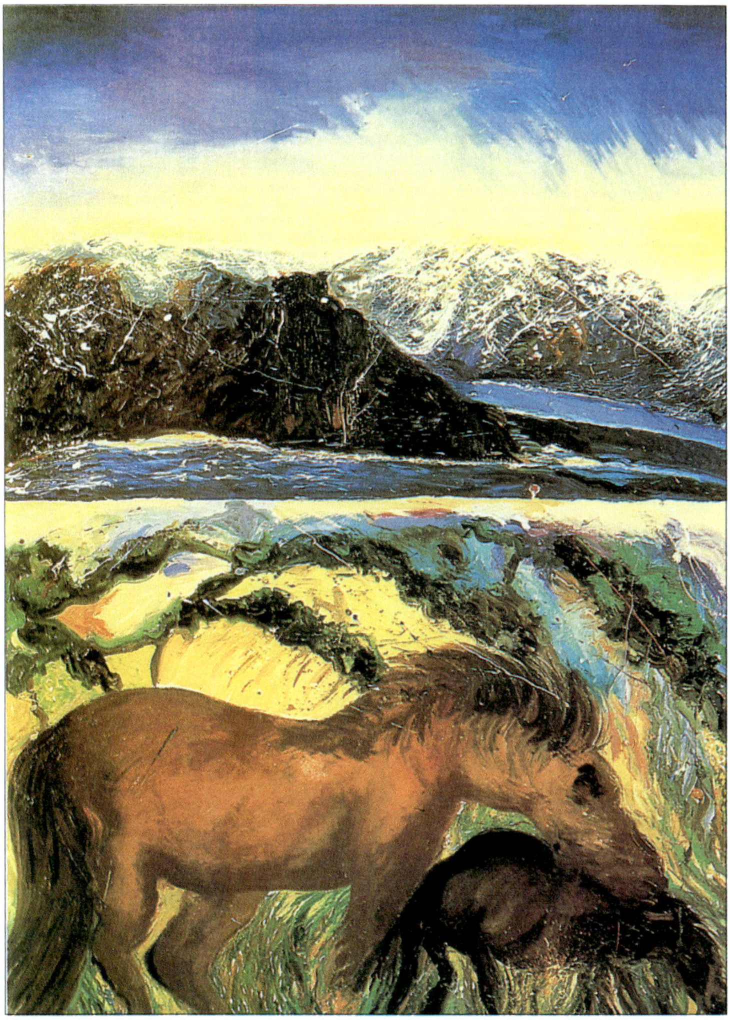

Abb. 168: Jed Garet (geb. 1955), *Schattenriß eines Tals*, Privatsammlung. Die Landschaft wurde von der neuen Gegenständlichkeit als Bildgenre wieder aufgegriffen. Abgesehen von seiner Stilisierung besitzt dieses Panorama eine beinahe traditionelle Lyrik.
Abb. 169: Malcom Morley (geb. 1931), *Oben der Himmel, unten der Morast*, Privatsammlung. Die ironische Behandlung der traditionellen Themen der Romantik ist typisch für diesen Künstler, der für eine Art dadaistische Strömung innerhalb der zeitgenössischen gegenständlichen Malerei äußerst repräsentativ ist.
Abb. 170: David Sanmiguel (geb. 1962), *Der Gärtner*, Privatsammlung. Die Stilisierung der Landschaft als phantastische Formen und irreale Farben weicht von der traditionellen Malweise für dieses Bildgenre ab.

170

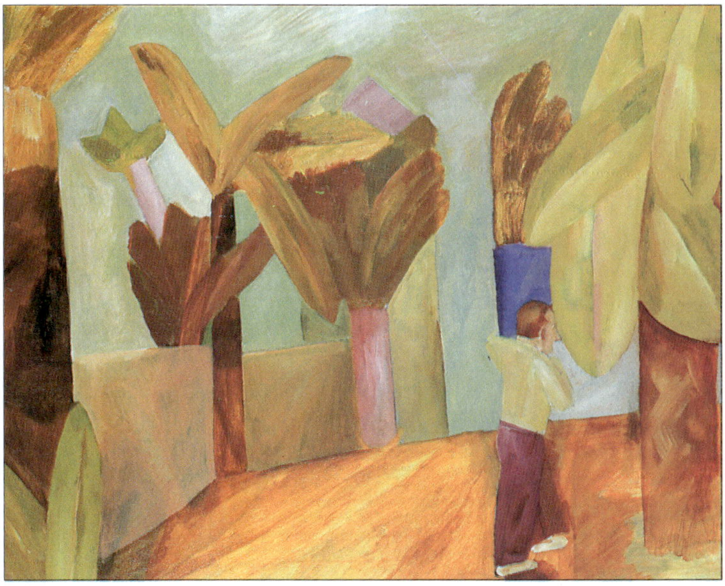

Die große Akzeptanz der Acrylfarben hat die Hersteller zur Entwicklung neuer Produkte geführt. Die meisten davon haben wir bereits untersucht und festgestellt, daß einige die Behandlung der Acrylfarben ähnlich wie Öl- oder Aquarellfarben ermöglichen. Das hat zur Folge, daß manche Aquarell- und Ölmaler die Acrylfarben zusätzlich als Hilfsmittel einsetzen und mit ihren Experimenten neue Anregungen und Lösungen finden.

Die unterschiedlichen Interpretationen der Wirklichkeit sind ein eindrucksvolles Kennzeichen für die Vielfalt der Acrylfarben, ein Beweis, daß die Farben sich den verschiedensten Erfordernissen anpassen und den ehrgeizigsten Ansprüchen gerecht werden.

David Sanmiguel: Eine gegenständliche Improvisation

Die Arbeit aus dem Gedächtnis

Jedes künstlerische Bild, so klein es auch sei, erfordert das Improvisieren bei unvorhergesehenen Problemstellungen. In der Kunst birgt die Planung eines Werkes stets zahlreiche Eventualitäten, die sich erst im Verlauf der Arbeit ergeben. Dann muß der Künstler improvisieren. Besitzen seine Lösungen Qualität, spricht man von künstlerischer Kreativität.

In der vorliegenden Übung ist die Improvisation jedoch von vornherein eingeplant, etwa wie beim Jazz, wo die Musiker Variationen einer Melodie improvisieren. Die Melodie unserer Übung besteht aus einer sitzenden Gestalt. Der Vergleich mit dem Jazz ist nicht neu: Bereits die Pioniere der abstrakten Kunst wie Kandinsky benutzten den Begriff der *Improvisation* für Werke, bei denen die Formen und Farben je nach Vorstellungskraft des Malers erst während der Arbeit Gestalt annahmen.

In unserem Fall handelt es sich um eine Arbeit aus dem Gedächtnis, bei der der Künstler auf seine Erfahrung im Figurenzeichnen zurückgreift und bereits erprobte Möglichkeiten mit malerischen Lösungen verbindet, die ihm im Laufe des Malens kommen.

171

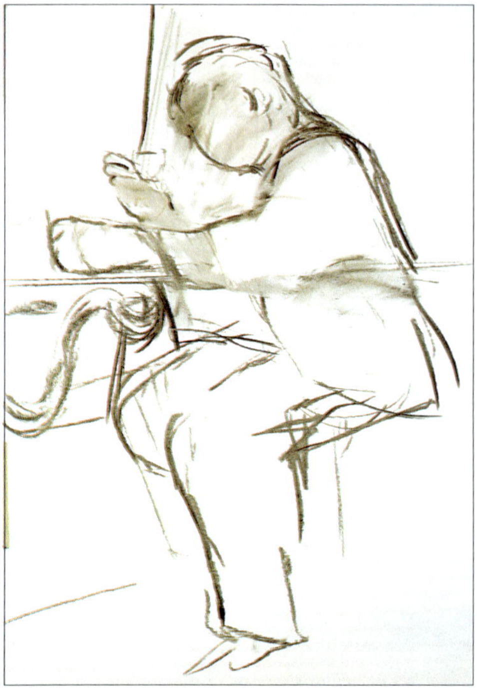

Abb. 171: Das Thema für diese gegenständliche Improvisation ist eine Gestalt in einem Interieur. Es erlaubt sehr unterschiedliche Varianten: von der Gestaltung des Raums bis zur Pose des Modells. Einige Varianten werden im Verlauf dieses Verfahrens erprobt. Zu Beginn sitzt die Gestalt im Profil. An diesem Ausgangspunkt beginnt die Improvisation.

Die Mischtechnik

Bei dieser Mischtechnik kombiniert der Künstler Acryl- und Pastellfarben. Wie wir bereits gesehen haben, erlaubt diese Technik eine sehr unterschiedliche Verwendung des Materials. Der Malgrund besteht aus Pappe, die mit zwei Schichten Gesso überzogen wurde, damit sowohl die Acrylfarben als auch die Pastellkreiden gut darauf haften. Eine stärker

172

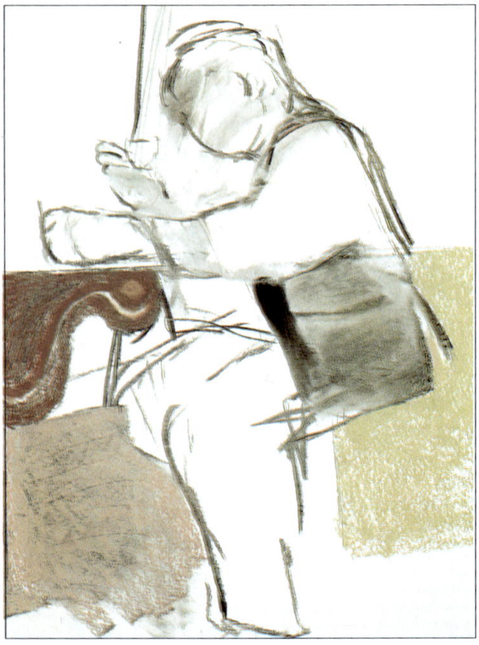

173

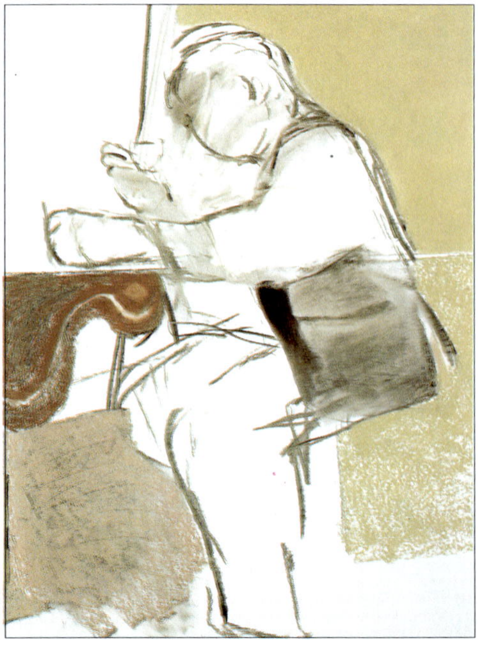

Abb. 172: Die erste Anlage der Farbe geschieht mit Pastellen. Bei der Arbeit auf Malpappe mit Gessogrundierung läßt sich die Pastellfarbe äußerst sanft ausziehen. Sie bildet keine undurchsichtige Masse, sondern läßt das Weiß des Fonds leicht durchscheinen. Die Farbflecken sind erdig. Die gebrochene Skala entspricht der Art des gewählten Themas.

Abb. 173: Die Flecken aus beiger Acrylfarbe dringen an manchen Stellen in die Gestalt. Hier beginnt die Erprobung der Form und der Farbe. Die Harmonisierung muß die Oberhand über die Zeichnung gewinnen, bevor diese eine Vorrangstellung im Werk einnimmt.

strukturierte oder rauhere Malfläche (zum Beispiel Aquarellpapier) wäre für die Pastellfarben besser, aber nicht für die Acrylfarben. Die Gessogrundierung stellt also einen geeigneten Kompromiß für beide Malverfahren dar. Ein weiteres wichtiges Arbeitsgerät neben den Pastellkreiden ist die Zeichenkohle. David Sanmiguel benötigt sie nicht nur für die Vorzeichnung, sondern auch für alle weiteren Arbeitsstadien, und kombiniert sie auf natürliche Weise mit den Pastellkreiden.

Die Vorzeichnung

Die Kohlevorzeichnung beschränkt sich auf die korrekte Anlage des Rumpfs sowie der Arme und der Beine ohne Details oder das Spiel von Licht und Schatten. Man erkennt, daß es sich um eine sitzende Gestalt mit einer Kaffeetasse handelt. Dies gilt zumindest für den Augenblick, denn das Werk wird zahlreiche, sehr unterschiedliche Veränderungen erfahren. Bei der Arbeit aus dem Gedächtnis ist die Freiheit zweifellos ziemlich groß. Dasselbe gilt allerdings für die Zweifel. Der Künstler muß sich mehr vom inneren Zusammenhalt des Werkes leiten lassen als von seinem Modell (oder der Erinnerung an das Modell, die immer vage ist). Aus diesem Grund braucht die Vorzeichnung nicht sehr genau zu sein. Es geht nur um eine erste Annäherung, einen Ausgangspunkt als Arbeitsbasis für die Form und die Farbe, die Improvisation und die figurative Erfindungsgabe.

Die ersten Farbflecken

Die ersten Farbflecken lassen bereits die Harmonie des Werkes erkennen. Sie stützt sich auf Siena, Umbra und Ocker. Solch eine Harmonieskala aus zurückhaltenden Nuancen ohne Extreme eignet sich sehr für ein Interieur wie dieses. Neben den Pastellfarben greift auch die Kohle in das Farbschema ein (im unteren Abschnitt des Jacketts). Die Farben werden zunächst als flache, beinahe eckige Flächen angelegt. Ihr Kontrast deutet bereits eine gewisse Räumlichkeit an, die sich im Laufe der Arbeit verstärken wird.

174

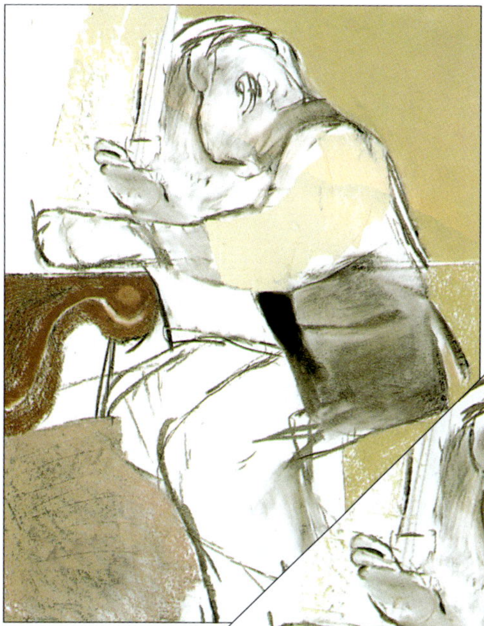

Abb. 174: Die einzelnen Pastellflecken bilden Farbblöcke, die einen leichten Eindruck von Räumlichkeit erzeugen. Man erkennt bereits die ersten Mischungen der Acrylfarbe mit den Pastellen. Sie sind direkt auf dem Malgrund entstanden und ergeben unterschiedliche Nuancen und Tonwertvariationen.

175

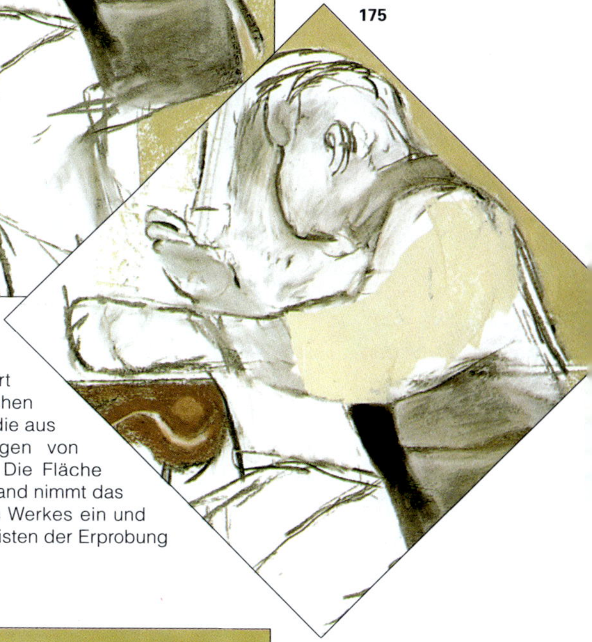

Abb. 175: Die Darstellung des Kopfes und des Gesichts führt zu zahlreichen Versuchen und Verbesserungen (die aus weiteren Überlagerungen von Acrylfarbe bestehen). Die Fläche für den Kopf und die Hand nimmt das Interessenzentrum des Werkes ein und unterliegt daher am meisten der Erprobung und Improvisation.

176

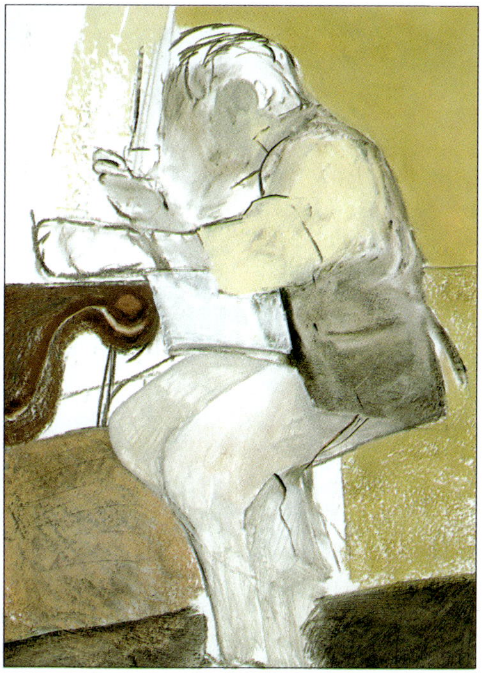

Abb. 176: Die allgemeine Pose und Haltung des Modells beginnt, stärkere malerische Einheit zu gewinnen, denn die einzelnen Versuche mit der Zeichnung und der Farbe verleihen dem Motiv bereits eine gewisse Dichte. Die Kombination von Acrylfarben und Pastellkreiden erleichtert die Farbversuche (mit Pastell) und die Korrekturen (mit Acrylfarbe). Beim Kopf überlagert zum Beispiel die neue Zeichnung die vorige und folgt dabei den Farbflecken.

177

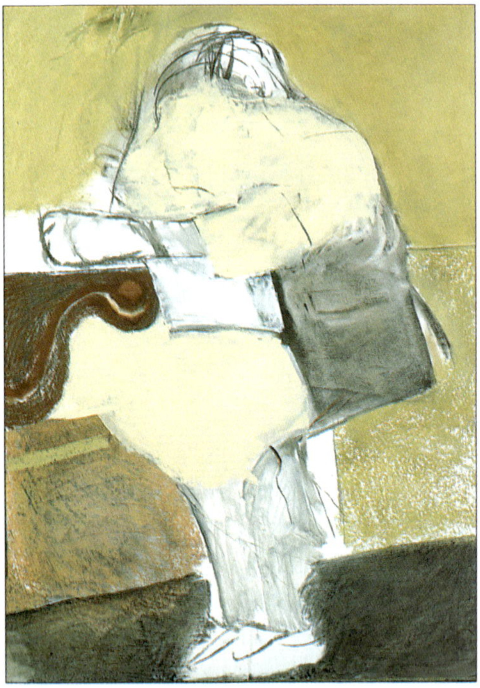

Abb. 177: Das Motiv ist völlig neu gestaltet worden. Dazu wurde die Gestalt größtenteils mit Acrylfarbe abgedeckt, so daß eine bessere Angleichung zwischen ihr und den Farbflecken für den Hintergrund entstand.

Abb. 178: Mit Zeichenkohle auf der getrockneten Farbschicht beginnt erneut die Suche nach der Form. Die Linien und Flecken überlagern sich, bis die korrekte Haltung, die Form und das Volumen des Kopfes vorhanden sind.

178

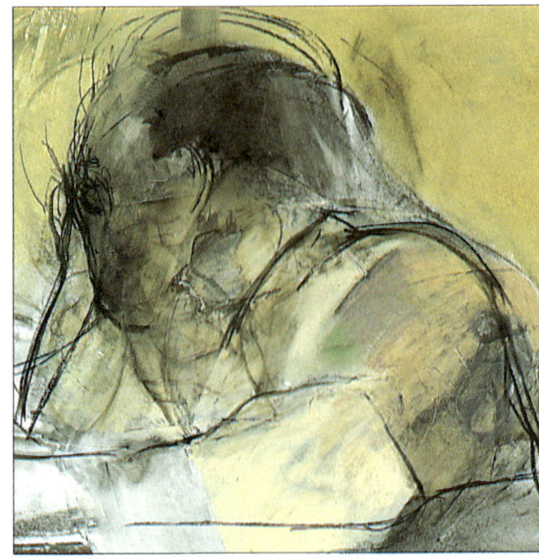

179

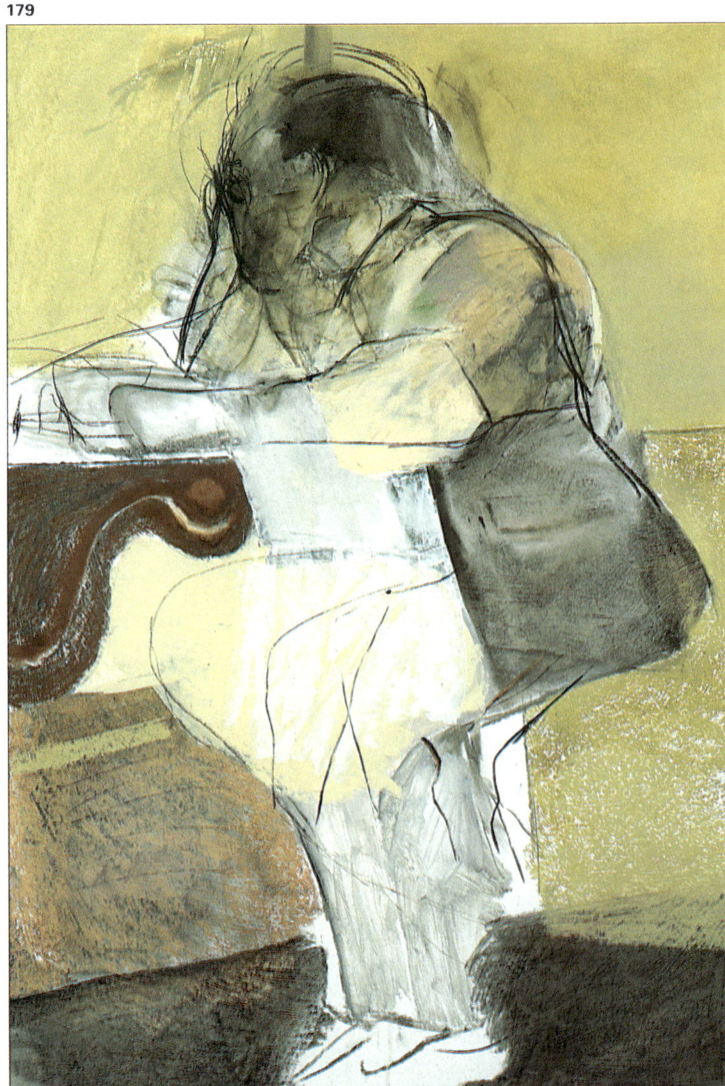

Die räumliche Bildwirkung

Die Improvisation hat bereits begonnen. Ihr Ziel ist die Schaffung von räumlicher Tiefe passend zur Gestalt, also das Zimmer, in dem sich das Modell befindet. Der Aufbau erhält einen solchen Vorrang, daß die Gestalt erheblich verändert werden muß. Wir haben bereits darauf hingewiesen, daß die Arbeit nach dem Gedächtnis eine gewisse Unsicherheit beinhaltet und die Verpflichtung mit sich bringt, den inneren Zusammenhalt des Werkes ohne Bezugnahme auf äußere Anhaltspunkte zu suchen. Aus diesem Grund beginnen die Farbflächen im Bild zu dominieren. Sie verwandeln sich zu Lasten der Gestalt in die eigentlichen Protagonisten des Werkes. Die Flecken, welche die Gestalt zu einem bestimmten Zeitpunkt bedecken, lösen ein Spiel der Ebenen aus; die Gestalt entsteht jedoch bei der endgültigen Darstellung des Raums wieder.

Abb. 179: Der Künstler legt nun die Linien für die neuen Umrisse auf den großen vorigen Farbfleck, der den Körper fast vollständig bedeckt. Diese Umrisse verbinden die noch sichtbaren, weil nicht ganz abgedeckten Stellen mit den neuen Formen. Als Ergebnis der ganzen Serie von Versuchen integriert sich der räumliche Block der Gestalt besser in die Tiefe der Szene.

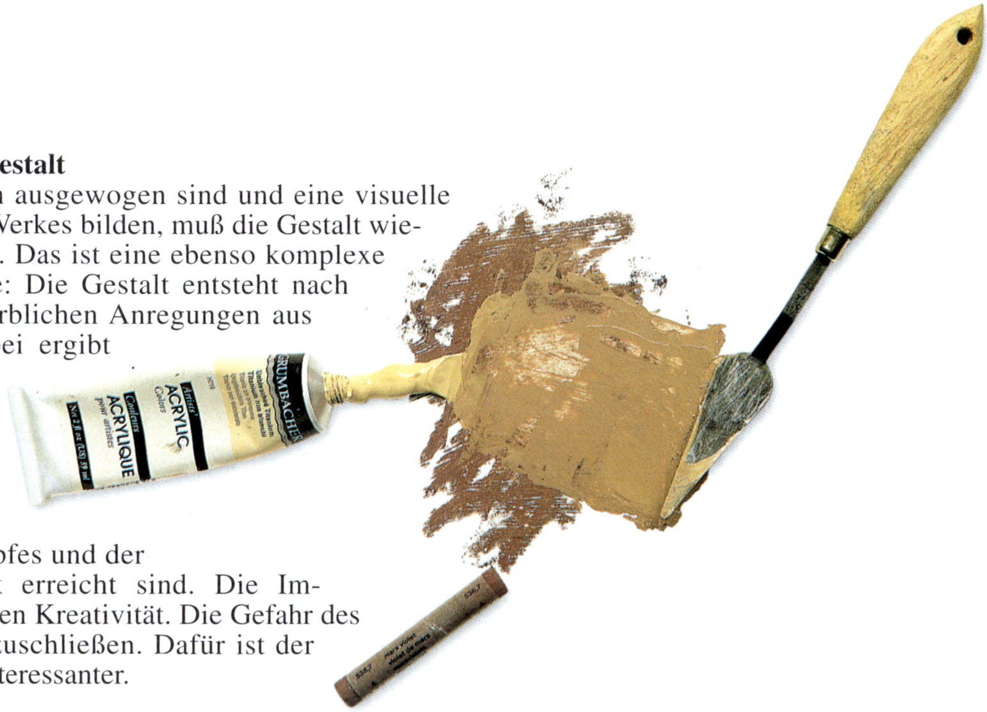

Die Darstellung der Gestalt

Nachdem die Nuancen ausgewogen sind und eine visuelle Einheit innerhalb des Werkes bilden, muß die Gestalt wieder hergestellt werden. Das ist eine ebenso komplexe wie reizvolle Aufgabe: Die Gestalt entsteht nach zeichnerischen und farblichen Anregungen aus dem Gedächtnis. Dabei ergibt sich unvermeidlich ein Kampf mit den Linien, der zahlreiche Radierungen und Verbesserungen einschließt, bis die Lage und die Größe des Kopfes und der gewünschte Ausdruck erreicht sind. Die Improvisation verlangt eben Kreativität. Die Gefahr des Scheiterns ist nie auszuschließen. Dafür ist der Weg zum Ziel um so interessanter.

180

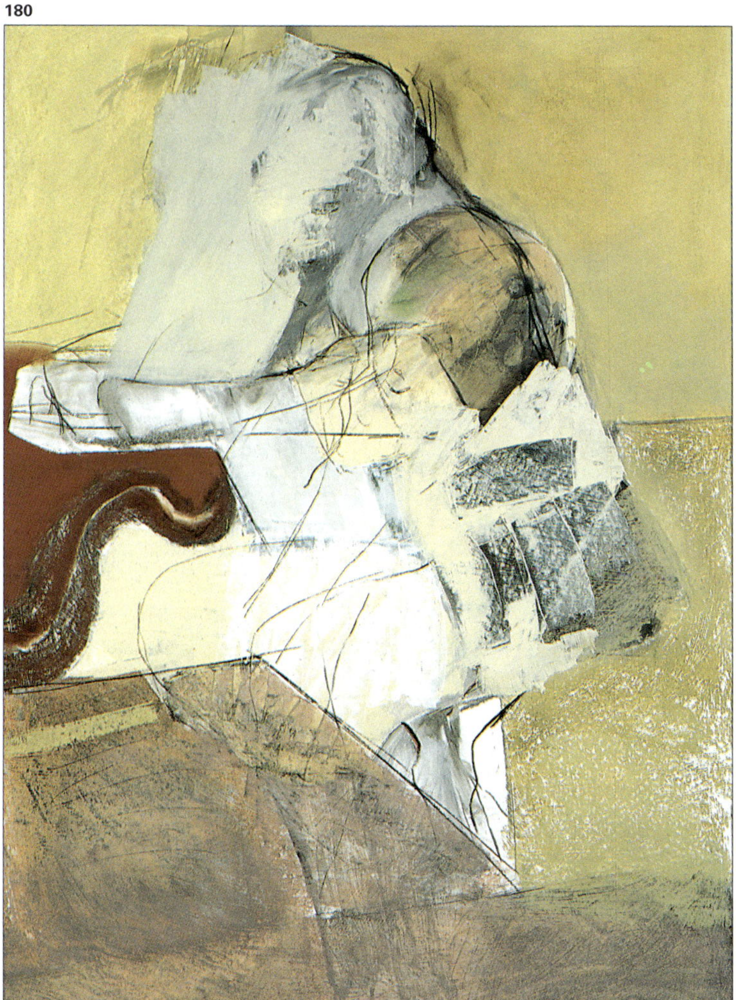

181

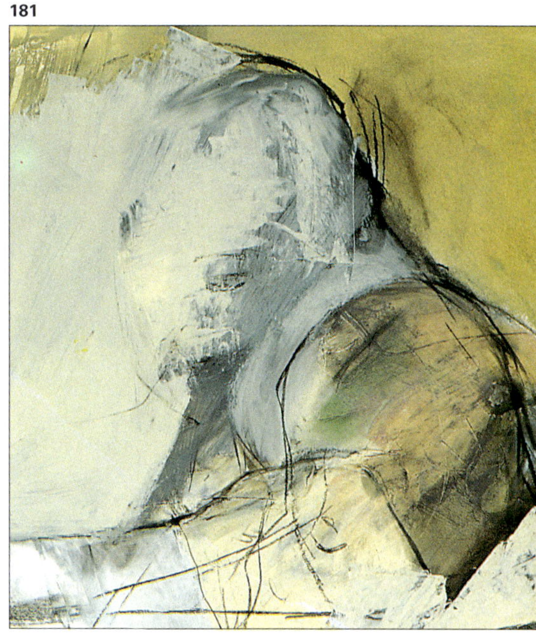

Abb. 181: An diesem Ausschnitt läßt sich das Ergebnis der Mischung von Pastell- und Acrylfarben sowie die erhebliche Einbeziehung der Zeichenkohle gut nachprüfen. Die Vereinbarkeit dieser drei Malverfahren war eines der Ziele unserer Übung.

Abb. 180: Die Form des Tisches, auf den die Gestalt ihren Arm stützt, deutet weitere Ebenen an (ebenfalls aus Tischen). Diese sind unten im Bild angeschnitten, zentrieren die Komposition um das Interessenzentrum und sorgen für größere Tiefe.

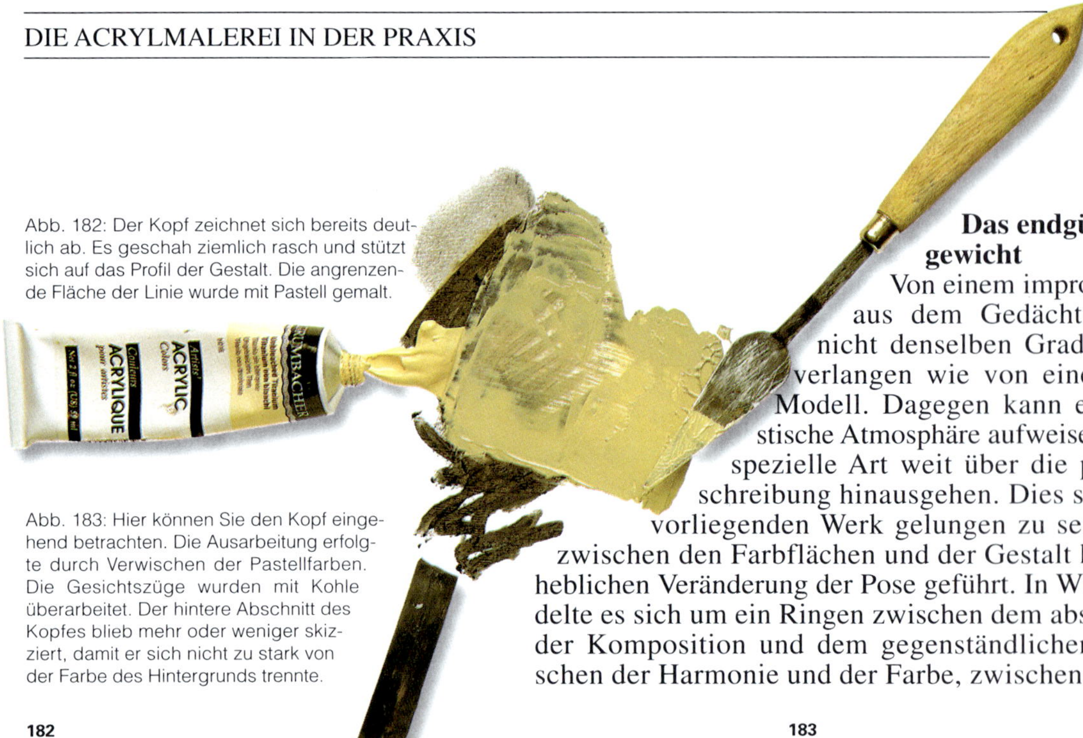

Abb. 182: Der Kopf zeichnet sich bereits deutlich ab. Es geschah ziemlich rasch und stützt sich auf das Profil der Gestalt. Die angrenzende Fläche der Linie wurde mit Pastell gemalt.

Abb. 183: Hier können Sie den Kopf eingehend betrachten. Die Ausarbeitung erfolgte durch Verwischen der Pastellfarben. Die Gesichtszüge wurden mit Kohle überarbeitet. Der hintere Abschnitt des Kopfes blieb mehr oder weniger skizziert, damit er sich nicht zu stark von der Farbe des Hintergrunds trennte.

Das endgültige Gleichgewicht

Von einem improvisierten Werk aus dem Gedächtnis kann man nicht denselben Grad an Realismus verlangen wie von einer Arbeit nach Modell. Dagegen kann es eine phantastische Atmosphäre aufweisen und auf ganz spezielle Art weit über die prosaische Beschreibung hinausgehen. Dies scheint bei dem vorliegenden Werk gelungen zu sein. Der Kampf zwischen den Farbflächen und der Gestalt hat zu einer erheblichen Veränderung der Pose geführt. In Wirklichkeit handelte es sich um ein Ringen zwischen dem abstrakten Aspekt der Komposition und dem gegenständlichen Thema, zwischen der Harmonie und der Farbe, zwischen der Geometrie und der Figurenzeichnung. Am Ende verleiht die Aufnahme der wichtigsten Details, zum Beispiel der Armlehne, dem Raum Realität, der sonst zu abstrakt wäre.

182

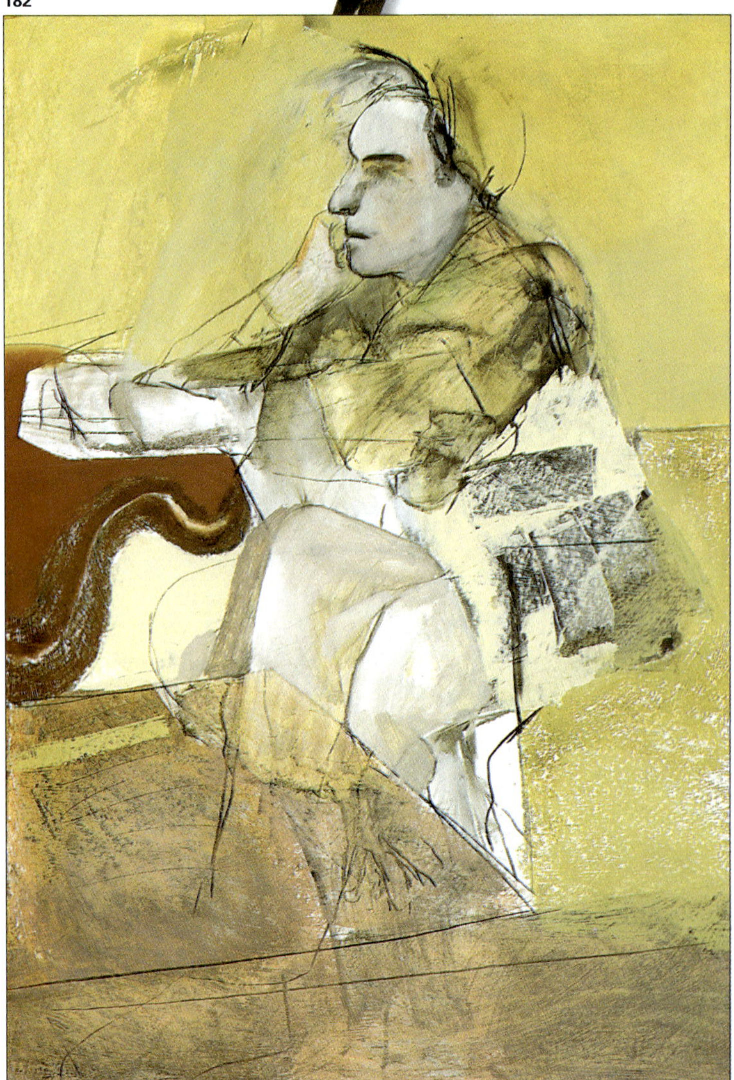

183

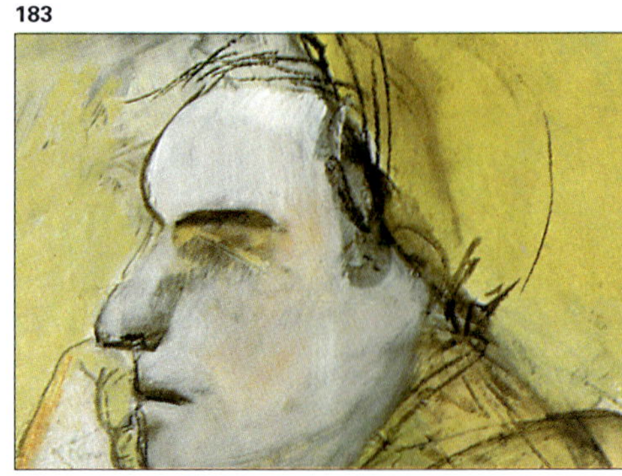

Die Ausarbeitung der Gestalt ist keinesfalls akademisch: Der Kopf wurde hinten angeschnitten, und die Füße fehlen. Das Unvollendete besitzt etwas äußerst Suggestives. Genau daran erkennt man die Arbeit der Vorstellungskraft, den Schritt vom Imaginären zur Realität. Dies ist eine malerisch interessante gegenständliche Version. Selbst nur unter dem technischen Aspekt demonstriert das Werk, daß Acrylfarben und Pastellkreiden hervorragend kombiniert werden können.

Abb. 184: So hat der Künstler sein Werk abgeschlossen. Einer der interessanten Aspekte dieser Darstellung ist das scheinbar Unvollendete. Die Spontanität der Versuche und Korrekturen ist erhalten geblieben und in allen Teilen der Komposition spürbar. Die Formen und Farben zeigen den Verlauf in dem sie entstanden sind. Wo Farbe fehlt, übernimmt die Zeichnung diese Aufgabe.

184

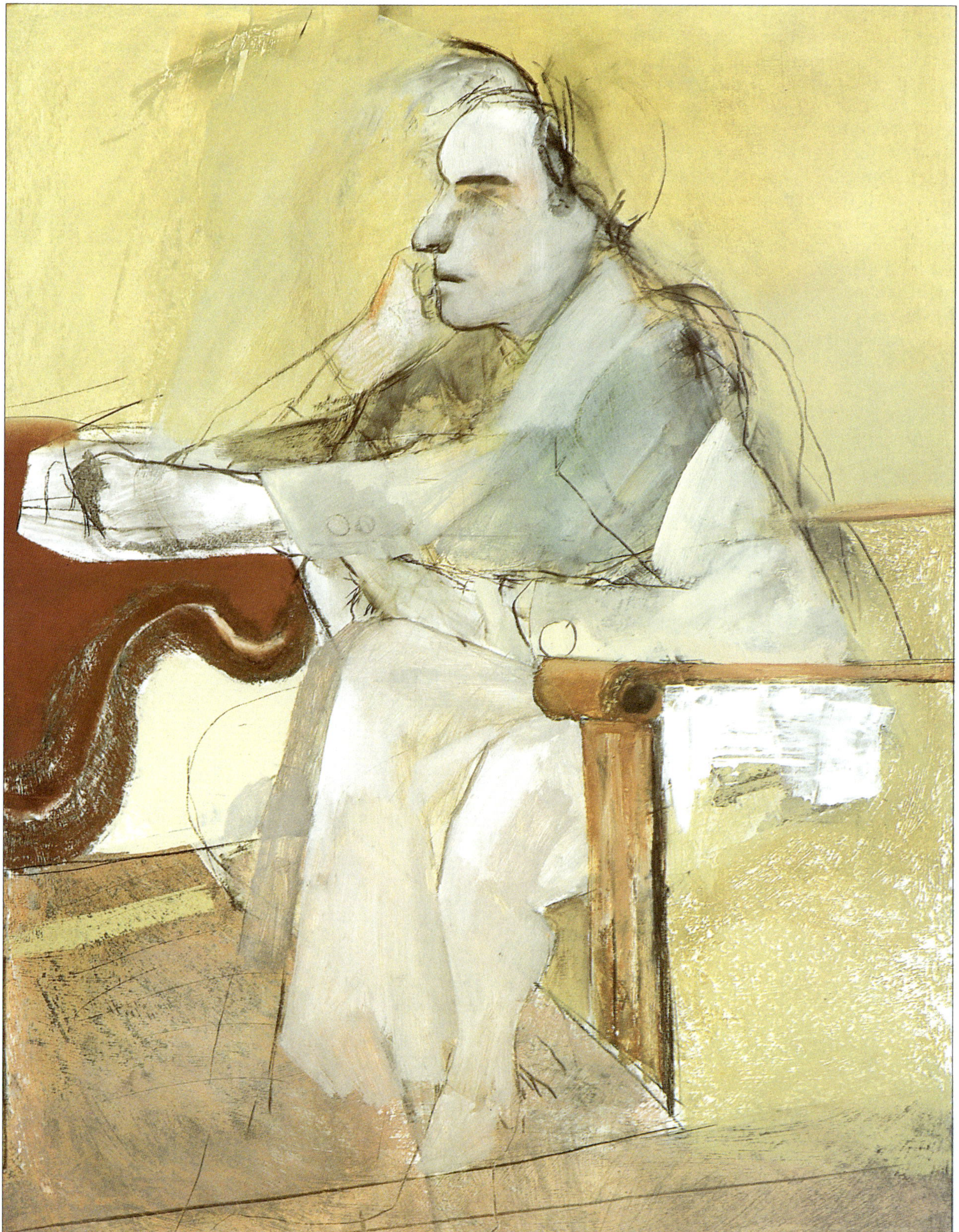

Almudena Carreño: Ein Kopf

Die Arbeit mit Pigmenten

Die Arbeitsweise der Malerin Almudena Carreño zeichnet sich durch handwerkliche Sorgfalt im Umgang mit dem Material und eine klare einfache Konzeption für das Werk aus. Die Künstlerin stellt ihre Farben selbst her und bewahrt sie nicht bis zur nächsten Sitzung auf. Sie wählt also jeweils genau die richtige Menge. Das Herstellungsverfahren ist einfach: Sie gibt die Pigmente auf die Palette, fügt das Acryl-Malmittel hinzu und mischt beides mit dem Pinsel.

Das vorliegende Werk wird sie wie üblich auf Pappe anfertigen. Es handelt sich um graue Malpappe ohne Grundierung, da das fertige Bild matt sein soll.

Das Thema ist ein Frauenkopf, der häufig in Almudena Carreños Werk auftaucht. Die Künstlerin malt ihre Köpfe aus dem Gedächtnis und untersucht während der Arbeit unterschiedliche Ausdrücke. Die Farbe und die Farbenharmonie tragen wesentlich zur endgültigen Ausdruckskraft bei.

185

Abb. 185. Die Malpappe, die als Untergrund für diese Übung dient, ist ziemlich porös. Anstatt sie zu grundieren oder sonstwie zu versiegeln (zum Beispiel mit Gesso), überzieht die Künstlerin sie mit neutraler grauer Acrylfarbe. Diese Untermalung isoliert nicht so stark wie Gesso, reicht jedoch für Almudena Carreños Zwecke aus.

Abb. 186: Auf dieser Grundlage arbeitet die Künstlerin. Der neutrale Ton eignet sich sehr gut für die vorgesehene warme Farbgebung.

Untergrund und Zeichnung

Zunächst überzieht Almudena Carreño die Pappe mit einer grauen Untermalung, die den Farben Einheit verleiht und die Saugkraft des Malgrunds verringert. Bei der Arbeit auf nicht grundierter Pappe trocknen die Farben sehr schnell. Kurz nach Anlage des Unter-

Abb. 187: Mit den ersten Zeichenstrichen umreißt sie das Oval des Gesichts, den Hals sowie einen Teil der Schultern entsprechend den Proportionen des Formats. Die Zeichnung besteht aus weichen, schematischen Kohlestrichen.

186

187

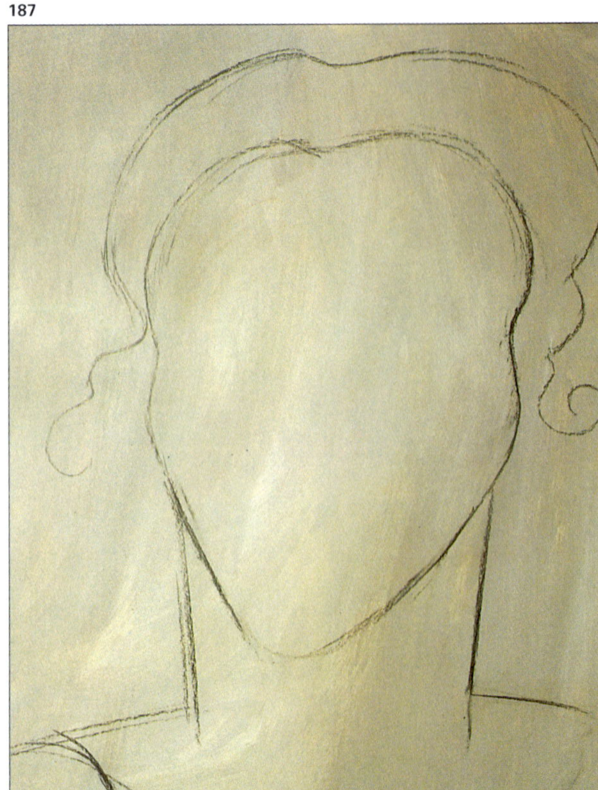

grunds kann die Malerin mit der Vorzeichnung beginnen. Es handelt sich um eine schlichte Kohlezeichnung aus klaren, gut verteilten Linien. Almudena beginnt mit dem Oval für das Gesicht, den Umrissen für den Hals sowie einigen Andeutungen für die Bluse und das Haar. Anschließend legt sie die Nase und den Mund an. Diese wenigen Striche genügen ihr zum Malen.

Um die Eingangszeichnung zu fixieren zieht die Künstlerin die Linien mit dunkler Farbe nach. Das Ergebnis sind ziemlich dicke Umrisse, die während des Malens als Leitfaden dienen, im Laufe der Arbeit aber mit Farbe abgedeckt werden sollen.

Der Ausdruck

Bei der Darstellung eines Gesichts aus dem Gedächtnis kann der Ausdruck leicht zu allgemein und unpersönlich werden oder zu traditionell ausfallen. Bei Almudena Carreño besitzen die Gesichter stets einen bestimmten Charakter, obwohl sie sich mit keiner lebenden Person identifizieren lassen. Das ist eine besondere Gabe der Künstlerin, die sie nutzt, ohne zu übertreiben; das heißt, ohne dem Ausdruck zuviel Gewicht zu verleihen, was zu einem unglaubwürdigen Ergebnis führen könnte. Die Anlage der Farbe ist die natürliche Fortsetzung dieser Arbeitsweise.

188

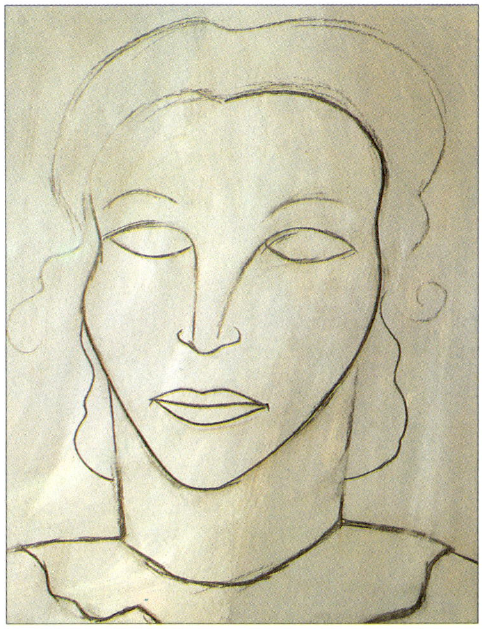

Abb. 188: Die Künstlerin hat die Gesichtszüge angelegt. Der Zeichenstil ist linear und stilisiert. Die Malerin strebt keine realistische Darstellung an, sondern die Harmonie der Formen.

189

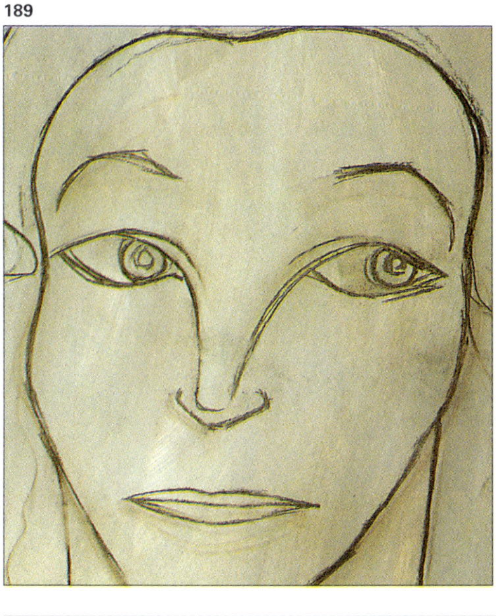

Abb. 189: Die Pupillen und die Details erhalten dieselbe Stilisierung wie die restliche Zeichnung. Die Linien sind korrekt, ohne übermäßige und unnötige Ausarbeitung.

190

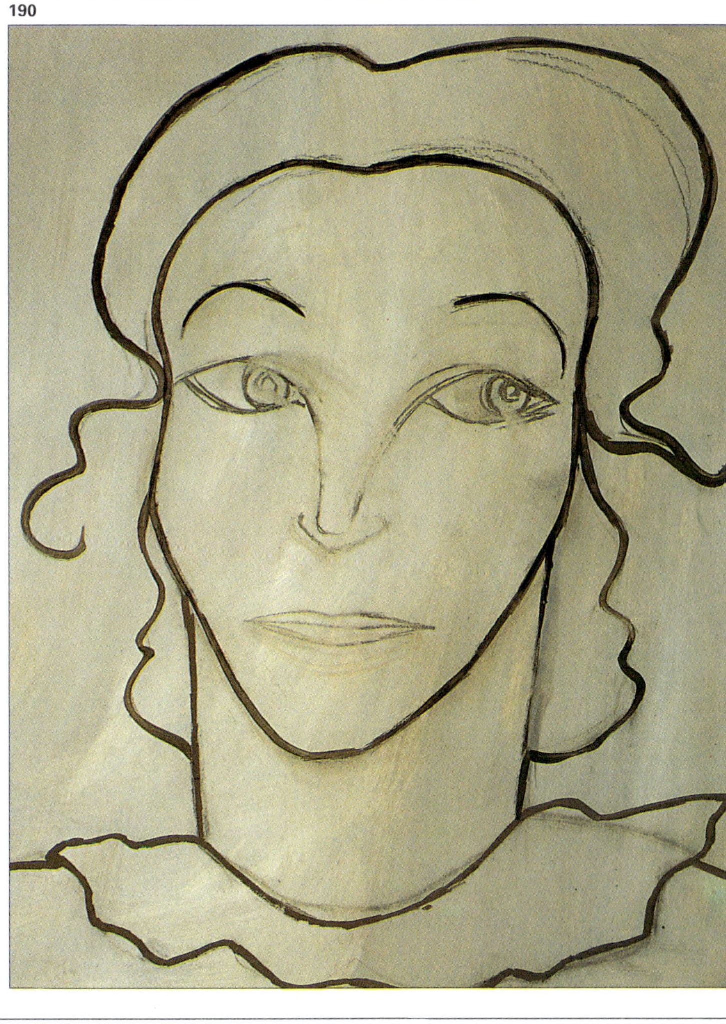

Abb. 190: Nachdem die Kohlezeichnung abgeschlossen ist, überarbeitet die Künstlerin die Linien mit einem feinen Pinsel und einer Farbmischung aus Braun und Schwarz. Diese zweite Zeichnung wird ihr während des ganzen Malens als Leitfaden dienen.

Eine reduzierte Farbenskala

Mit derselben dunklen Farbe wie für die Zeichenlinien malt die Künstlerin das Haar und deckt es vollständig ab. Das Schwarz ist nicht ganz gleichförmig, sondern enthält unterschiedliche Nuancen und Farbstärken, die sich aus der jeweiligen Verdünnung ergeben. Die Farbstärken, die nicht extra gesucht werden, sondern sich während des Malens ergeben, deuten Volumen an und verhindern, daß die Formen völlig flach wirken. Andererseits ist es interessant, daß die dritte Dimension auch durch die Haarwellen und die Locken entsteht, die keine geraden Linien aufweisen.

Die Palette der Künstlerin ist ziemlich reduziert. In einem Werk, das sich auf die Linie und den Umriß stützt, könnte zuviel Farbe der Harmonie der Zeichnung schaden. Die Künstlerin muß ihre Palette begrenzen, damit die Umrisse erhalten bleiben und einen Eigenwert bekommen.

Almudena malt die Fleischfarben mit Ocker und Weiß. Sie mischt die Töne auf dem Malgrund und fügt mehr oder weniger Weiß hinzu, um leichte Nuancen zu erhalten und völlig gleichförmige Farben zu vermeiden. Die Wangen sind etwas heller als das übrige Gesicht und deuten eine gewisse Ausarbeitung an. Nichts darf übertrieben werden, denn wie das Haar stützt sich alles hauptsächlich auf die Konturen, so daß man kaum zu anderen Mitteln greifen braucht.

Daß die Zeichenlinien genügend Ausdruckskraft für das Volumen besitzen, erkennt man an der Nase, deren Bögen in den Augen fortgesetzt werden. Sie entsprechen nicht der realen Form, sondern sollen die vorspringende Ebene für die Nase darstellen. Sie drücken bereits das Volumen aus, so daß die Farbe hier nicht übermäßig eingreifen darf.

191

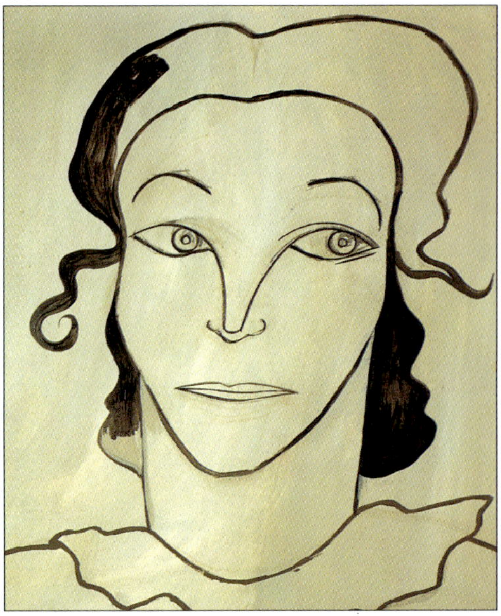

Abb. 191: Die Künstlerin malt nun die Fläche für das Haar, die durch die schwarzbraunen Linien klar begrenzt wird. Die Farbe bildet einen intensiven Kontrast zu der grafischen Qualität der Zeichnung. Dieser Mangel an Ausarbeitung und Farbnuancen entspricht dem flachen Stil der Malerin.

192

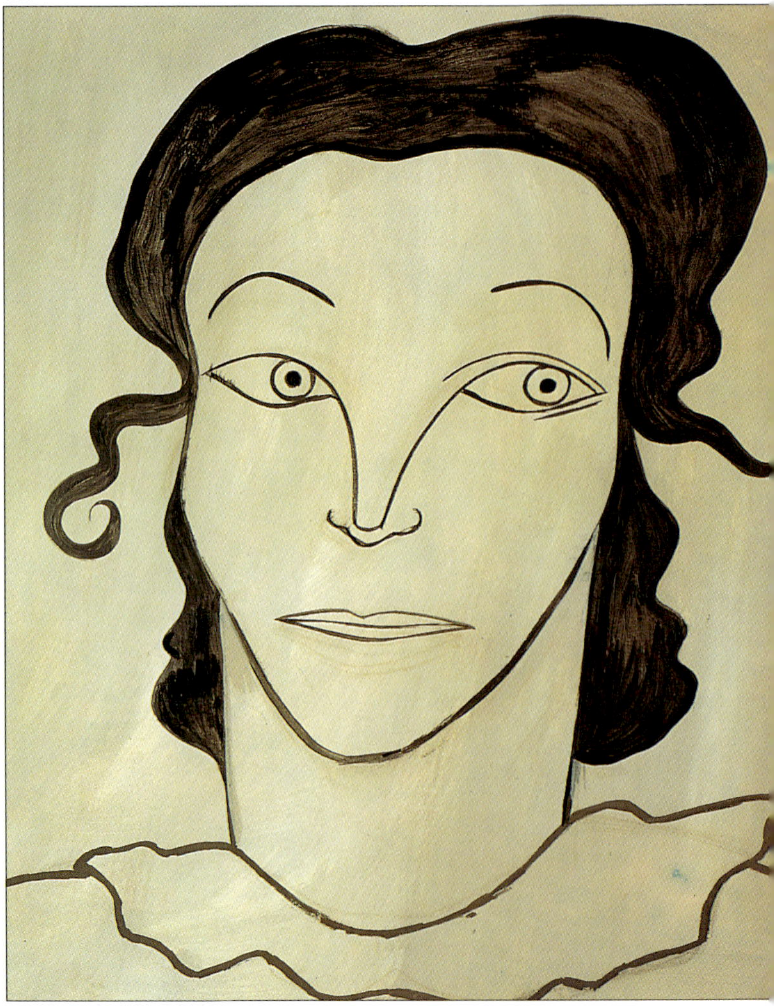

Abb. 192: Das Haar ist jetzt vollständig mit Farbe bedeckt. Die schwarzen Pupillen wurden ebenso gemalt. Die Darstellungsweise ist schlicht und wird von der absoluten Sicherheit der Künstlerin über das gewünschte Ergebnis bestimmt.

Die Arbeit nach Abschnitten

Die Künstlerin hält sich nicht an die übliche Arbeitsweise der Porträtmaler. Sie beginnt nicht mit den allgemeinen Farbflecken und der chromatischen Harmonie und baut die Besonderheiten der Formen darauf auf, sondern geht von einer klaren Vision der sauber begrenzten Farbzonen aus, die mit den einzelnen Teilen der Gestalt – Gesicht und Hals, Haar und Bluse – sowie dem Hintergrund übereinstimmen. Das gesamte Problem der Harmonisierung reduziert sich auf eine attraktive Verbindung der vier Zonen, die getrennt behandelt werden. Wegen der leichten einfühlsamen Nuancierung der Farben und der zeichnerischen Details, welche die Farbflächen beleben, wirkt das Bild weder ärmlich noch schematisch.

193

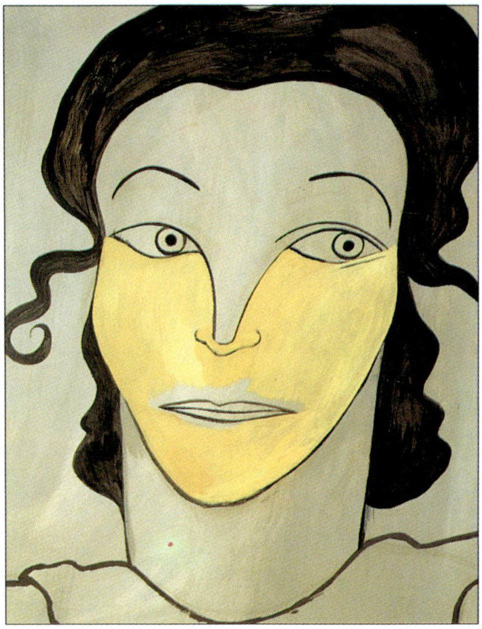

Abb. 193: Almudena Carreño bearbeitet jetzt das Gesicht der weiblichen Gestalt. Die Farbe besteht aus gelblichem Ocker, den sie ebenfalls flach und ohne Nuancen aufträgt. Die Absicht, keinesfalls realistisch zu malen, geht auch aus der Farbe hervor.

194

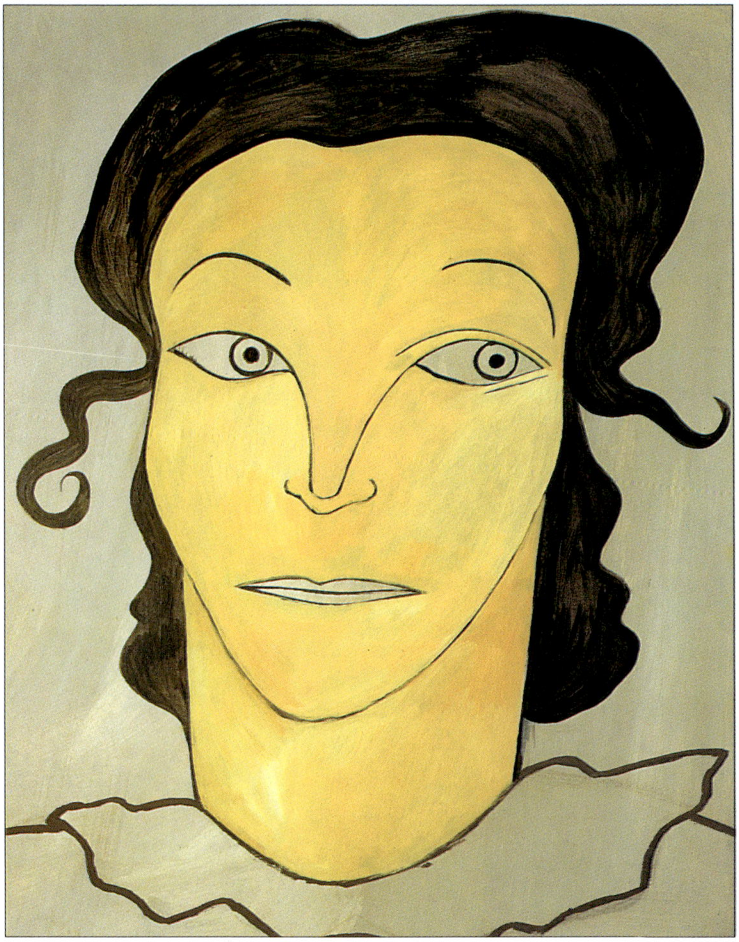

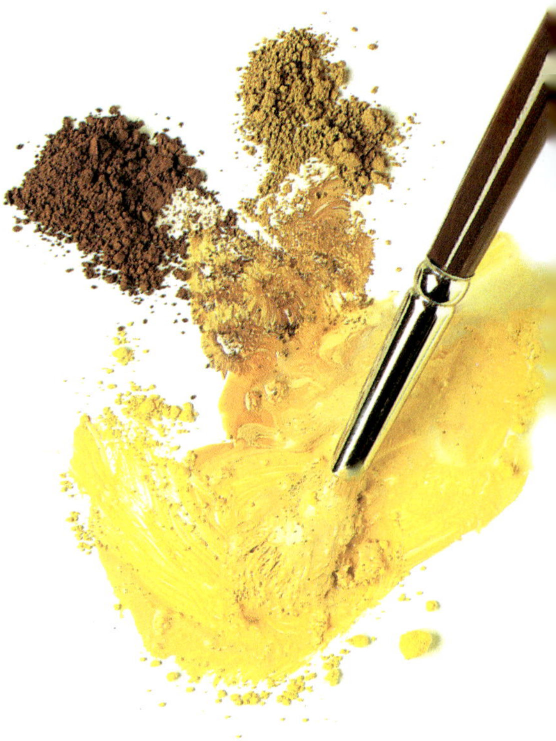

Abb. 194: Alle Fleischfarben sind bereits angelegt. Die Farbstärke ist nicht überall gleich. Einige Stellen des Ocker wurden mit Weiß aufgehellt, andere abgeschattet. Obwohl diese Variationen nicht den normalen Gesichtszügen entsprechen, verleihen sie dem großen Farbfleck Anmut.

195

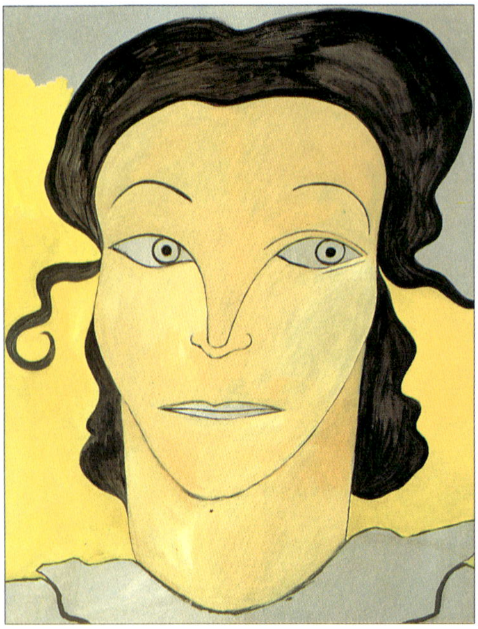

196

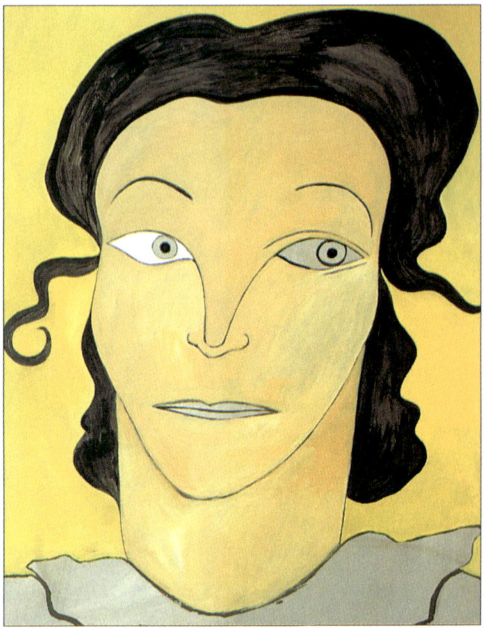

Abb. 195 und 196: Die Künstlerin legt dann den Hintergrund ebenfalls mit Ocker an. Im Gegensatz zum Gesicht wirkt er jedoch erheblich kälter und etwas grünstichiger. Anschließend malt sie die Augen mit Weiß. Diese schlichte Malweise genügt, um dem Gesicht Ausdruck zu verleihen.

Abb. 197: Das Weiß der Augen sorgt für eine unerwartet koloristische Belebung. Die Nuancen sind äußerst schlicht und unkompliziert, reichen jedoch, um eine ebenso zarte wie energische Harmonie zu erzeugen.

197

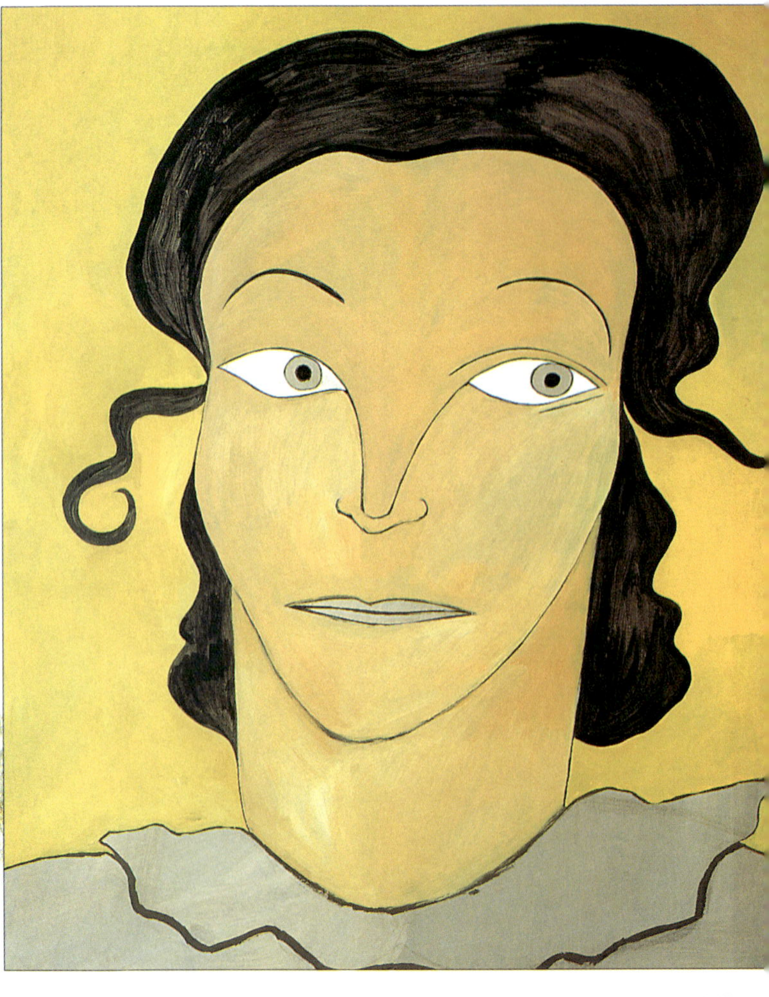

Der Hintergrund

Die Künstlerin beginnt den Hintergrund in einem Ton aus Ocker, der erheblich stärker gesättigt ist als für das Gesicht. Dabei respektiert sie die Haarwellen und hält an den Umrißlinien inne. Sie vermeidet einen übermäßigen Kontrast zur Gesichtsfarbe, um diese nicht zu stark innerhalb ihrer Begrenzungen zu isolieren.

Die Arbeit schreitet relativ langsam voran. Alle Zonen werden sorgfältig mit Farbe abgedeckt. Die Künstlerin arbeitet nicht mit viel Farbe, sondern stellt die benötigte Menge jeweils bei Bedarf her.

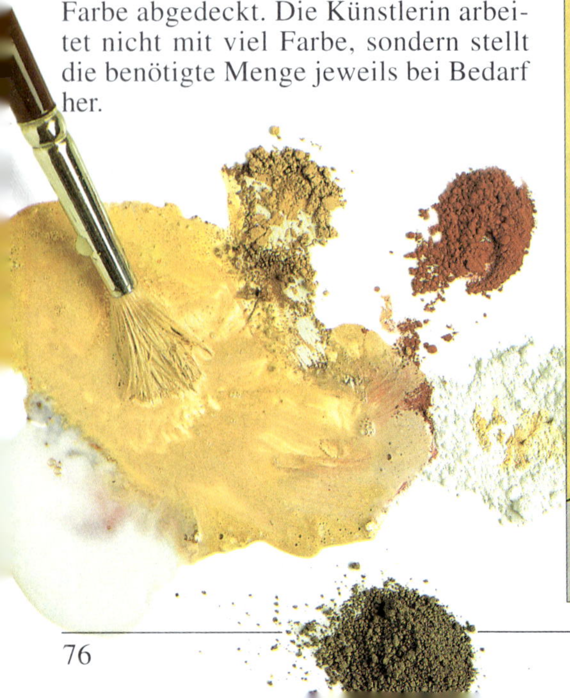

Die Gesichtszüge

Almudena befaßt sich nun mit den Gesichtszügen, zunächst mit den Augen, deren Inneres sie weiß ausmalt. Das mag ein naiver Zugriff aus den Porträts des Impressionismus sein, paßt aber hervorragend zum Stil der Künstlerin, der Besonderheiten jeder Art innerhalb der begrenzten Farbenskala erlaubt. Auch die schwarzen Kreise für die Pupillen gehören dazu.

Die Malerin fährt fort mit der Bereicherung der Farbe und der Form des Gesichts. Dafür fügt sie weitere Linien unter den Augen hinzu und sorgt für Nuancen innerhalb der Nase. Für die Linien verwendet sie Siena, das Volumen bzw. Schatten suggeriert (im oberen Abschnitt der Nase). Die Arbeitsweise beweist, daß die Künstlerin eine schematische Ausarbeitung ähnlich der einer Statue anstrebt, die nicht naturalistisch sein kann, da das Werk nicht so geplant ist. Die Absichten der Malerin sind deutlich zu erkennen: Sie möchte ein Werk schaffen, in dem die Arabeske der Linie den Vorrang hat, ohne es auf das Schema einer kolorierten Zeichnung zu reduzieren.

Die Ausarbeitung des Gesichts

Was wie eine ziemlich traditionelle Ausarbeitung begann, hat sich in ein geniales Spiel von Formen und Farben verwandelt, das den Gesichtsausdruck belebt. Die Ränder unter den Augen belasten diesen Ausdruck nicht, sondern verstärken ihn mit ihren rosigen Nuancen. Die Malerin bereichert das Bild mit weiteren kleineren Formen, die an dem ornamentalen Spiel teilnehmen. Jeder Versuch einer realistischen Darstellung wäre zum Scheitern verurteilt, denn er widerspräche dem Ansatz des Bildes. Dieser Ansatz läßt sich bis zu einem gewissen Grad mit einer Karikatur vergleichen, die zwar eine Charakterisierung anstrebt, aber keine genaue Ähnlichkeit.

198

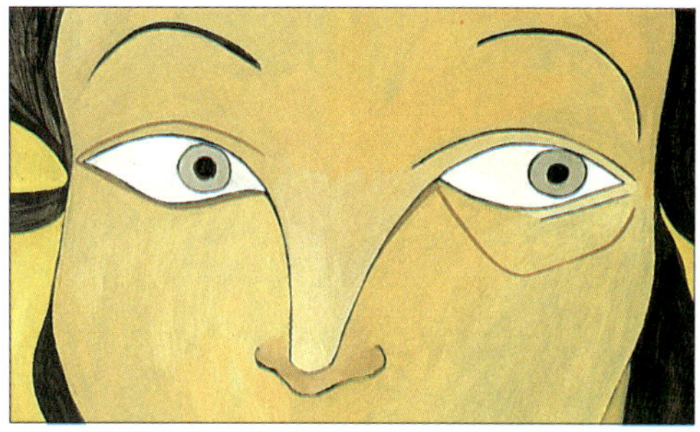

199

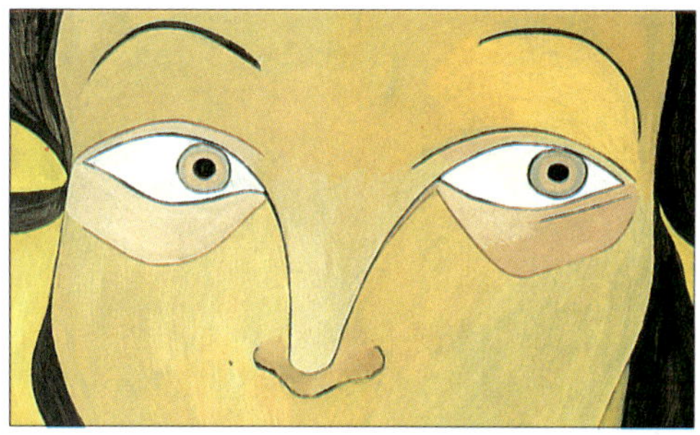

Abb. 198 und 199: Um die Ausdruckskraft der Augen zu unterstreichen, zeichnet die Künstlerin einige Linien für die typischen Ränder. Da diese Details äußerst stilisiert bleiben, belasten sie den Ausdruck nicht mit einer naturalistischen Darstellung, sondern verleihen dem Blick zusätzliche Intensität.

Abb. 200: Die Farbe des Gesichts hat ihre Gleichförmigkeit verloren. Sie ist nicht mehr ganz flach, sondern weist Akzente und Variationen auf, die der Gestalt Leben verleihen. Die Rosa-, Orange- und Gelbtöne sorgen für ein gewisses Volumen und bereichern vor allem die Farbenharmonie.

200

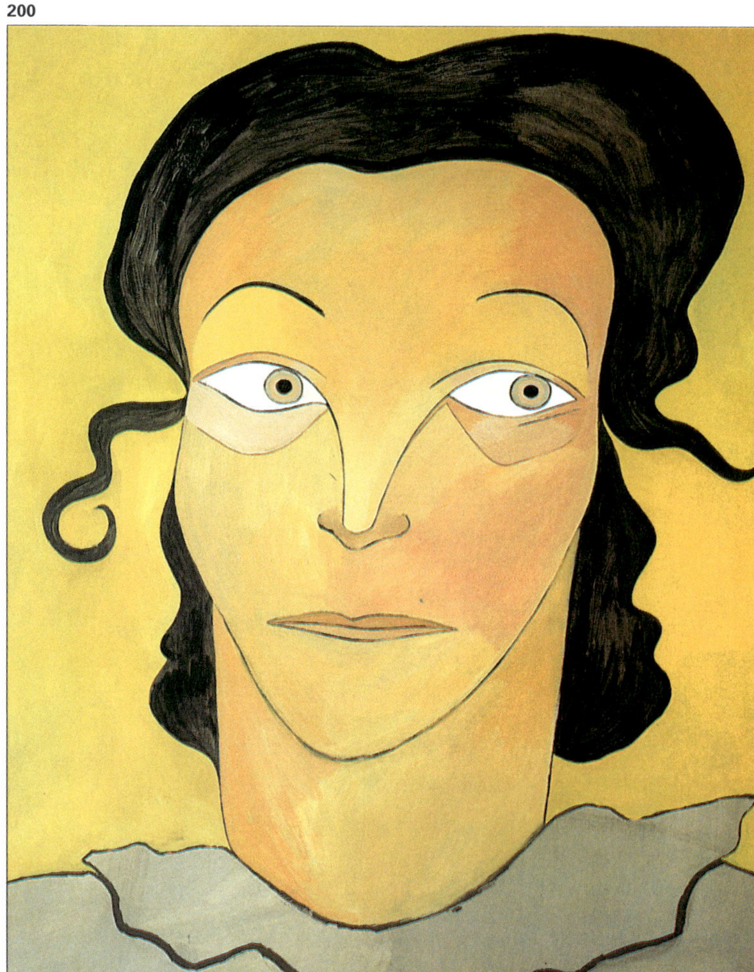

201

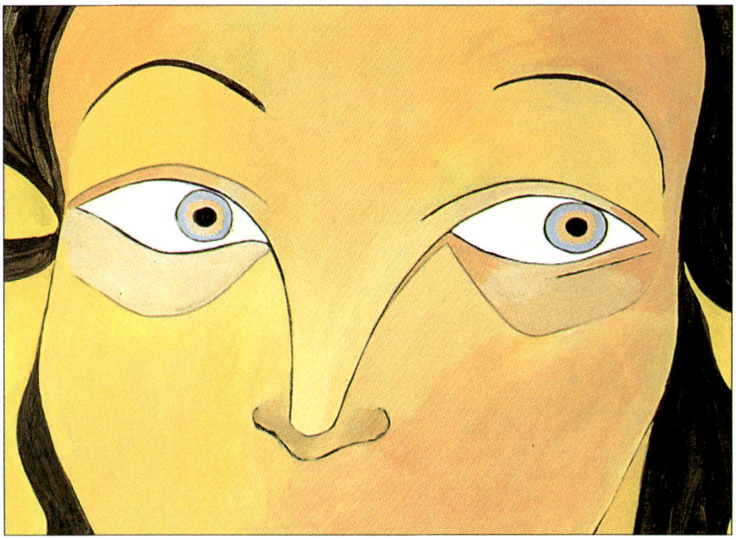

Die Abschlußarbeiten für das Werk

Die Künstlerin hat die Ausarbeitung des Gesichts fortgesetzt. Interessanterweise hat sie auch einige Stellen bereichert, die keine weiteren Retuschen zuzulassen schienen. Mit ihrer Sensibilität für die Farbe hat sie Rosa und Gelb aufgenommen, ohne die Kontinuität der Gesichtsfläche zu beeinträchtigen. Die neuen Nuancen beleben das Werk auf malerische Weise. Eine ähnlich zarte Behandlung haben die Augen erfahren, die jetzt leicht modelliert wirken. Sie erinnern an die feierliche Starre von Gestalten in romanischen Werken, denen Almudena Carreños Kunst vielleicht am meisten ähnelt. Wie in den romanischen Fresken behandelt sie ihr Gesicht ideographisch, also mit Zeichen, die auf die Realität hindeuten, aber einen unabhängigen ornamentalen Eigenwert besitzen. Die Farbe sorgt für Sinnlichkeit und bereichert das Bild spürbar. Das ist nicht verwunderlich, denn die Malerin fertigt auch Fresken an und kennt die plastischen Gesetze dieser Technik.

Zum Abschluß malt die Künstlerin mit Hellblau die Bluse. Diese Komplementärfarbe zu den Gelbnuancen, auf die sich das Werk stützt, sorgt für einen farblichen Lyrismus, der perfekt zu dem Bild paßt.

Die Acrylfarben wurden in diesem Werk äußerst schlicht und ökonomisch eingesetzt. Unserer Ansicht nach stellt es ein perfektes Beispiel für die Möglichkeiten des Mediums in aller Natürlichkeit dar.

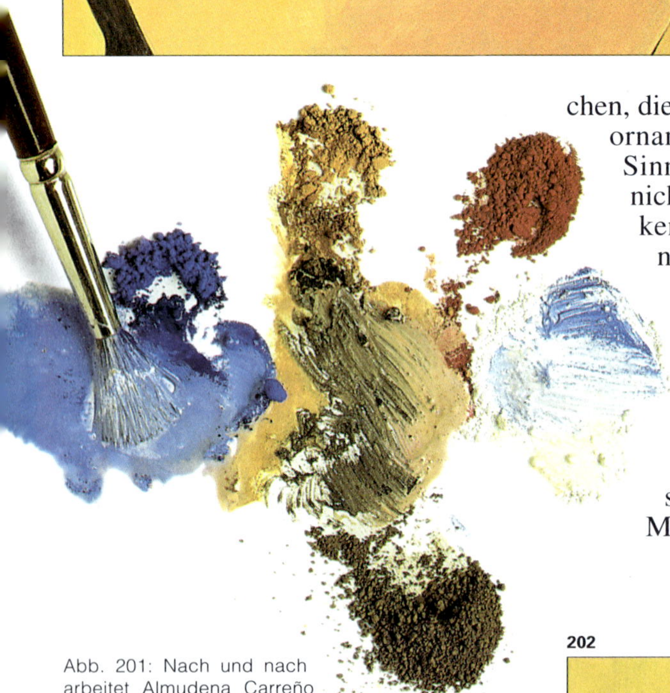

202

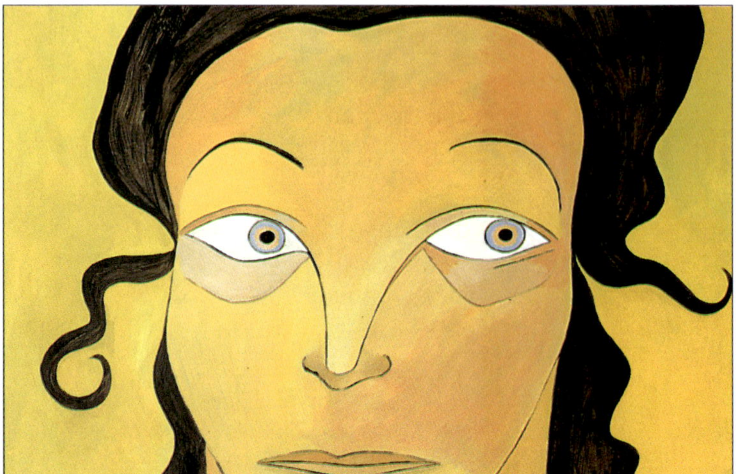

Abb. 201: Nach und nach arbeitet Almudena Carreño die Farbe weiter aus und sucht nach Nuancen, um die subtilen Kontraste zu verstärken. Die Augen schließt sie mit sanftem Blau ab. Dadurch erhöht sich deren Vorrangstellung im Bild und deren beinahe feierliche Starre.

Abb. 202: Die Nuancierung geht unablässig weiter, und die Farbe wird immer subtiler. Das Blau des Blusenkragens sorgt für einen angenehmen Kontrast innerhalb der warmen Harmonieskala des Werkes.

Abb. 203: Das fertige Ergebnis besitzt große farbliche Subtilität, die von der Harmonie der Zeichenlinien verstärkt wird. Die Künstlerin hat diese Harmonie bis zum Schluß durchgehalten und eine nuancenreiche Farbgebung sowie eine diskrete Ausarbeitung erreicht, die verhindern, daß die Gestalt zu flach wirkt. Die Starre des Ausdrucks gehört zur Anmut des Werkes. Ein perfektes Beispiel für ein Acrylbild aus schlichten zarten Farben.

203

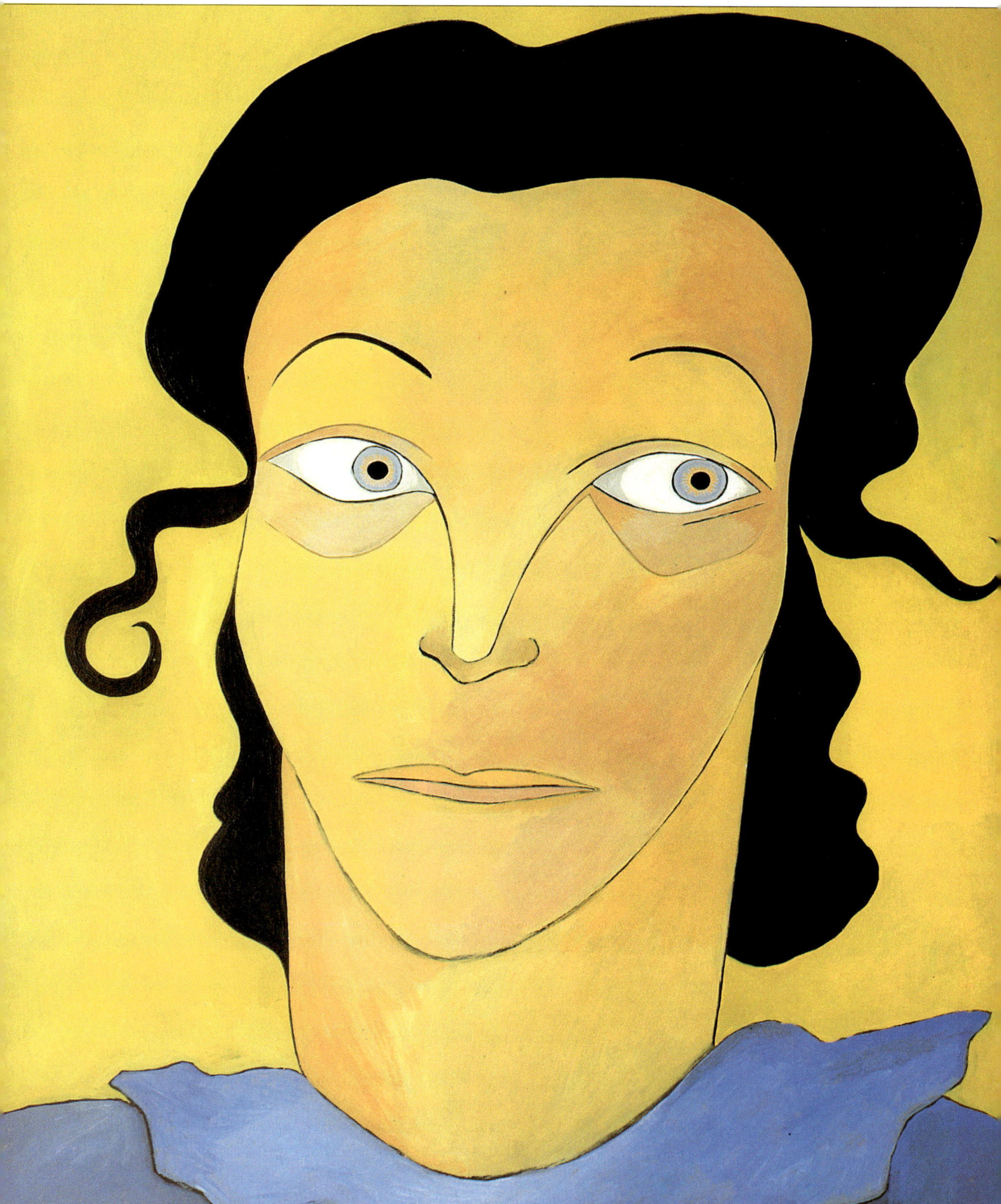

Jordi Homar: Mischtechnik mit Öl- und Acrylfarben

204

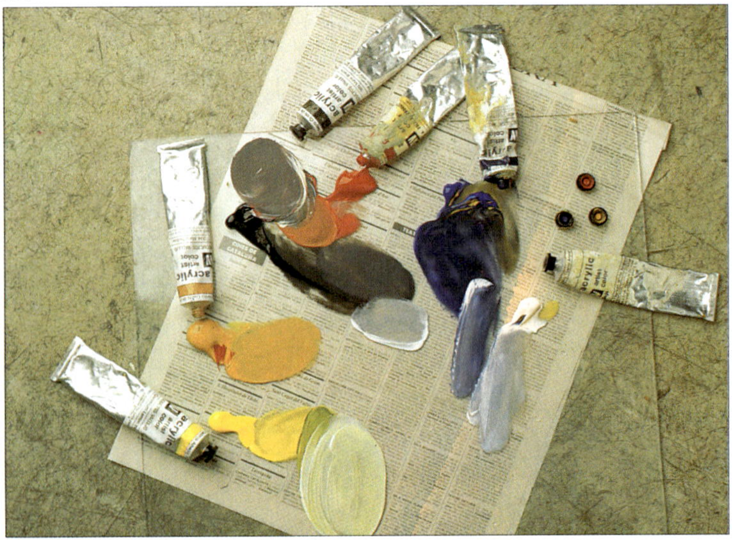

205

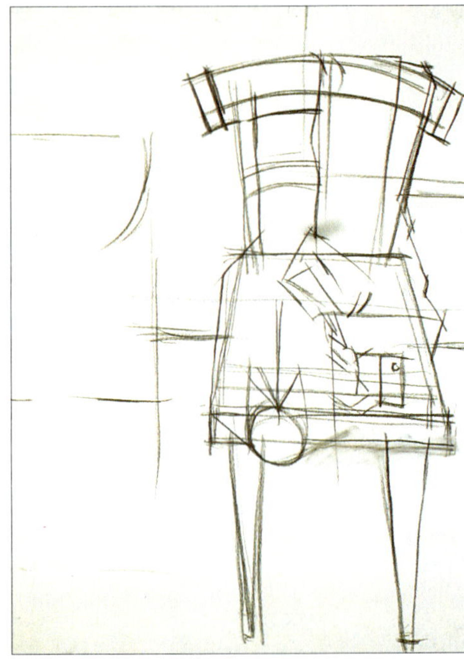

Eine umstrittene Technik

Von der Unvereinbarkeit von Ölfarben und Acrylfarben in Mischungen und unmittelbaren Kombinationen war bereits ausgiebig die Rede. Acrylfarben haften nicht gut auf Ölfarben, weil diese selbst nach dem vollständigen Trocknen noch leicht ölig sind oder zumindest eine undurchdringliche Oberfläche besitzen. Die Acrylfarben werden zwar trocken, doch diese Farbschicht löst sich anschließend wie eine abgestorbene Haut wieder ab.

Umgekehrt kann man mit Ölfarben gut auf getrockneter Acrylfarbe malen. Ölfarben haften praktisch auf jeder Oberfläche, selbst auf Glas. Die Acrylfarbe bildet hier keine Ausnahme. Die Ölfarbe hält perfekt.

Kürzlich haben Fachleute die Haltbarkeit eines Werkes in Öl auf einer Acryluntermalung in Frage gestellt. Dabei ging es nicht um die Haftung der Farbe, sondern um ein anderes Phänomen: Die getrocknete Acrylfarbe behält eine gewisse Elastizität bei, was bei Ölfarben nicht der Fall ist. Jede Bewegung der Leinwand (zum Beispiel das Schrumpfen oder Dehnen aufgrund von Feuchtigkeit) oder kleinste Ausdehnungen bzw. Kontraktionen aufgrund der Temperatur ist für Acrylfarben harmlos, nicht jedoch für die Ölschicht, die dabei reißen kann.

Für Jordi Homar hatte dies bisher keine große Bedeutung, denn er hat mit seiner Mischtechnik gute Ergebnisse erzielt. Trotzdem fühlen wir uns verpflichtet, auf diesen Umstand hinzuweisen. Sehen wir nun, mit welchem Verfahren unser Künstler eine persönliche Interpretation seines Stillebens anstellt.

206

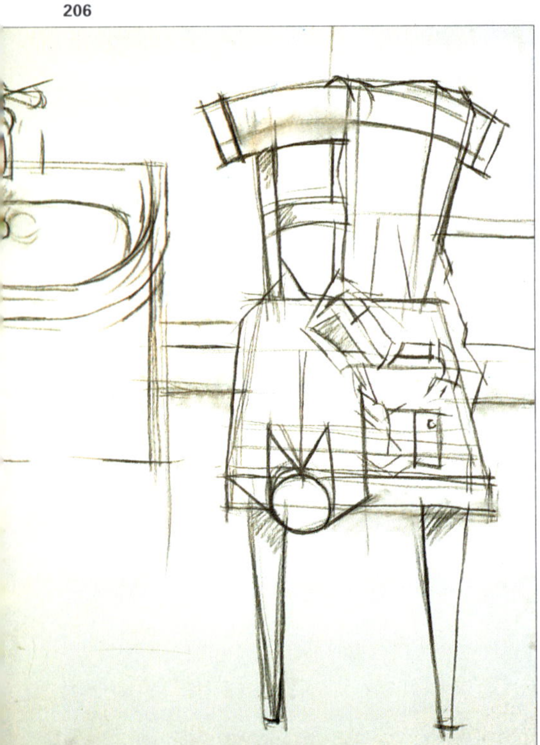

Abb. 204: Dieses Werk hat Jordi Homar mit Acryl- und Ölfarben gemalt. Von einer Mischtechnik kann man trotzdem nicht sprechen, weil die beiden Verfahren sich nicht mischen lassen. Der Künstler legt mit Acrylfarben die Harmonieskala fest und arbeitet nach dem Trocknen der ersten Schicht mit Ölfarben weiter.

Abb. 205: Der Maler beginnt sein Werk mit einer Kohlezeichnung, in der senkrechte und waagerechte Linien dominieren. Sie bilden eine Art linearen Rahmen, in den sich die Elemente der Komposition perfekt einfügen.

Abb. 206: Hier die fertige Zeichnung. Es handelt sich um eine stark strukturierte Arbeit, in der die Elemente zu mehr oder weniger geometrischen Formen reduziert und harmonisch auf der Leinwand verteilt wurden. Die Formen sind flach, um der Farbkraft die volle Gestaltungsmöglichkeit zu lassen.

207

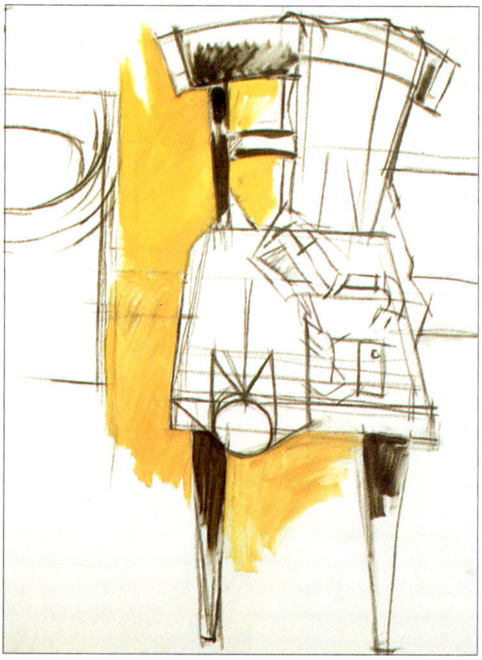

Kompositorische Phantasie

Jordi Homar ist erfinderisch. Er geht von der Wirklichkeit aus, löst sich jedoch davon und läßt alles weg, was keinen rein chromatischen oder linearen Wert besitzt. Dabei scheut er sich nicht, gegen einige Konventionen wie die Perspektive oder das Helldunkel zu verstoßen. Das Ergebnis ist immer ein malerischer Treffer. Heute besteht sein Thema aus einem Stuhl mit Kleidungsstücken in einem Bad. Das Bad ist ein ziemlich abstrakter Raum, von dem man nur ein Fenster und ein Waschbekken sieht. Der Maler wird eine Version wie aus dem Gedächtnis davon anfertigen und die Formen und Farben scharf begrenzen, um ihnen eine neue Gliederung zu geben.

Zeichnung und Farbe

Der Künstler beginnt den Aufbau mit dicken Kohlestrichen und gibt die Begrenzungen der Elemente und die Hauptlinien der Komposition an. Die Zeichnung hält sich ganz natürlich an die Geometrie, an Senkrechte und Waagerechte, also an die klar gegliederte Struktur des Raums.

Jordi Homar hält sich nicht lange bei der Eingangszeichnung auf. Nachdem er die Hauptelemente angelegt hat, deckt er die Leinwand mit Acrylfarben ab. Er beginnt mit den Ockernuancen für das Umfeld des Stuhls und tiefem Dunkelbraun für das Holz. Aus der Mischung der Farben mit der Zeichenkohle entstehen verschmutzte Töne, die jedoch angenehm für das Auge sind und die farblichen Möglichkeiten bereits andeuten.

Die ersten Ockernuancen sollten keineswegs endgültig sein. Bei der Arbeit aus dem Gedächtnis mit Acrylfarben hat man den Vorteil, daß man alles verändern und übermalen kann. Der spätere Prozeß ist niemals unwiderruflich gefährdet.

Abb. 207: Die ersten Farbflecken werden auf den Hintergrund getragen. Es ist jedoch nicht die endgültige Farbe. Im Augenblick sollen nur die Formen durch das Umfeld gut begrenzt werden. Die Mischung von Zeichenkohle mit Ocker ergibt einen schmutzigen Ton voller Nuancen.

Abb. 208: Die Eingangsfarbenskala ist warm und besteht aus Erdfarben. Ocker und Braun dominieren, so daß das Bild beinahe einfarbig wirkt. Der Vorteil der Arbeit mit so wenig Tönen liegt darin, daß die erste Ausarbeitung der Elemente erheblich erleichtert wird.

208

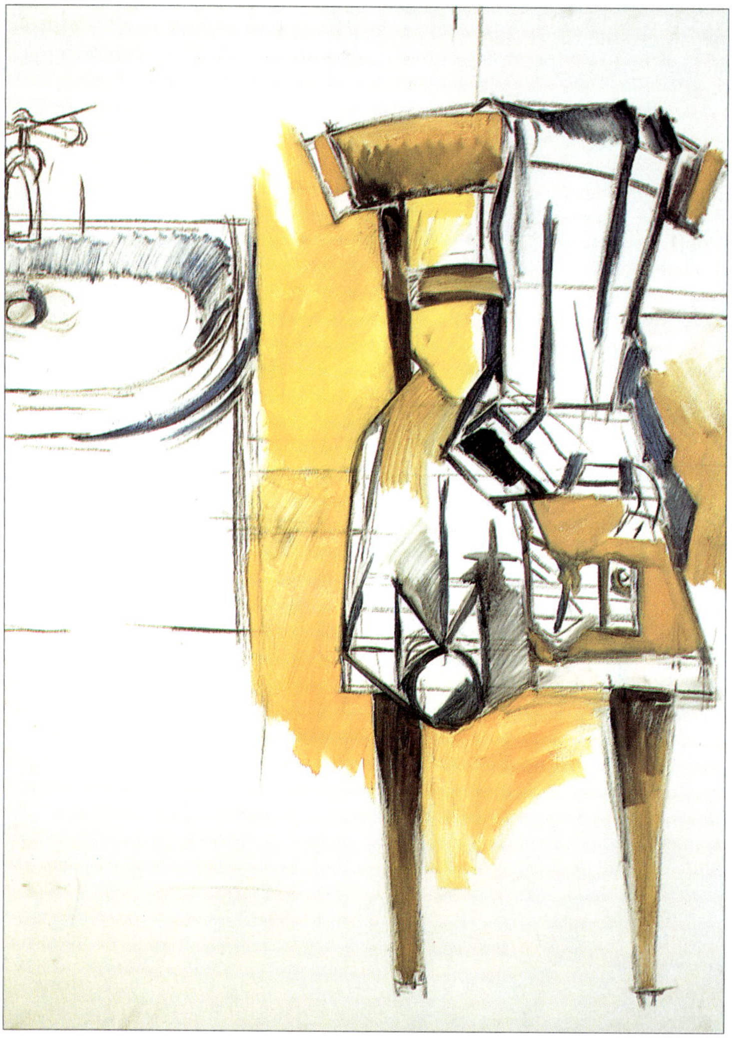

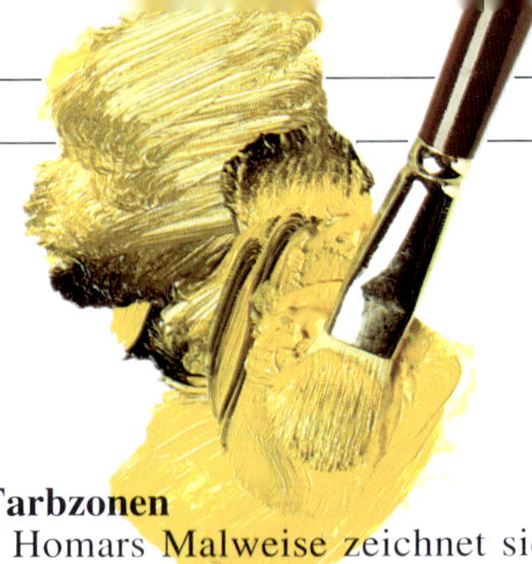

209

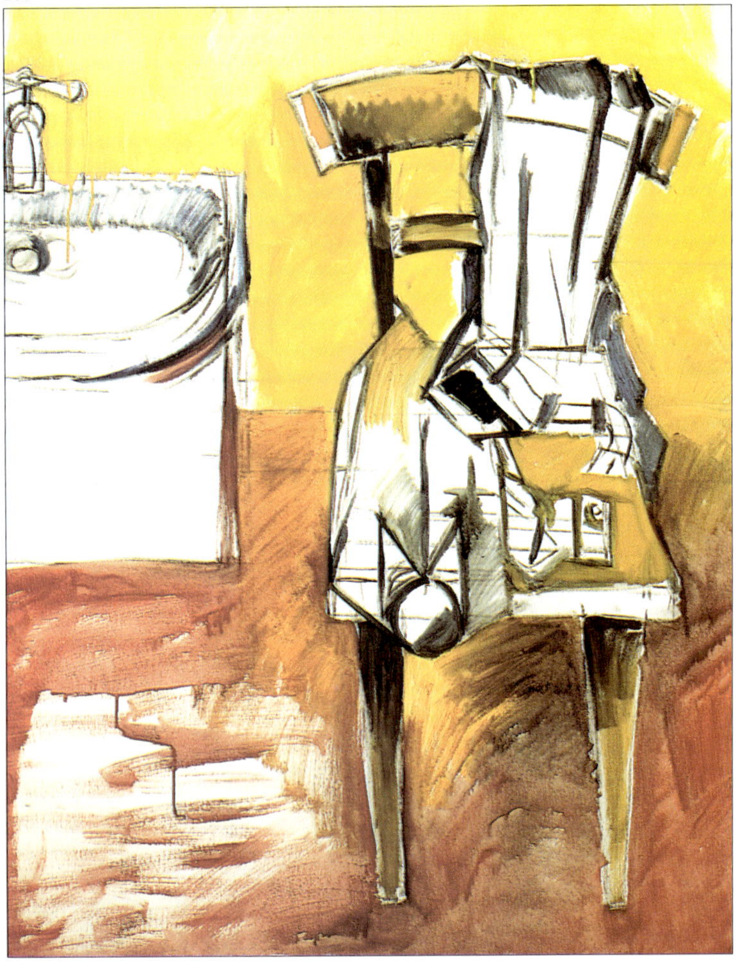

Die Farbzonen

Jordi Homars Malweise zeichnet sich durch eine geordnete Aufteilung der großen Farbflächen aus. Diese Farbzonen sind optisch flach. Das heißt, sie weisen weder Perspektive noch Tiefe auf, sondern liegen nebeneinander und erzeugen durch ihren starken Farbkontrast den Eindruck eines Raums, in dem sich die Elemente befinden. Der erste große Kontrast, den der Maler schafft, besteht aus dem Rot des Bodens mit dem Gelb des Hintergrunds. Das Rot ist in Wirklichkeit eine Kombination aus unterschiedlichen Rotnuancen, die von Kadmiumrot bis Granatrot im dunkelsten Schatten reichen. Das Gelb hat einen Grünstich, so daß eine gewaltige Spannung aus Komplementärfarben entsteht (Rot und Grün), die jene Räumlichkeit ergibt, von der bereits die Rede war.

Bildelemente und Geometrie.

Wir erkennen, daß alle Elemente des Werkes quasi geometrisch angelegt wurden. Dieser Stilisierung der Form entspricht die Stilisierung der Farben. Deutlicher ausgedrückt: Weder Zeich-

Abb. 209: Die Farbflächen zeichnen sich eindeutig auf der Leinwand ab. Der Rot-Gelb-Kontrast dominiert die Farbenharmonie. Das Gelb und das Rot sind aber nicht völlig gleichförmig. Sie enthalten unterschiedliche helle und dunkle Stellen, welche die Farbe bereichern.

Abb. 210: Das Rot wird mit viel Wasser verdünnt, so daß die zahlreichen Braun- und Granattöne, aus denen es besteht, zu einem einheitlichen Ton verschmelzen.

Abb. 211: Die Helldunkelausarbeitung der grauen Hose kontrastiert mit dem gelben Hintergrund und verstärkt ihre malerische und plastische Qualität.

210

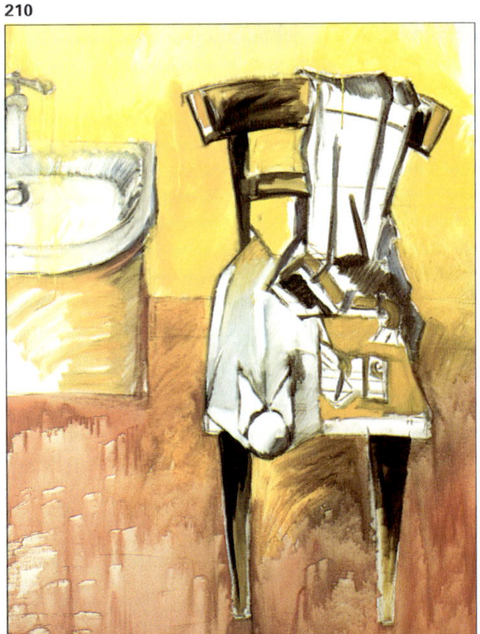

211

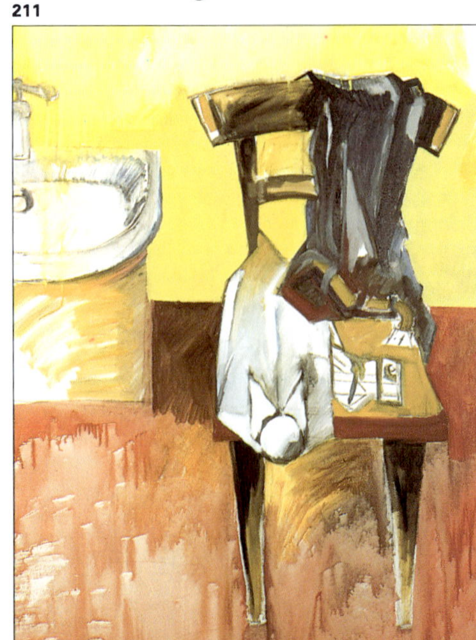

nung noch Farben sind realistisch, sondern stellen eine erweiterte Version der Wirklichkeit dar. Das Waschbecken erscheint zum Beispiel dicht über dem Boden frontal, ist in seinem oberen Abschnitt aber von oben gesehen. Ähnliches geschieht bei dem Stuhl. Diese Darstellungsart stammt aus der kubistischen Malerei und deren Freiheit in bezug auf den Blickpunkt. Jordi Homar malt jedoch nicht kubistisch, sondern übernimmt nur einige Eigenheiten dieses Stils in seine von konkreten Tendenzen unabhängige Malweise.

Die Interpretation

Die persönliche Interpretation der Formen durch den Maler stützt sich auf die Harmonie des Gesamtbildes. Die Formen und die Umrisse der Elemente werden nuanciert und neu geordnet, bis das Werk harmonisch wirkt. Der flache gelbliche Hintergrund und die Falten mit dem Helldunkel der Kleidung ergänzen und verstärken sich gegenseitig.

In der Praxis schreitet das Bild ziemlich rasch und ohne größere Veränderungen fort. Der Maler hält sich stets an die Vorzeichnung; die Veränderungen und Korrekturen betreffen nur die Nuancen. Die Ausarbeitung der Kleidung geschieht vorwiegend durch Aufhellen und Abschatten mit Weiß und Schwarz, aber auch durch Einführung weiterer Farben wie Blau und Grau, die das Helldunkel nuancieren. Das Werk stützt sich auf wenige energische Kontraste. Deshalb darf keine zu große Vielfalt aus unterschiedlichen Tönen entstehen.

Die Stilisierung

Zwar ist die Stilisierung der Formen bereits in der Vorzeichnung enthalten, sie muß jedoch weiter fortgesetzt werden. Die Farbe schafft Ebenen und Flächen und imitiert sie nicht; sie imitiert auch nicht das Material, sondern erzeugt es aus Pinselstrichen neu. Das ist das Grundprinzip eines so abstrakten Malstils wie dem von Jordi Homar. Jedes Element muß einen malerischen Eigenwert erhalten und genügend Kraft besitzen, um sich dem Vorstellungsvermögen des Betrachters einzuprägen.

212

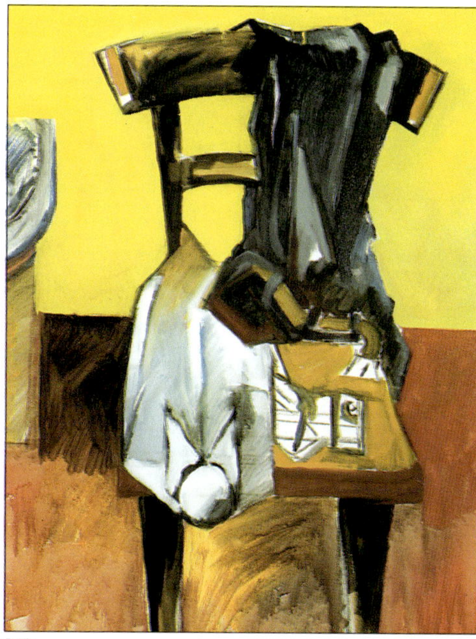

Abb. 212: Alle Kleidungsstücke auf dem Stuhl werden in Helldunkel ausgearbeitet. Das ist ein entscheidender Faktor, denn durch die verschmutzten Farben und sonstigen Nuancen aus Licht und aus Schatten erhält das Werk seine malerische Kraft.

Abb. 213: Jordi Homar hat die Farben bereinigt und alle unnötigen Abstufungen und Pinselstriche beseitigt. Die Komposition und der bildliche Raum sind jetzt erheblich besser zu erkennen. Neben der Kleidung besitzt auch das Waschbecken eindeutig Volumen.

213

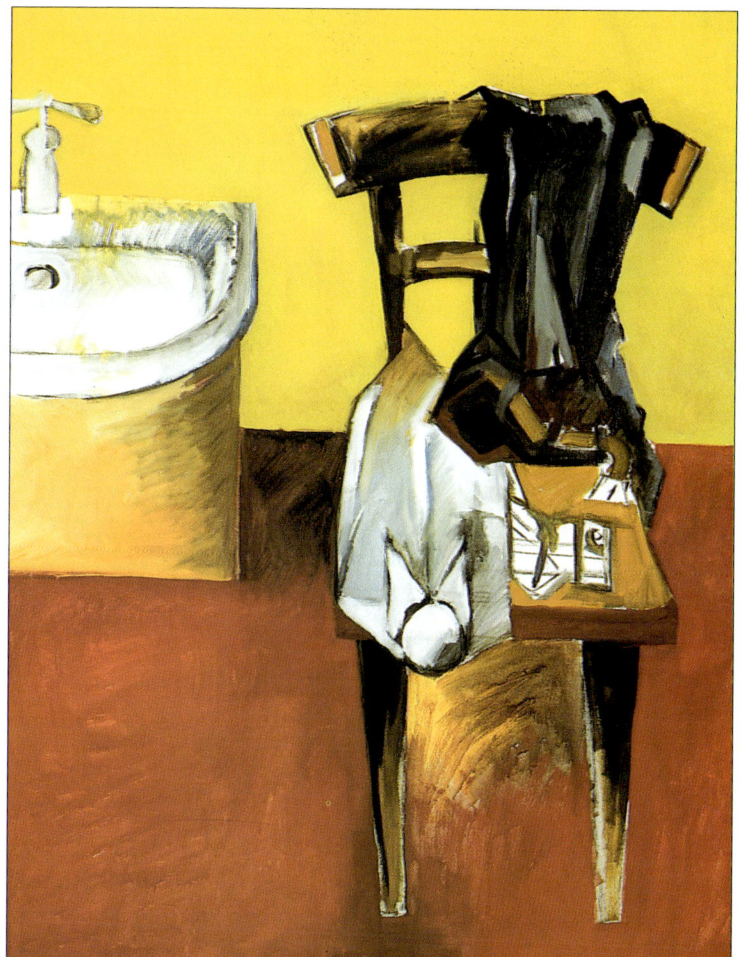

214

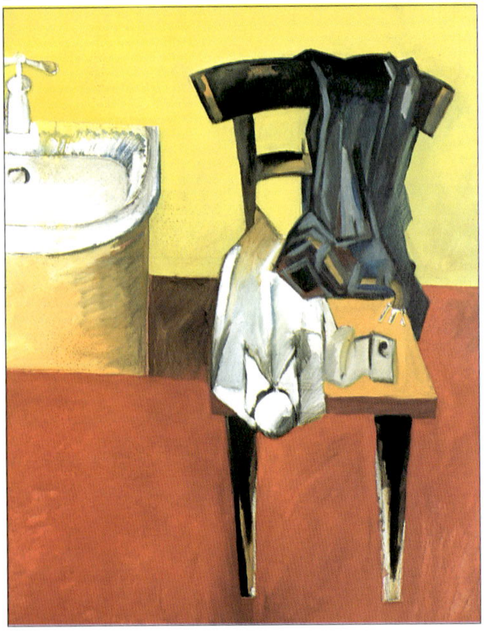

215

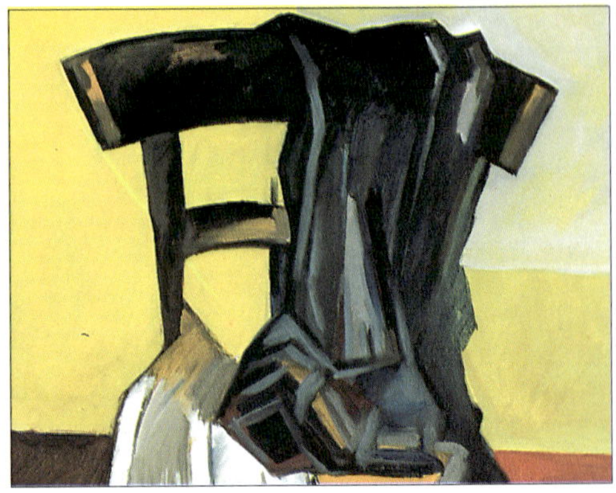

216

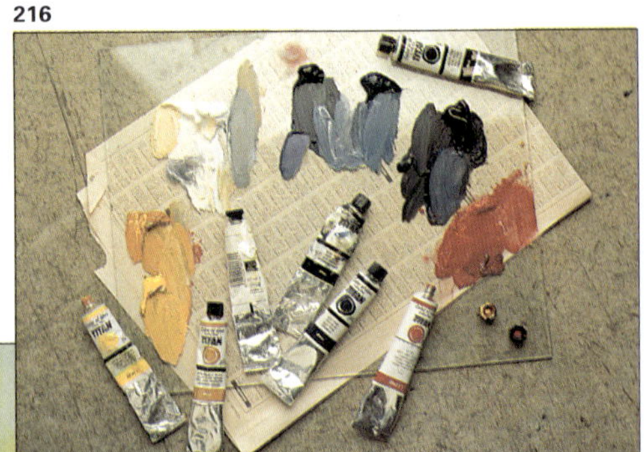

Abb. 214: Mit Ausnahme der Fläche seitlich des Waschbeckens hat der Boden eine intensive, völlig flache rote Farbe bekommen. Der Schatten neben dem Waschbecken sorgt für ein gewisses Gefühl von Räumlichkeit und erweckt den Eindruck, daß sich die Fläche zum Hintergrund entfernt.

Abb. 215 und 216: Die Hose ist kräftig, an manchen Stellen sogar übertrieben ausgearbeitet, damit ein starker Kontrast zu dem grellen Gelb des Hintergrunds entsteht. Nachdem alle Farben getrocknet sind und noch einige Details retuschiert wurden, kann Jordi Homar mit Ölfarben weiterarbeiten.

Abb. 217: Der Maler verstärkt das Helldunkel der Kleidung, modelliert und verschmilzt weitere Farben und retuschiert und überlagert die Flecken.

217

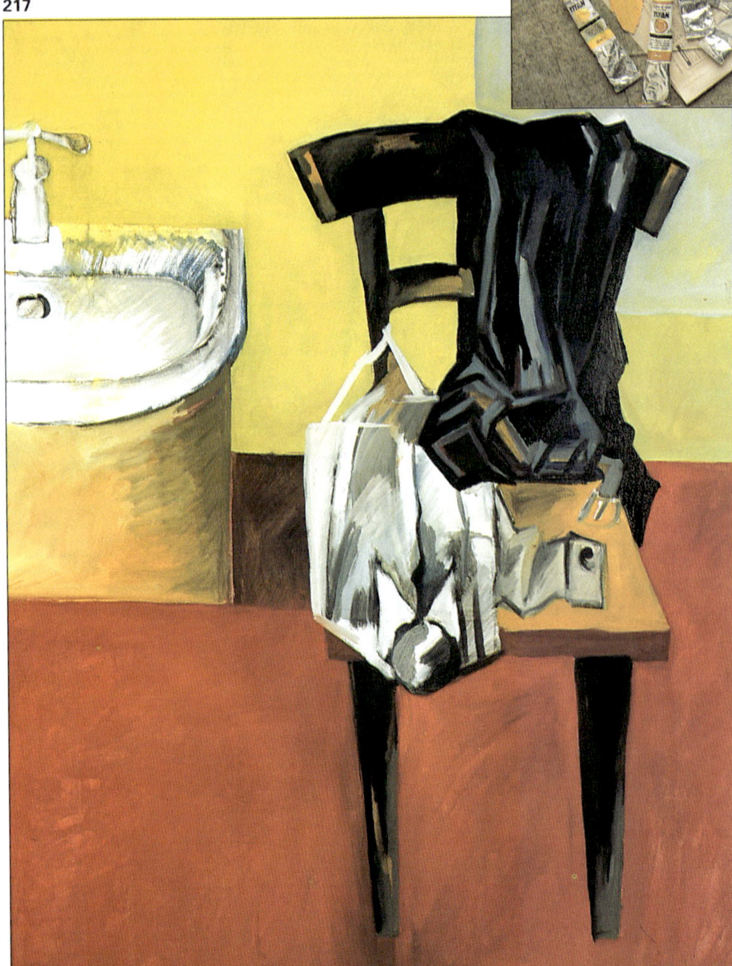

Ausarbeitung und flache Farbflächen

Das Bild ist so weit fortgeschritten, daß sich die Flächen aus flachen Farben und die sorgfältig ausgearbeiteten Helldunkelzonen deutlich unterscheiden. Bis zu diesem Zeitpunkt hat der Künstler verschiedene Kombinationen beider Techniken ausprobiert und nach Möglichkeiten für den Boden und den Hintergrund gesucht.

Der dunkelrote Boden sowie einige Nuancen im unteren Abschnitt des Stuhls sind jetzt praktisch gelöst. Ein Gutteil der visuellen Kraft ergibt sich aus dem Kontrast der gleichförmigen Farbe mit den Details des Stuhls, der Hose und des Hemdes. Auf ähnliche Weise wird das grünstichige Gelb des Hintergrunds durch leichte Ausarbeitung des Waschbeckens hervorgehoben.

Aufgrund der Eigenschaften der Acrylfarben, ihres raschen Trocknungsvermögens und ihres Sättigungsgrads sind die einzelnen Vorversuche rasch aufeinander gefolgt, wobei auch Zufälle genutzt wurden.

Konkretisierung der Formen

Nachdem die großen Farbflächen angelegt sind, präzisiert der Maler das Hemd, das auf dem Stuhl liegt. Das Problem, realistische Elemente aus dem Kopf zu konkretisieren, liegt auf der Hand: Der Künstler hat die endgültige Form oder das zu erreichende Ziel nicht vor Augen. Dies ist die Kehrseite der Freiheit, die zu dieser Arbeitsweise gehört. Bei der Arbeit aus dem Gedächtnis braucht sich der Maler nicht den Gegebenheiten des Modells anzupassen. Er hält sich an seine allgemeine Vorstellung oder seine Erinnerung des jeweiligen Elements. Um das Hemd und die Hose zu präzisieren, probiert Jordi Homar mehrere Möglichkeiten aus und läßt sich vom Ergebnis des Augenblicks leiten. Das kann eine attraktive Kombination von Strichen oder Farben sein.

218

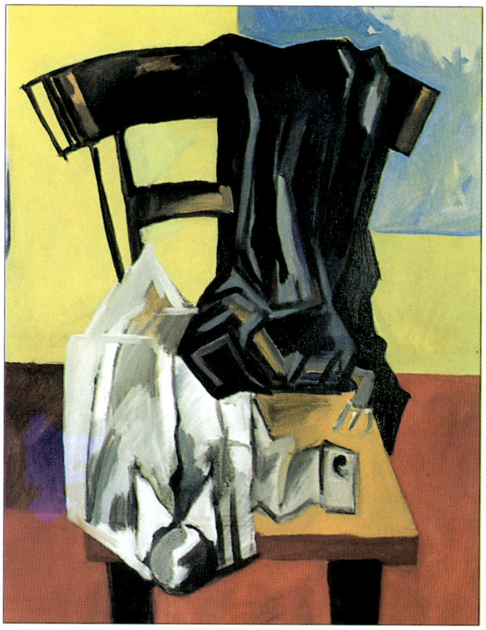

Abb. 218: Das Bild nähert sich bereits seinem endgültigen Stadium. Eine wichtige Veränderung besteht in dem kleinen Fenster, das sich hinter dem Stuhl befindet. Dieses Fenster war zunächst nur als mehr oder weniger weißer Fleck auf dem Gelb des Hintergrunds zu erkennen. Dieser bildete die Grundlage für die blaue Farbe.

Abb. 219: Die Stilisierung der gesamten Fläche mit beinahe gleichförmigen Farben findet ihren Kontrapunkt im Realismus der Faltenwürfe. Dieser Realismus entspricht also eher der Vorstellung von Kleidungsstücken mit Falten und ist keinesfalls eine Kopie des tatsächlichen Modells.

219

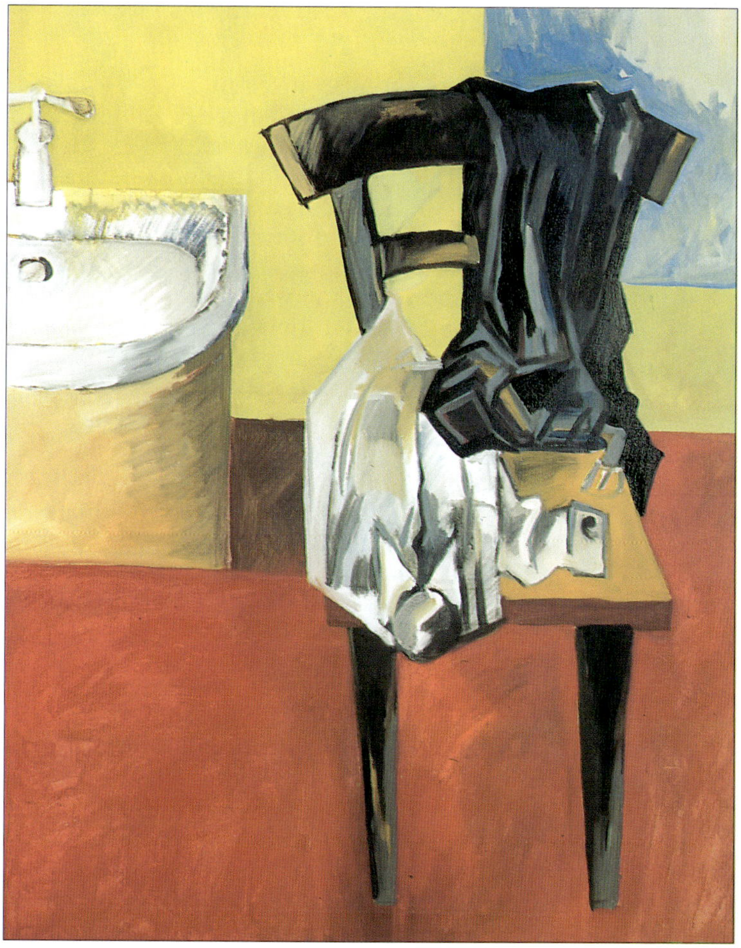

Die Darstellung der Faltenwürfe

Nach mehreren Versuchen und Variationen sind die Faltenwürfe für Hemd und Hose fertig. – das Hemd mit einer Mischung aus Weiß und Grau, die Hose mit Schwarz, Dunkelgrau und Blau.

Man erkennt, daß es sich nicht um eine realistische Darstellung, sondern um eine Stilisierung der Formen, eine Zusammenfassung der wesentlichen Merkmale der Kleidung handelt. Das ist der Vorteil einer Arbeit aus dem Gedächtnis: Der Künstler stellt eine zusammenfassende Version der realistischen Elemente dar, die besser zu seiner Bildkomposition paßt.

Bereits Bonnard schrieb: „*Die Wirklichkeit ist nur ein Hindernis, nachdem der Maler endlich weiß, was er auf der Leinwand anstrebt.*“

Gewiß, Bonnard ging stets von der Wirklichkeit aus, also von dem, was er vor Augen hatte. Sein Ausspruch drückt das Problem jedoch perfekt aus: Das Modell muß auf die malerischen Probleme reduziert werden, auf die Harmonisierung der Linien, der Körper, der Dimensionen und der Farben. Bei der Arbeit aus dem Gedächtnis kann Jordi Homar sich ausschließlich auf diese Probleme konzentrieren.

Die Schicht aus Ölfarben

Nachdem das Bild seine Abschlußphase erreicht hat, wechselt der Künstler von den Acrylfarben zu den Ölfarben. Mit einem feuchten Lappen und einem Spachtel reinigt er seine Palette von den Resten der getrockneten Acrylfarben und setzt die Ölfarben ab. Es handelt sich um dieselben Nuancen wie zuvor: Ocker, Gelb, Rot, Weiß, Schwarz und Blau. Beachten Sie die Wirkung der Ölfarben als letzte Schicht: Sie macht die Farbflächen durch die Pinselstriche weicher, aber nicht völlig flach. Beim Betrachten des Rots für den Boden stellt man fest, daß es samtartiger geworden ist, jedoch ohne seine Nuancen zu verlieren. Es hat sich also keinesfalls in eine flache Fläche verwandelt. Die Ölfarben verleihen der Bildschicht Qualität und Glanz und sorgen für eine subtilere Ausarbeitung als die eines Werkes überwiegend aus großen Farbflecken.

220

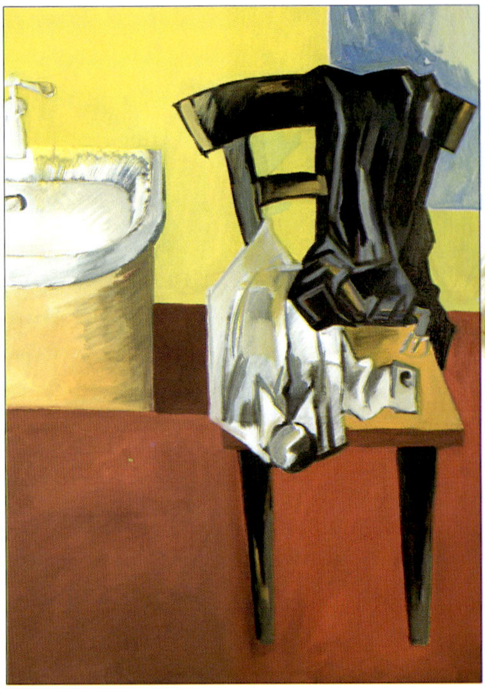

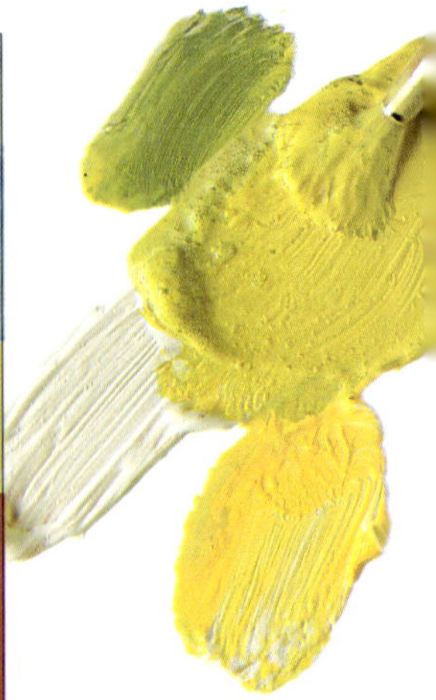

Abb. 220 bis 223: Nun arbeitet der Künstler mit Ölfarben, die sich in allen Details bemerkbar machen. Die Ölfarben vereinen die Flächen. Sie verleihen der Ausarbeitung des Helldunkels Plastizität und sorgen für die besondere Qualität der Acrylfarben, die mehr Dichte und Tontiefe erhalten.

221

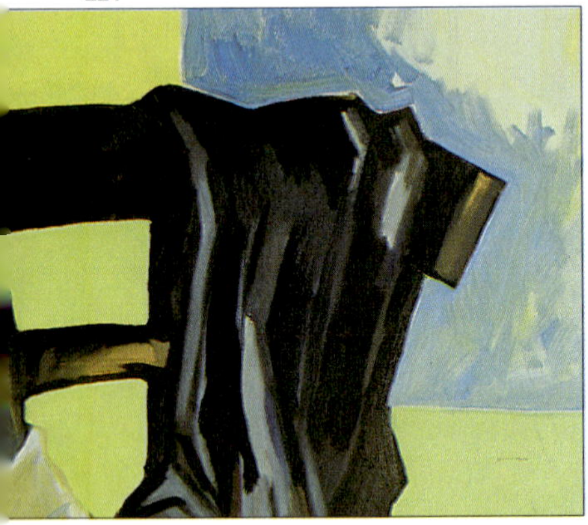

222

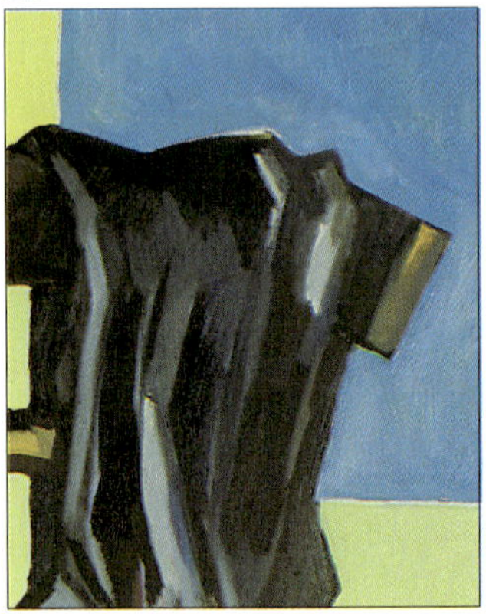

223

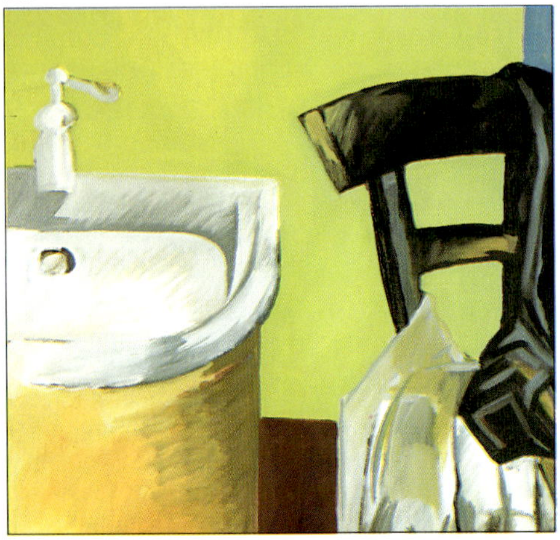

Abb. 224: Durch die veränderte Farbe des Hintergrunds erhält das Werk eine überzeugendere Harmonie. Das Grün erinnert an Fliesen im Bad. Für ihre Darstellung genügen einige senkrechte und waagerechte Linien. Das saubere energische Ergebnis besitzt große malerische Kraft.

Die letzten Retuschen

Die letzten Retuschen des Bildes sollen vor allem den Farbflächen Festigkeit verleihen. Aber auch die Kleidung und bestimmte Details erfahren eine Abschlußbehandlung. Das Hemd und die Hose werden verdeutlicht. Sie verlieren unnötige Nuancen und reduzieren sich auf die wesentlichen Merkmale der Linie und der Farbe. Der Künstler erreicht in dieser letzten Arbeitsphase die maximale Präzisierung der Formen und Farben und festigt die Komposition. Jetzt begreifen wir, worin der eigentliche Grund für diese Malweise besteht: Man hat die Möglichkeit, konkreter und präziser als nach der Natur zu arbeiten. Natürlich präsentieren sich uns nach der Natur gemalte Elemente auf vertrautere Weise. Für Künstler wie Jordi Homar bedeutet die Malerei jedoch Stärke und Klarheit, Kraft der Form und der Farbe sowie eine dichte, markante Zeichnung. Dieses Ziel hat er hier mit Acrylfarben für die Versuchsphase und Ölfarben als abschließendes Malverfahren erreicht.

224

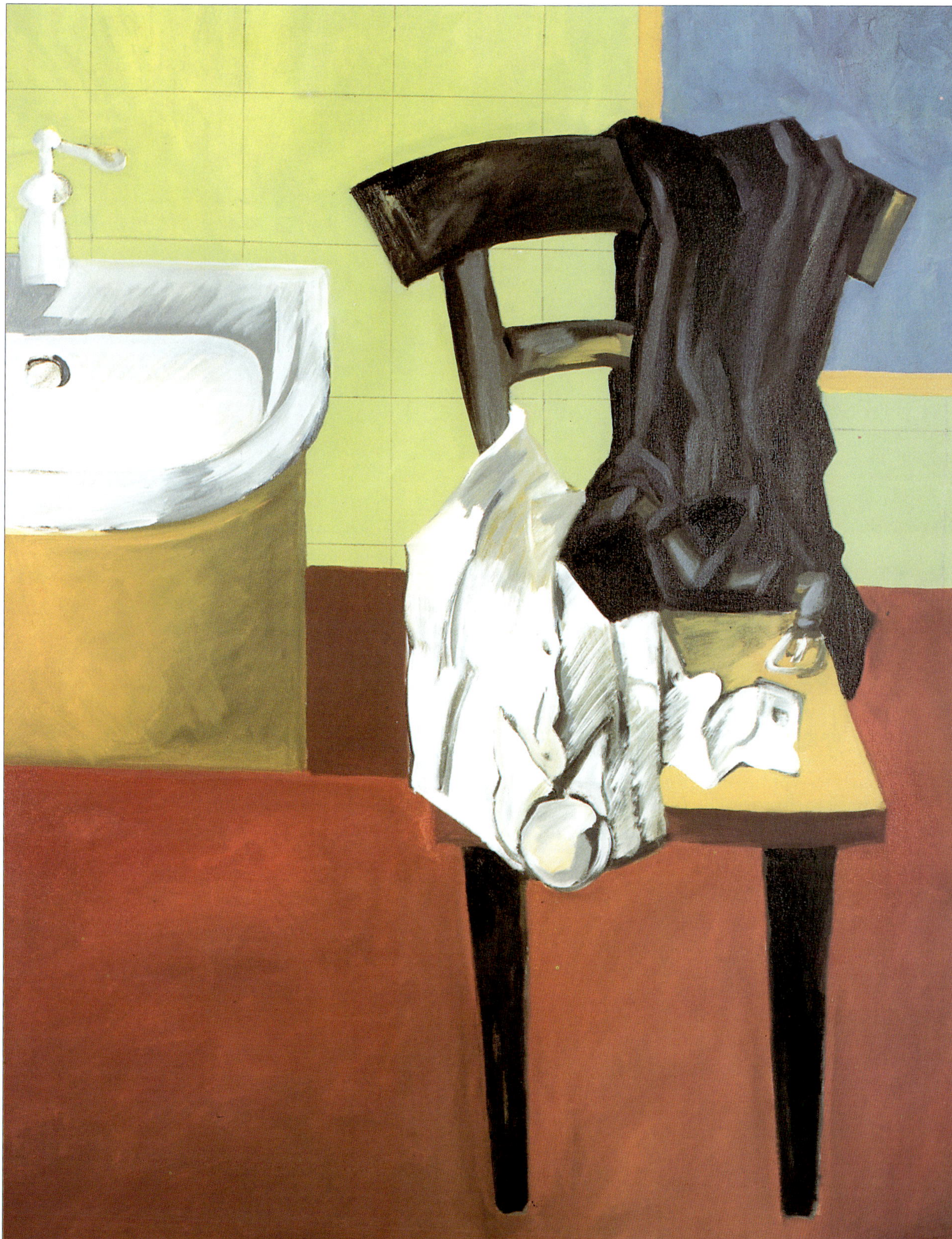

Caritat Gómez, Interieur des Ateliers

225

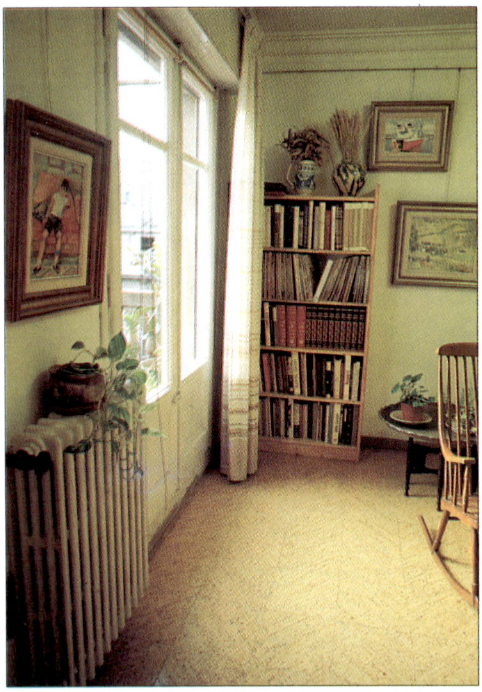

226

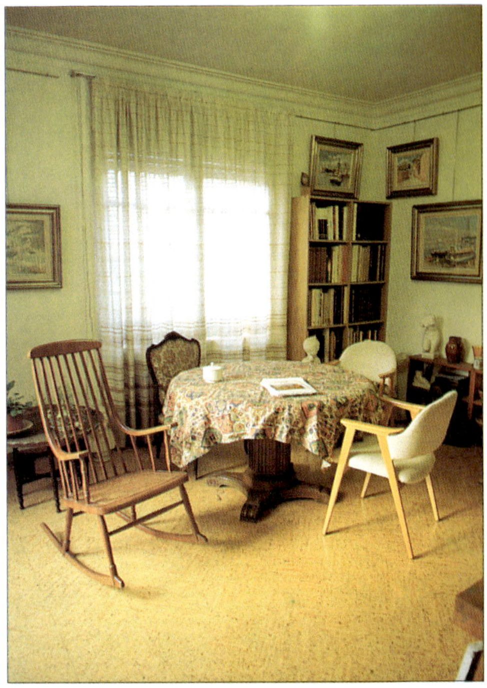

Abb. 225 und 226: Dies ist das Atelier von Caritat Gómez, einer Malerin, die beinahe jedes Thema behandeln kann und dessen Leuchtkraft und Harmonie voll auszuschöpfen versteht. Sie hat ihr Atelier bei zahlreichen Gelegenheiten gemalt; dies ist also nur eine weitere. Normalerweise arbeitet Caritat Gómez mit Ölfarben. Diesmal wird sie mit Acrylfarben malen und beweisen, daß es sich nicht um ein zweitrangiges Verfahren handelt. Die Qualität, die sie mit Ölfarben erhält, kann sie auch mit Acrylfarben erreichen.

Thema und Stil

Zahlreiche Künstler malen gern ihr Atelier. Sie wissen, daß es überall Bildmotive gibt, daß alles gemalt zu werden verdient und daß selbst die alltäglichsten Dinge und Orte einen unerschöpflichen Reichtum enthalten. Das gilt auch für Caritat Gómez. Die Künstlerin besitzt eine besondere Beobachtungsgabe und erkennt die Anmut naheliegender Objekte. Sie braucht ihre Themen nicht zu suchen. Sie fallen ihr quasi zu und stellen sich ihr mit dem ganzen Potential der Farbe und des Lichts dar, als wäre das Bild bereits fertig. Das bedeutet natürlich, daß die Malerin ihre Ausdrucksmittel und deren Möglichkeiten gut kennt und sie mühelos allen Motiven anpassen kann, die ihr vor Augen kommen. Das Ergebnis ist immer von erstaunlicher Natürlichkeit, als könnte das Thema gar nicht anders gemalt werden.

Das obige Foto des Ateliers wird dem Licht zum Zeitpunkt des Malens nicht gerecht. Es war viel wärmer und brachte die Farben voll zur Geltung. Auch die Katze fehlt in der Aufnahme.

Zeichnung und erste Farbflecken

Die Künstlerin malt auf einer Leinwand mit Keilrahmen. Sie setzt ihre Farben auf einer Kunststoffpalette ab und verwendet ein Retarder-Gel. Aufgrund dieses Mediums kann sie im selben Rhythmus arbeiten wie mit Ölfarben, ihrem bevorzugten Malverfahren. Allerdings ist die Trocknungszeit hier erheblich kürzer. Caritat trägt zunächst ziemlich verdünnte Farbflecken auf, die allmählich durch Überlagerung weiterer Pinselstriche dichter werden. Da Acrylfarben rasch trocknen, mischen sie sich

Abb. 227: Hier die Palette und die Farben, mit denen die Künstlerin arbeitet. Sie verwendet ein Retarder-Gel, da sie an die Arbeit mit Ölfarben gewöhnt ist und möchte, daß sich die Acrylfarben ähnlich verhalten. Deshalb muß sie die Trocknungszeit verlängern.

227

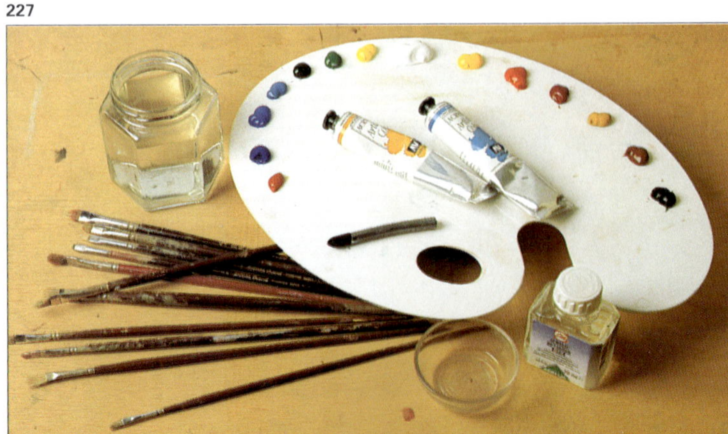

228

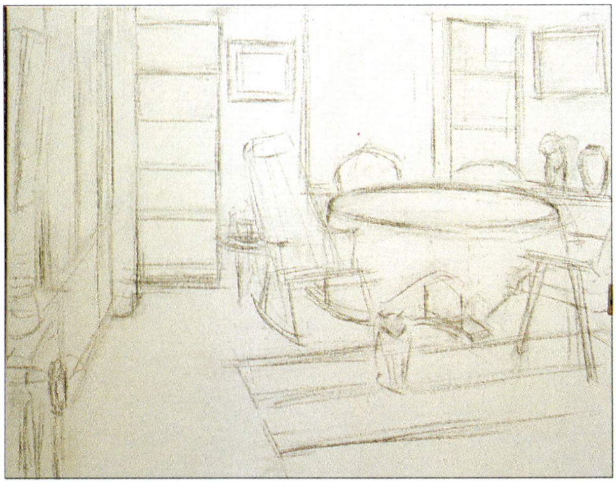

229

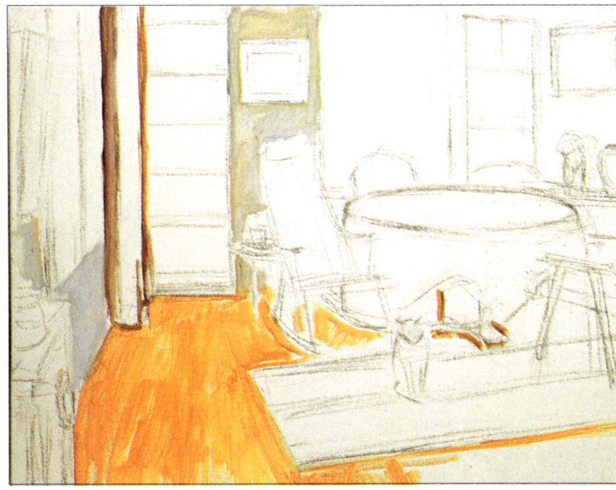

Abb. 228 und 229: Die Vorzeichnung mit Kohle ist sehr detailliert. Die Künstlerin hat auch die Katze einbezogen und das Tier genau in den Lichtfleck im Zentrum der Komposition gesetzt. Bei den ersten Farbflecken hält sie sich an die Zeichenlinien.

normalerweise nicht auf der Leinwand. Jede neue Schicht deckt die vorige einfach ab. Fügt man Retarder-Gel hinzu, erreicht man eine partielle Mischung der Farben und erhält eine einheitlichere Gestaltung.

Die Malerin zeichnet die Komposition mit weichen Kohlestrichen vor und beginnt unmittelbar darauf mit der Farbe. Die ersten Flecken betreffen den Boden und bestehen aus sehr warmem Lichter Ocker. Die Farbe wird in unterschiedlichen Nuancen aufgetragen, die sich nicht völlig mischen.

Hervorhebung der wesentlichen Linien und Farbflächen

Mit breiten Pinselstrichen aus Siena gebrannt zieht die Malerin die Hauptlinien der Komposition nach. Sie bestehen aus dem Bücherregal, dem Tisch und der Begrenzung des Lichts, das auf den Boden fällt und einige Abschnitte der Wand grau tönt. Diese kalten Grautöne sind für die Farbenharmonie wichtig. Erstens suggerieren sie wegen ihres Kontrasts zu der ansonsten warmen Harmonie des Werkes räumliche Ferne und Tiefe. Zweitens sorgen sie für die notwendige Ruhe innerhalb der großen Anzahl gesättigter Töne und farbiger Details, aus denen die Komposition besteht. Um die reinen Farben voll zur Geltung zu bringen, müssen sie von neutralen Tönen umgeben sein, also von unterschiedlichen Graunuancen. Diese Grautöne sind hier kalt und blaustichig und daher hervorragend als Kontrast zu dem Siena, Ocker und Gelb geeignet, die das Bild bestimmen. Prüfen Sie es nach, und sehen Sie selbst, wie die lebhaften Pinselstriche der Buchrücken von den benachbarten grauen Flecken hervorgehoben werden.

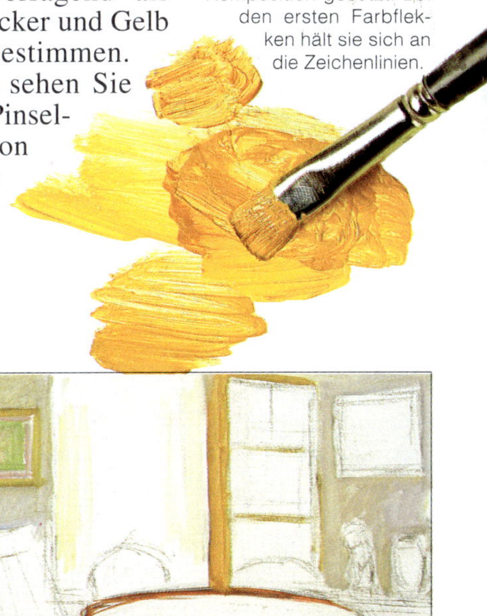

230

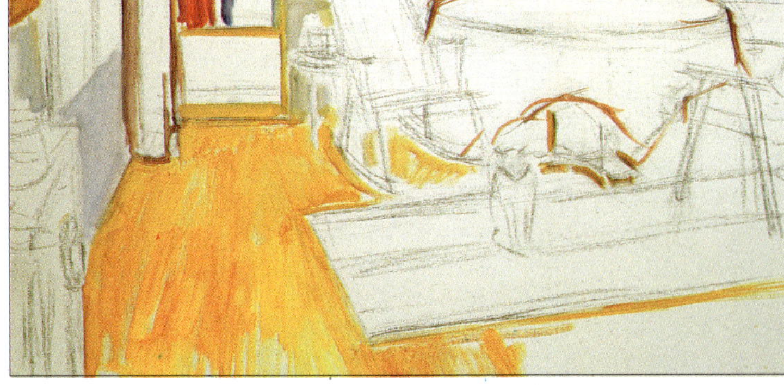

Abb. 230: Die Malerin folgt keiner systematischen Methode, sondern gibt jene Farbempfindungen wieder, die ihr der Blick in das Atelier liefert. Die ersten Farbtupfer sind von einer Lebhaftigkeit, die sich nur beim Malen nach der Natur einstellen kann.

231

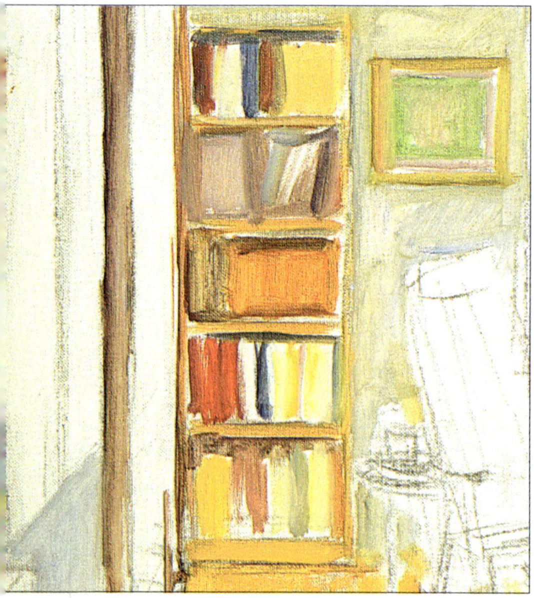

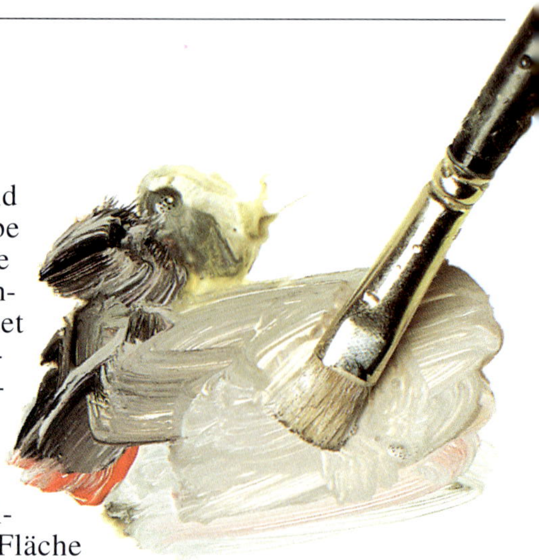

verstandesgemäß und eher durch die Farbe als durch die Lage der Fluchtlinien. Während der Arbeit findet eine ständige stumme Berichtigung zwischen dem statt, was das Auge sieht, und dem, was die Darstellung verlangt, zwischen der ebenen Fläche und der Tiefe. Man legt flache Farben an und kombiniert sie, um ein Gefühl von Tiefe zu erzeugen, und zeichnet die Umrisse, damit die Form flach wirkt und gleichzeitig den Raum ausdrückt.

Die Darstellung des Raums

Das Problem der räumlichen Tiefe kann auf unterschiedliche Weise gelöst werden. Die Wahl hängt vom Stil des Malers und der Art des Themas ab. Bei diesem Modell spielt die Räumlichkeit eine große Rolle, weil sie ebenso wie die Möbel den Abstand zur Künstlerin und den leeren Raum in der Mitte angibt. Die Perspektive wird durch die Fluchtlinien des Fensters links in der Komposition ausgedrückt. Allerdings kann man nicht von einer mathematischen Perspektive sprechen. Der Blick in das Atelier ist erheblich breiter als bei einer unbeweglichen Kopfhaltung. Der Abstand zwischen der rechten und der linken Seite kann nur durchmessen werden, indem man die Augen wandern läßt. Bekanntlich erfordert die traditionelle Perspektive einen festen Blickpunkt; im gegenteiligen Fall erscheinen die Maße verzerrt. Wie jedoch bereits die Impressionisten bewiesen, entspricht die natürliche Art des Sehens nicht der mathematischen Perspektive. Sie ist vielmehr das Ergebnis von Wahrnehmungen und flüchtigen Eindrücken, die sich dann zu einer allgemeinen Vorstellung von Räumlichkeit verbinden. Cézanne untersuchte diese Wahrnehmungsart gründlich. In seinen Werken erkennt man den Raum eher intuitiv als

Gebrochene Farben

Als Ergänzung zu den lebhaften gesättigten Rot-, Gelb- und Grüntönen benötigt man unbedingt gebrochene Farben derselben warmen Skala: malven- oder graustichiges Rot, graustichiges Siena etc. Man erkennt es an den Nuancen des Tischtuchs, das im oberen Abschnitt aufgrund des Lichts blasser und graustichiger wirkt. Einige dieser Farben ergeben sich durch Mischung der Komplementärfarben auf der Palette. Andere entstehen unmittelbar auf der Leinwand, indem man eine noch nicht getrocknete Fläche mit ihrer Komplemen-

Abb. 231: Der Malerin gelingt es stets, die farbenfrohe Seite eines Themas aufzuspüren. In diesem Fall bieten ihr die Buchrücken eine gute Möglichkeit. Jeder Rücken bedeutet einen kleinen Pinselstrich, und alle zusammen bilden ein buntes leuchtendes Mosaik.

Abb. 232: Caritat Gómez nutzt die Perspektive zur Darstellung der räumlichen Tiefe und legt die Farben äußerst sicher an. Sie wählt die korrekten Töne und entdeckt überall genau die richtigen Nuancen.

232

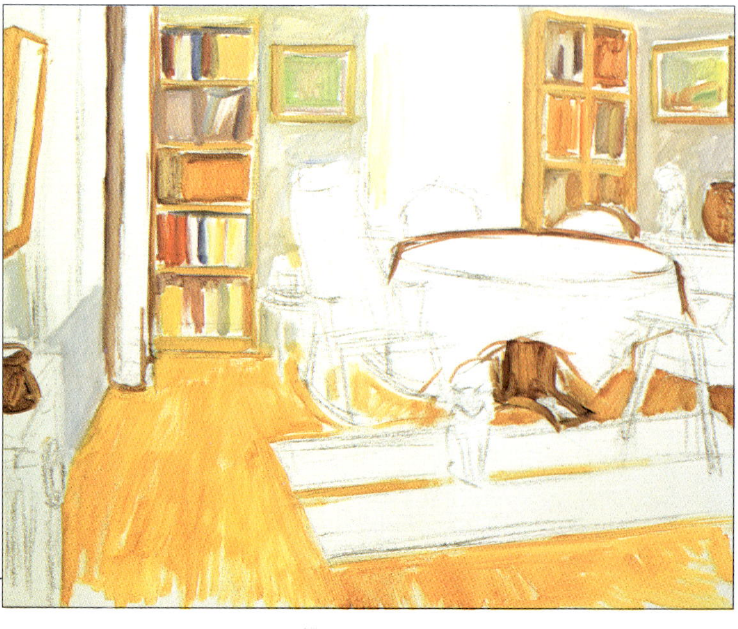

233

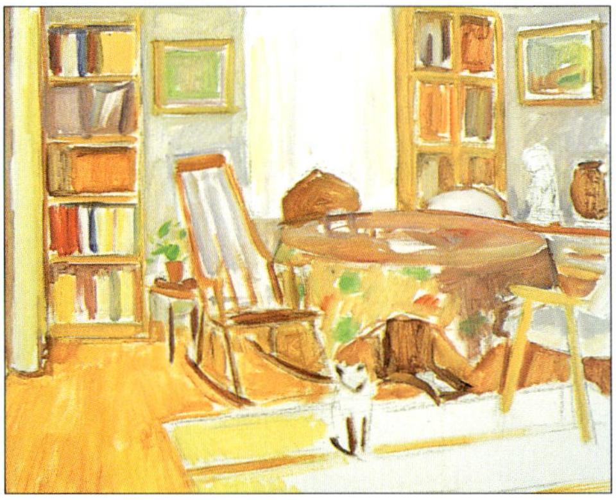

234

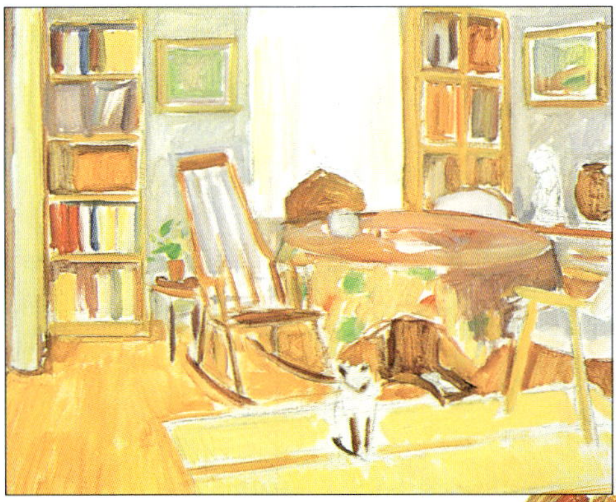

Abb. 233–234: Nachdem sie mit einigen feinen hellen Pinselstrichen den Vorhang gemalt hat, ist der Eindruck von Leuchtkraft entstanden, ohne daß die Farben rings um das Fenster abgedunkelt zu werden brauchten. Auch das Grau links ist äußerst fein und eher blaustichig als neutral.

tärfarbe überzieht. Aufgrund des Trocknungsverzögerers kann Caritat Gómez diese Mischungen, die für Ölfarben typisch sind, auch mit Acrylfarben ausführen. Ohne das Medium wäre es sehr schwierig, wenn nicht sogar unmöglich.

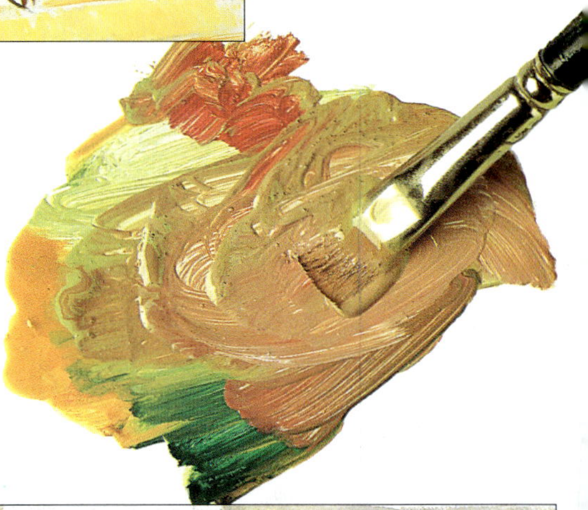

235

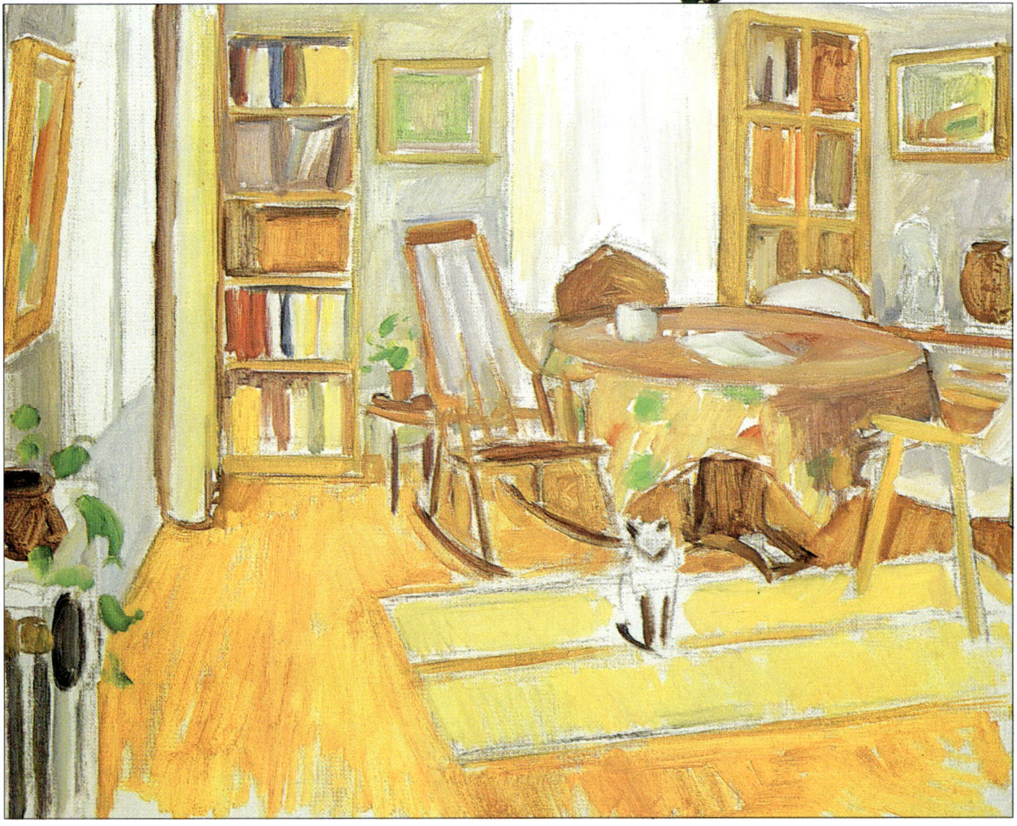

Abb. 235: Die reiche Farbenharmonie des Werkes beruht nicht auf einer Spekulation mit den Farben, sondern auf der einfachen Wiedergabe der tatsächlichen Nuancen und deren Veränderungen durch das Licht. Aufgrund des Retarder-Gels kann die Künstlerin wie mit Ölfarben arbeiten, die Farben übermalen und von einer Seite zur anderen spazieren, um die Töne zu nuancieren.

Der Lichtfleck

Der rechteckige Lichtfleck, den das Fenster auf den Boden wirft, ist für die Komposition und die Glaubhaftigkeit des Werkes von großer Bedeutung. Er muß mit einer überzeugenden Farbe wiedergegeben werden, damit er nicht wie ein Flicken oder wie ein Teppich in der Mitte des Atelierbodens wirkt. Die Künstlerin wählt dafür blasses Gelb, das Weiß enthält. Der aufgehellte Farbton des Bodens besteht aus Lichter Ocker. Auch die Form des Farbflecks muß sorgfältig beachtet werden. Die Linien verlaufen nicht parallel zur Waagerechten der Leinwand, sondern steigen leicht nach rechts oben an. Natürlich beruht die korrekte Darstellung auf dem, was man sieht. Man muß sich genau an die tatsächliche Form und Farbe halten, aber gleichzeitig die Harmonisierung des Bildes und seine Komposition im Auge behalten. Die Katze und ihr Schatten verleihen dem Ausschnitt zusätzliche Anmut und Glaubwürdigkeit.

236

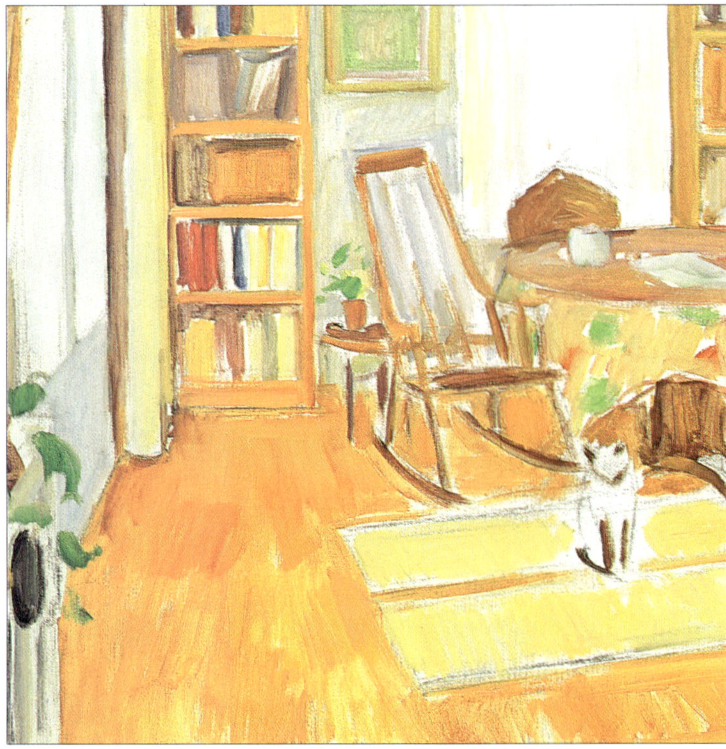

Abb. 236: Dieser Ausschnitt zeigt, wie zart die Farbflecken sind, die Caritat Gómez anlegt. Sie entsprechen nicht genau den Details der Elemente, sondern drücken ein Farbgefühl aus. Die endgültige Angleichung der Formen hebt die Künstlerin bis zum Schluß auf und füllt das Bild inzwischen mit immer präziseren Nuancen.

Abb. 237: Die Harmonie aus warmen und kalten Farben ist weitgehend erreicht. Bei den warmen Farben fällt der Ocker-Siena-Ton für das Holz besonders auf; innerhalb der kalten Nuancen sticht das blaustichige Grau für die Wand am meisten hervor. Die Farben sind zart und nicht schattiert. Das Gefühl von Räumlichkeit entsteht aus den Kontrasten.

237

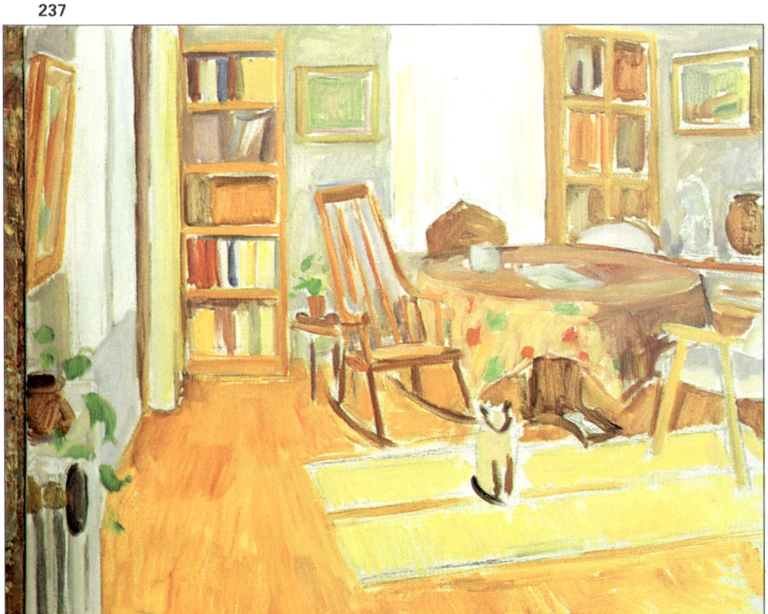

Die Einheit der Farbflecken

Caritat Gómez hat die Leinwand komplett mit Farbe abgedeckt und der Bildfläche Einheit verliehen. Jeder Farbfleck schafft einen Kontrast und drückt einen Abschnitt des Raums aus. Um einen perfekten Zusammenhalt zu erreichen, beginnt die Künstlerin nun, die unterschiedlichen Farbflecken zu vereinen bzw. ihre Begrenzungen anzugleichen, die Töne zu bereinigen und nach der korrekten Entsprechung zwischen den Flecken und den Elementen des Ateliers zu suchen (Tisch, Wandregale, Boden, Vorhänge, Möbel etc.).

Während dieser Präzisierung der Details, der Bereinigung zu wirrer Stellen und der allgemeinen Klärung der Darstellung tritt das Werk bereits in seine Schlußphase ein. Der Arbeitsrhythmus hat sich nicht verändert: Die Künstlerin malt weiterhin ruhig und sicher an ihrem Bild. Es ist ein Rhythmus, wie man ihn von der Ölmalerei kennt, wo sich der Maler wegen der langen Trocknungszeit nicht zu beeilen braucht, die Dinge halb fertig lassen darf und sich inzwischen anderen Details zuwenden kann. Dank des Retarder-Gels kann die Künstlerin hier nach demselben Verfahren arbeiten. (Sie malt üblicherweise mit Ölfarben). Es beweist, daß sich die Acrylfarben beinahe jeder Technik anpassen lassen, selbst solchen, die ihnen aufgrund ihrer Bestandteile fern zu stehen scheinen.

Die Richtung des Pinselstrichs

In diesem Stadium können wir feststellen, daß die Künstlerin zahlreiche Stellen verschmolzen hat, die bisher aus einzelnen weichen Pinselstrichen bestanden. Allerdings gibt es eine interessante Ausnahme: Für den Atelierboden bleiben die Pinselstriche erhalten. Sie sind attraktiv und sinnvoll, denn sie deuten die Richtung der Holzdielen an und sorgen für ein strukturelles Element, das die große gelbe Farbfläche belebt.

Diese für die Ölmalerei charakteristische Malweise eignet sich also auch für Acrylfarben. Wie bei der Ölmalerei kann die Künstlerin zwischen homogenen, verschmolzenen und durch die Reibung mit dem Pinsel strukturierten Farben wählen. Auch dieses Verfahren beweist die außerordentliche Vielseitigkeit des Materials.

238

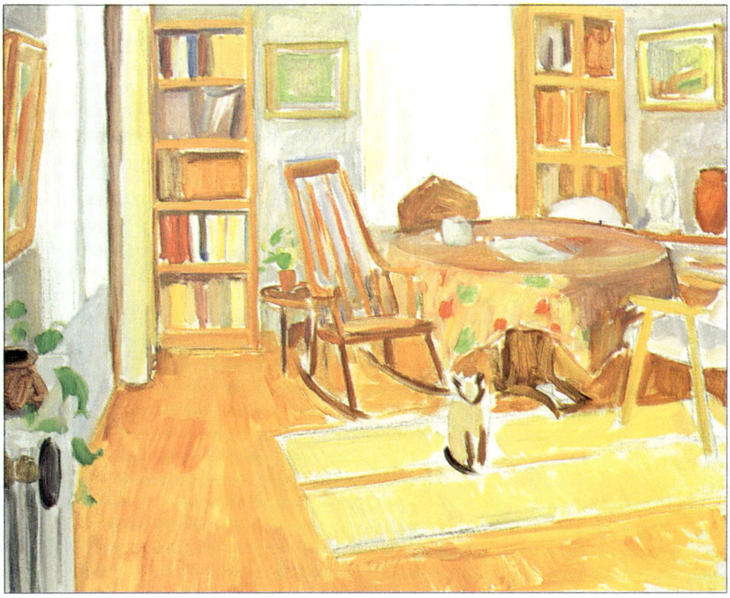

Abb. 238: Die Malerin gleicht die Formen stärker an und hat bereits ein perfektes Gleichgewicht zwischen den allgemeinen Farbflecken und den Details erreicht. Trotz ihrer großen Anzahl überfrachten die Details die Komposition nicht. In diesem Stadium könnte das Bild bereits abgeschlossen werden. Die Malerin ist jedoch in der Lage, eine noch größere Vielfalt aus dem Motiv zu ziehen.

239

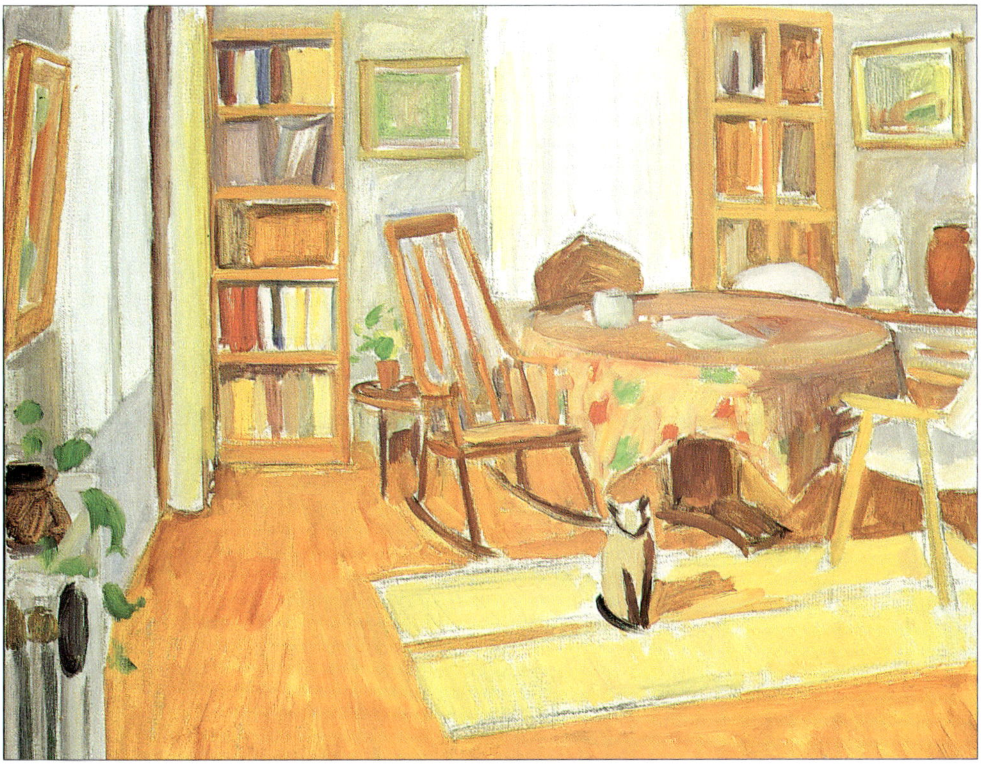

Abb. 239: Die Künstlerin hat die Flächen stärker vereint und dafür das Übermaß an Pinselstrichen beseitigt, das die allgemeine Farbwirkung beeinträchtigen könnte. Aufgrund des Retarder-Gels kann Caritat Gómez die Striche verschmelzen, da die Farbe immer noch feucht ist.

Die Abschlußarbeiten

Obwohl man das gegenwärtige Stadium des Bildes schon als endgültig betrachten könnte, gelingt es der Malerin, den Formen und Farben noch größere Präzision und Kohärenz zu verleihen. Das gilt vor allem für die kleineren Details, die Stühle und den Schaukelstuhl.

Die Rückenlehne ist bisher nur annähernd mit Pinselstrichen unterschiedlicher Farben dargestellt worden. Andere Maler hätten sich vielleicht nicht weiter damit befaßt und das Bild so gelassen. Caritat Gómez versucht jedoch, die malerischen Möglichkeiten eines Themas voll auszuschöpfen. Das heißt jedoch nicht, daß sie grundsätzlich eine Anhängerin der akademischen Malweise und der geschniegelten Fläche wäre. Im Gegenteil, die Malerin rückt ihr Werk farb-

240

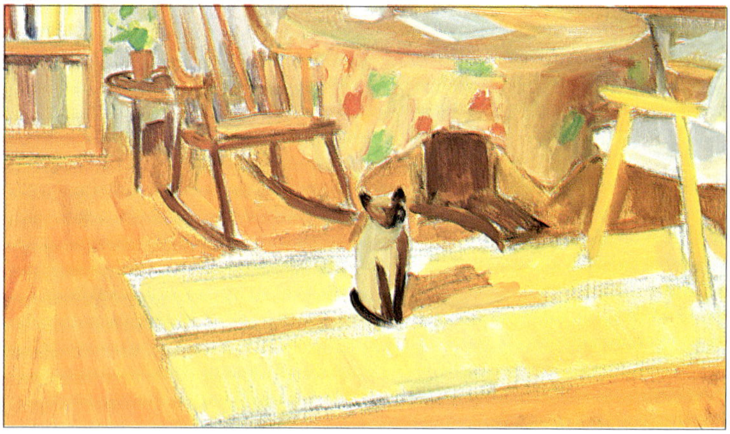

Abb. 240: Die Katze hat sich inzwischen bewegt. Doch Caritat hatte deren Form und Farbe schon vorher festgehalten. So trägt die Plazierung des Tieres zur Betonung der Fläche für den Boden bei und verstärkt das Licht, das durch das Fenster fällt. Die Darstellung ist schlicht, aber sehr effektiv: Die dunklen Pfoten kontrastieren mit dem hellen Körper. Mehr Einzelheiten sind nicht erforderlich, um die Katze zu charakterisieren.

241

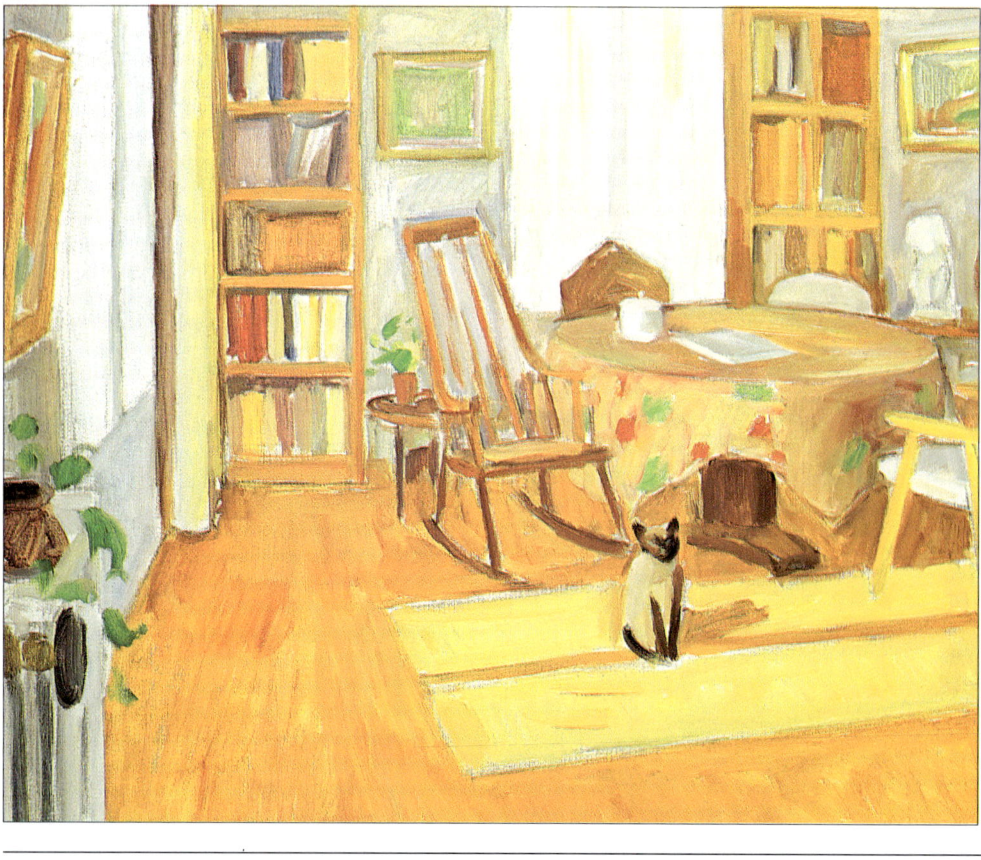

Abb. 241: Die Künstlerin hat die Umrisse der Elemente verfeinert, ohne die Farbfrische zu beeinträchtigen. Das ganze Bild hat so an Klarheit gewonnen, und der Eindruck von räumlicher Tiefe ist voll gelungen. Auch die Formen sind durch die subtile Vereinfachung attraktiver geworden, aber ohne ihren Farbenreichtum verloren zu haben.

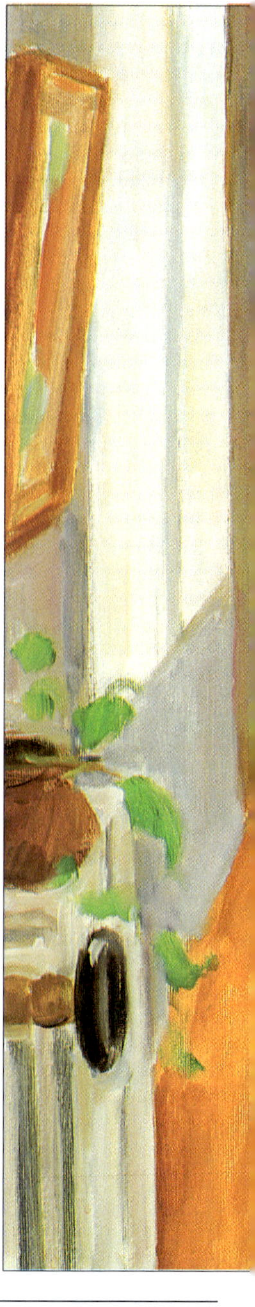

lich und zeichnerisch auf eine Ebene fern jedes üblichen Realismus. Es geht ihr vor allem um die Wahrnehmung der Farben und der Formen und weniger um die winzigen Details der Elemente.

Aus diesem Grund handelt es sich bei den Abschlußarbeiten ausschließlich um eine Verstärkung der wesentlichen Vorzüge des Werkes und seiner Farbkraft sowie der einfühlsamen Wiedergabe von Licht und Atmosphäre. Die Arbeitsweise für dieses Bild erinnert an die Öltechnik, obwohl sich die endgültige Struktur ein wenig davon unterscheidet.

Abb. 242: Das Werk ist fertig, und das Ergebnis ist ausgezeichnet. Die Ähnlichkeit mit einem Ölgemälde ergibt sich aus der Arbeitsweise der Künstlerin. Die Struktur ist ein wenig anders. Doch das Malverfahren war wegen der Verwendung eines Retarder-Gels ziemlich ähnlich. Das Bild kann als Beweis dafür dienen, daß die Acrylmalerei keinesfalls minderwertiger ist als die angesehenste Technik der künstlerischen Malerei.

242

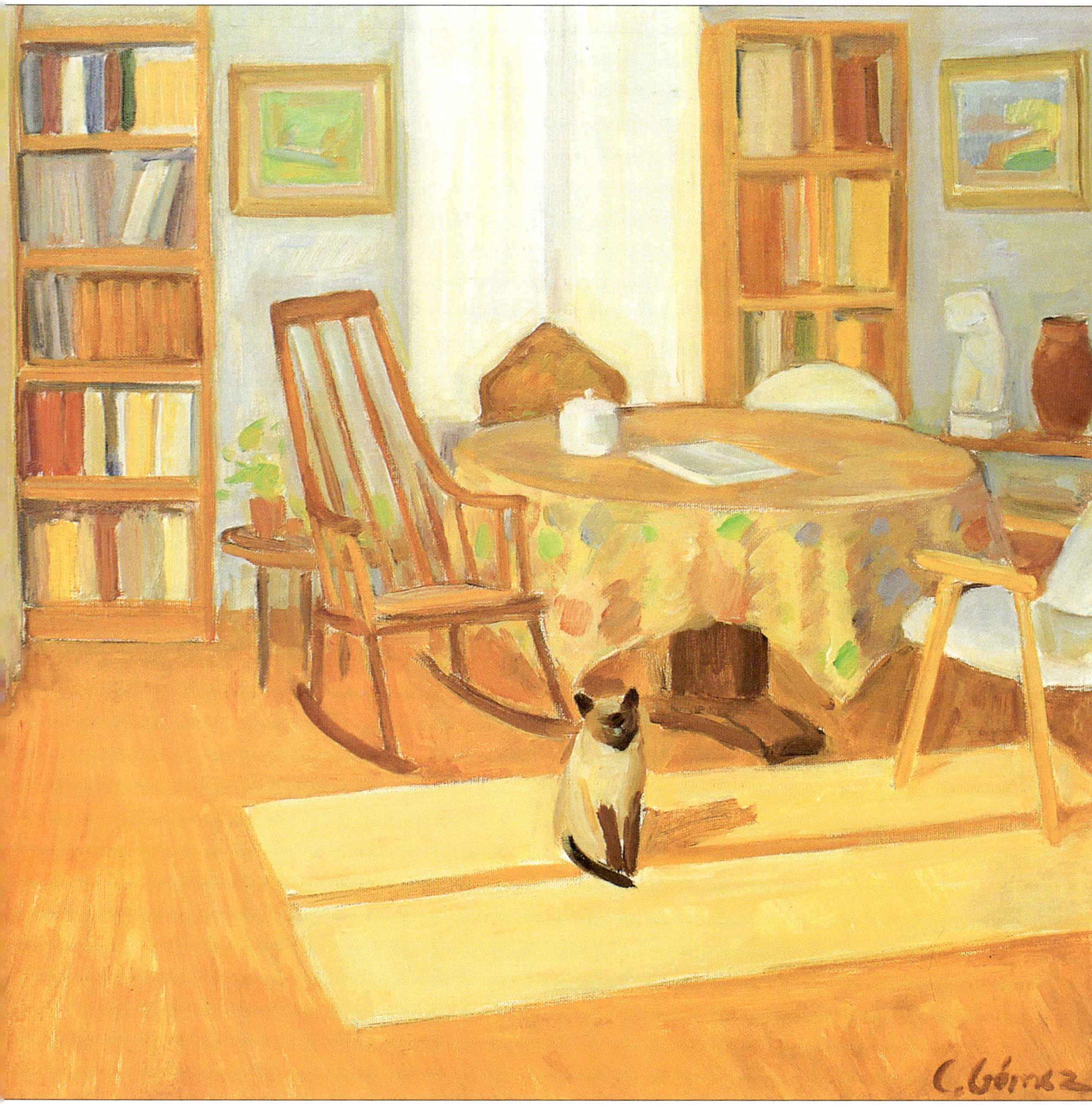

David Sanmiguel: Ein Stilleben auf Malpappe

Zwischen Öl- und Aquarellmalerei

Bei der Anfertigung dieses Bildes werden wir feststellen, daß die Acrylfarben einen Mittelweg zwischen den Ölfarben und den Aquarellfarben ermöglichen, so daß man das Deckungsvermögen der ersten und die zarte Transparenz der zweiten nutzen kann.

Das Motiv besteht aus Blumen, die wir in eine alte Emailkanne gesteckt und auf einen Tisch gestellt haben, der mit einem gemusterten Tuch bedeckt ist. Wir arbeiten auf dicker Malpappe. Da sich die satinierte Oberfläche nicht für Acrylfarben eignet, haben wir eine Seite angeschliffen und mit zwei Schichten Gesso überzogen. Obwohl der getrocknete Gesso nicht geschliffen wurde, ist die Fläche so fein, daß man die Farbe mühelos ausziehen und als Lasur anlegen kann. Die Qualität der fertigen Arbeit stützt sich auf diese Vorbereitung. Hätten wir Leinwand gewählt, ähnelte das Bild einem Ölgemälde, denn Leinwand ist saugfähiger. Auf der gut vorbereiteten Malpappe liegt die Technik zwischen der Öl- und der Aquarellmalerei.

Angesichts der vorgesehenen Lasuren sollte man die Vorzeichnung mit einem weichen Bleistift anfertigen, der nach dem Malen kaum Spuren hinterläßt und die Farbe im Gegensatz zu Zeichenkohle nicht verschmutzt.

243

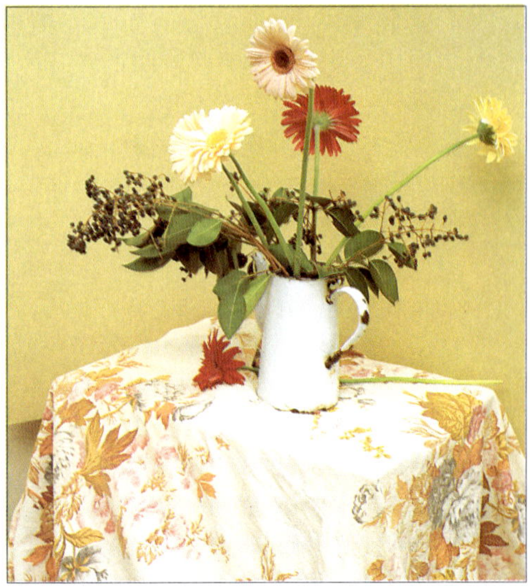

Abb. 243: Wir möchten mit dieser Übung einen neuen Aspekt der Acrylmalerei vorstellen: die Arbeit mit Farbabstufungen ähnlich wie bei der traditionellen Eitemperamalerei. Das Verfahren enthält sowohl Gemeinsamkeit mit der Aquarelltechnik als auch mit der Ölmalerei. Die stark verdünnte Farbe wird mit Impastos kombiniert. Unser Motiv besteht aus einem Krug mit Blumen auf einem Tischtuch mit Blütenmuster.

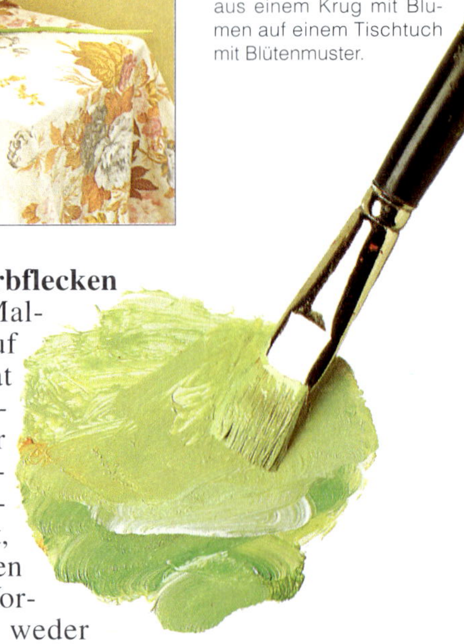

Zeichnung und erste Farbflecken

Auf der vorbereiteten Malpappe kann man wie auf Papier zeichnen und hat zusätzlich den Vorteil, mühelos mit einem Radierer noch korrigieren zu können, ohne daß Spuren zurückbleiben (vorausgesetzt, man hat nicht zu fest in den Gesso gedrückt). Die Vorzeichnung ist linear und weder schattiert noch schraffiert. Die Farbe soll sich an diese Linien halten. Des-

244

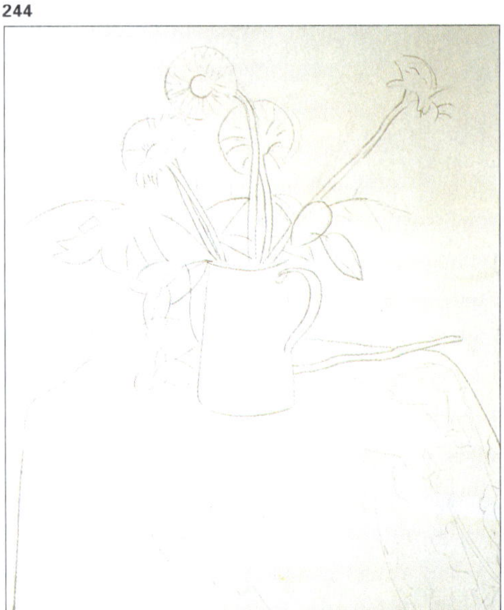

245

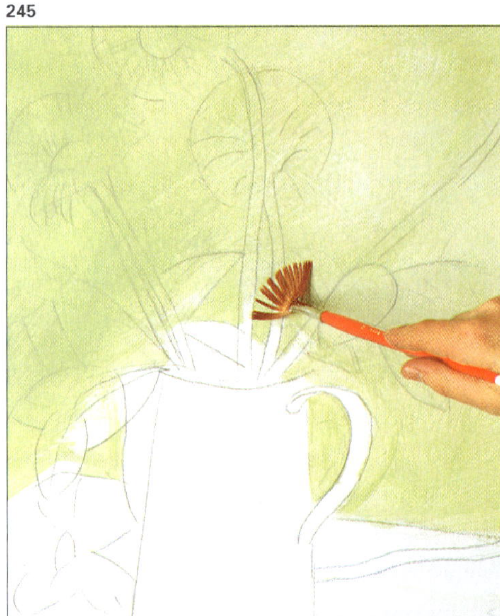

Abb. 244: Die Vorzeichnung wird mit einem weichen Bleistift angefertigt. Bei der Arbeit auf Malpappe mit Gesso darf man nicht zu stark aufdrücken, weil sonst Rillen in der Grundierung entstehen können. Diese würden bei sehr dünnen Farbschichten sichtbar bleiben. Die Zeichnung ist durchgehend linear.

Abb. 245: Zuerst wird der Hintergrund gemalt, der als flache Farbe ohne Brüche oder Unterbrechungen erscheint. Dazu wählen wir Hellgrün, das man mühelos mit den ebenfalls hellen Farben der Blüten überlagern kann. Der Fächerpinsel erleichtert das Ausziehen der gleichförmigen Farbschicht.

halb darf die Zeichnung nicht überfrachtet werden.

Wir beginnen mit dem Hintergrund. Er besteht aus Hellgrün, Permanentgrün, Ocker und Weiß. Davon müssen wir ziemlich viel mischen, denn die Farbe soll den gesamten Fond abdekken. Um einen homogenen Ton ohne Brüche zu erhalten (wie sie bei der Aquarellmalerei entstehen, wenn die Farbe trocknet, bevor sie restlos ausgezogen ist), arbeiten wir mit einem Fächerpinsel und verdünnen die Farbe erheblich. An den Stellen, wo das Grün zu dunkel wird, fügen wir Wasser hinzu, um den Ton auszugleichen. Umgekehrt: Ist der Ton zu hell, erhöhen wir die Farbmenge.

Das Tischtuch und erste Details

Nachdem der Hintergrund angelegt ist, malen wir das Tischtuch mit ziemlich verdünntem Ocker, den wir stark mit Weiß aufgehellt haben. Durch einen unterschiedlich dicken Farbauftrag stellen wir die Ebenen und die Falten dar: die Fläche auf dem Tisch ist heller als die hängenden Partien, und die Seiten der Falten sind dunkler als der Rest. Die Wiedergabe des Tischtuches ist einfacher, als es aussieht. Die Arbeit geht rasch voran; Licht und Schatten werden während des Malens angelegt, bis das gewünschte Ergebnis erreicht ist.

Mit einem feinen Pinsel und unterschiedlichen Rotnuancen malen wir Blatt für Blatt die Blüte, die auf den Tisch gefallen ist. Für die dunkleren Stellen werden mehrere Schichten übereinandergelegt, damit das Rot deckender wird. Dies ist eine typische Aquarelltechnik und setzt voraus, daß man zeichnerisch malt, so daß bei jedem Pinselstrich die Form eines Blütenblattes entsteht.

246

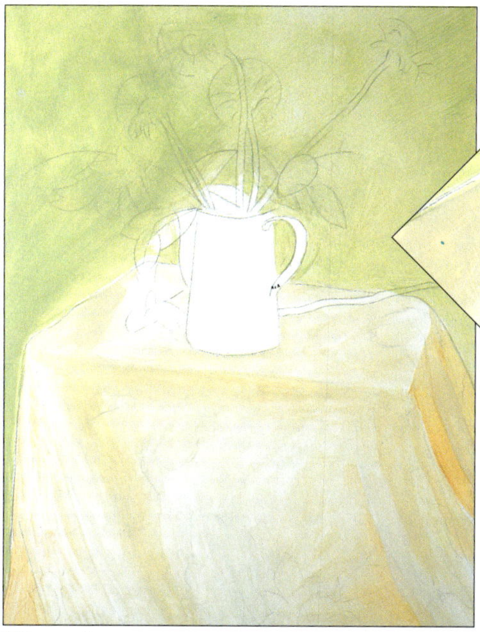

247

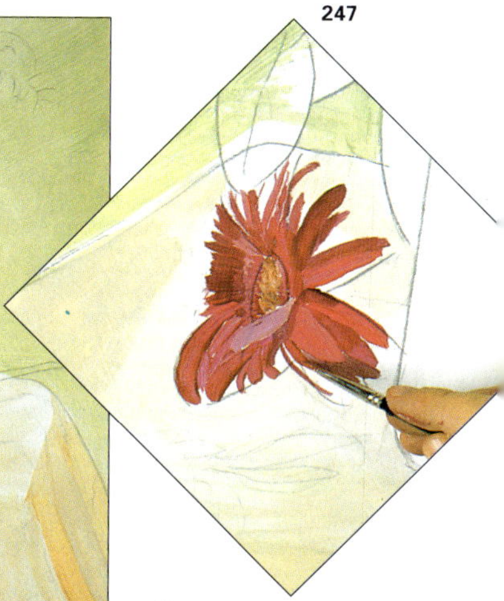

Abb. 246: Nach dem Hintergrund wird die Fläche für das Tischtuch mit hellem Siena bedeckt. Es wird mit breiten Pinselstrichen aufgetragen, die den Falten Volumen verleihen.

248

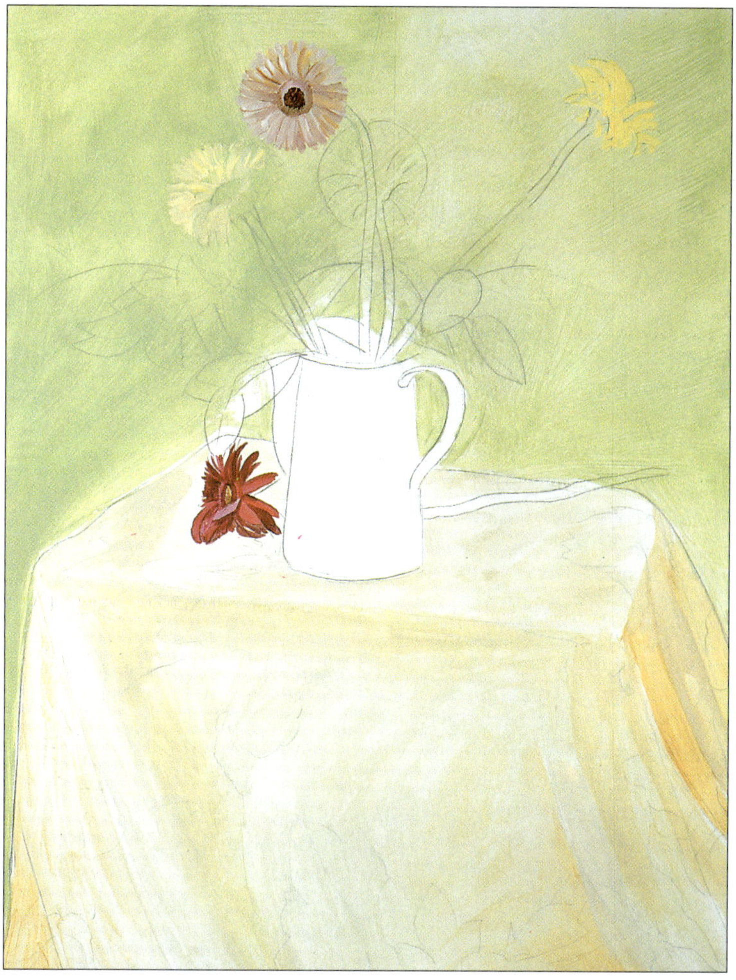

Abb. 247 und 248: Hier erkennt man, wie die Farben der Blüten sich überlagern und den Hintergrund völlig abdecken. Die Zeichenlinien sind dank der dünnen Malschicht weiterhin sichtbar. Nachdem die farbige Grundlage festgelegt ist, können wir das Bild abschnittweise vervollständigen.

249

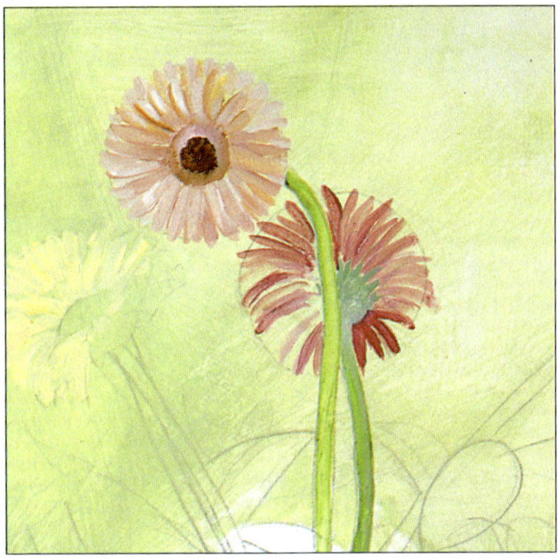

250

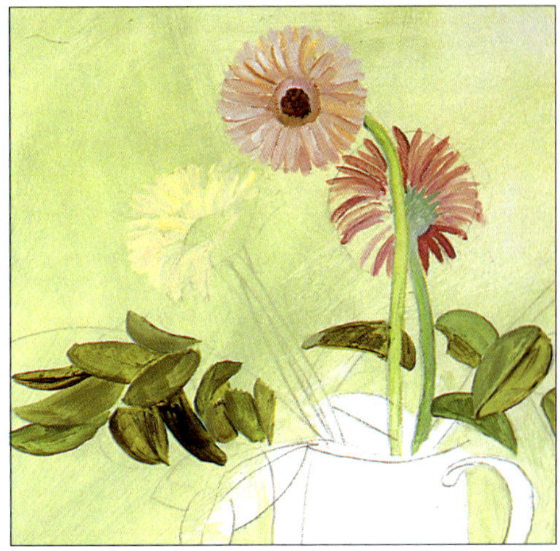

Abb. 249 bis 251: Wir malen abschnittweise weiter: Blumen, Stengel und Blätter sowie die Kaffeekanne, die weiß ausgespart worden ist. Sie wird mit einigen zarten Schatten modelliert.

Blumen und Blätter

Die dicken Stengel kann man beinahe mit einem einzigen Strich malen. Der Trick besteht darin, einen Pinsel mit dem Durchmesser des Stengels zu wählen und die Farbe wie bei der Blüte der ganzen Länge nach auszuziehen. Anschließend kann man den Ton nuancieren, indem man die Ränder abschattet. Keinesfalls sollte man dieselbe Farbe für einen weiteren Stengel verwenden. Die unterschiedlichen Farbwerte deuten den jeweiligen Abstand zum Betrachter an.

Das Malen der Blüten geschieht praktisch auf dieselbe Weise: Jedes Blütenblatt entspricht einem Pinselstrich. Bei den frontal gesehenen Blüten muß man wie bei den Speichen eines Rades auf die gleiche Länge und Neigung achten. Zu sorgloses Arbeiten macht sich in der Form der Blüte bemerkbar.

Nachdem die Blütenblätter angelegt sind (die selbstverständlich nur eine annähernde Anordnung wiedergeben), können wir sie mit dunkleren Farbtönen ausarbeiten, um ihnen Volumen und Relief zu verleihen. Die seitliche Blüte wurde nicht so stark ausgearbeitet; sie bleibt nur angedeutet.

Die Darstellung der grünen Blätter erfordert ebenfalls eine gewisse Gründlichkeit. Wir malen ein Blatt nach dem anderen und halten uns an die Vorzeichnung. Nachdem alle Blätter vorhanden sind, harmonisieren wir die Farben, schatten die Grüntöne ab oder verstärken sie. Wir nuancieren die Oberseiten und schaffen Kontraste, damit die Blätter nicht zusammenkleben oder sich mischen, sondern auf unterschiedlichen Ebenen liegen.

251

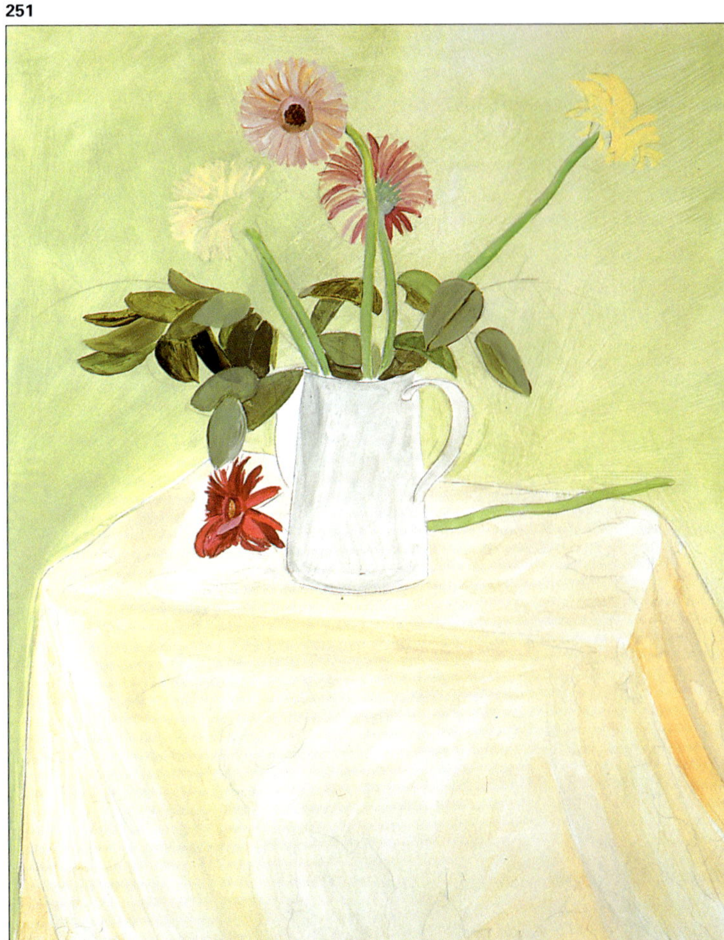

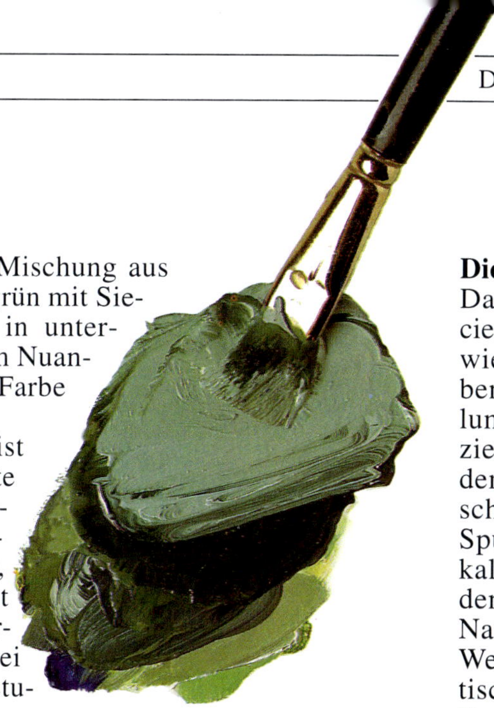

Wir verwenden eine Mischung aus Saftgrün und Permanentgrün mit Siena, Gelb und Schwarz in unterschiedlichen Anteilen, um Nuancen zu erhalten und die Farbe zu bereichern.

Außer den Blättern ist auch die niedrigste Blüte stärker ausgearbeitet worden (die gelbe). Ihre Farbe stellt ein Problem dar, denn sie kontrastiert nicht genügend mit dem Hintergrund und muß daher bei den Abschlußarbeiten retuschiert werden.

Abb. 252: Wegen des hellen Hintergrunds müssen die Blüten weiter ausgearbeitet und farblich verstärkt werden. Das Grün der Blätter besteht ebenfalls aus mehreren Farbschichten, die den Ton abschatten.

252

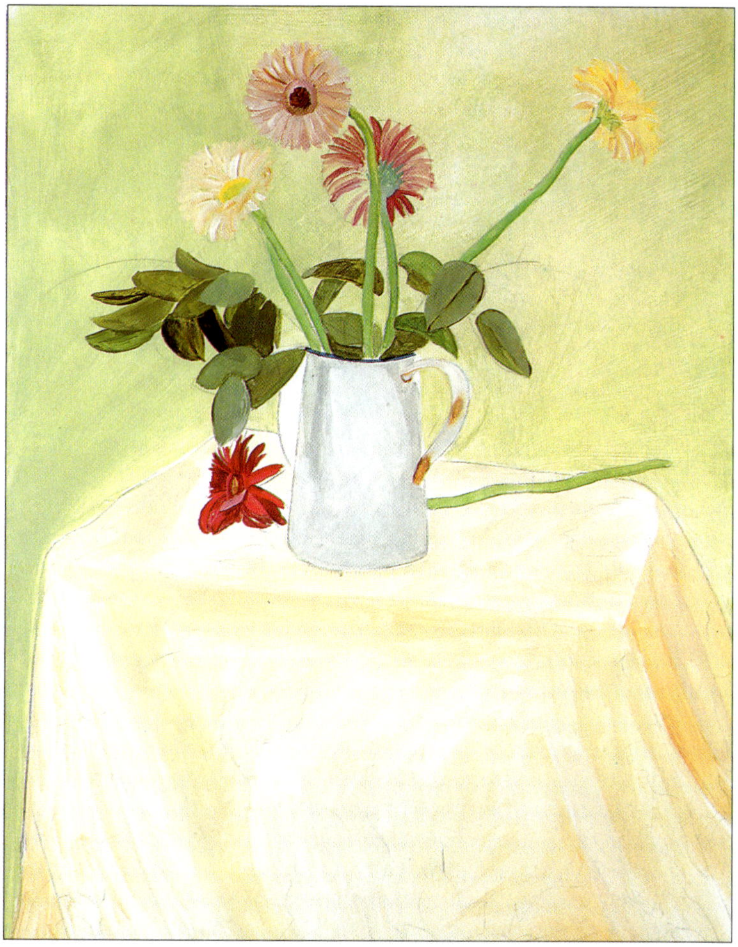

Die Ausarbeitung der Kaffeekanne
Das Weiß der Kaffeekanne muß nuanciert werden, damit es sich erstens nicht wie ein seltsamer Fleck aus der Farbenharmonie abhebt und zweitens Volumen erhält. Dies erledigen wir mit ziemlich hellem neutralem Grau, mit dem wir vor allem die linke Seite abschatten. Anschließend geben wir eine Spur Blau zu diesem Grau, um eine kalte Nuance zu erhalten, und malen den ganzen Körper der Kaffeekanne. Natürlich haben wir das Grau stark mit Weiß aufgehellt, so daß das Email optisch mehr oder weniger weiß wirkt. Zum Abschluß zeichnen wir eine feine blaue Linie an den Oberrand. Auf diese Weise wird das Volumen des Gefäßes klar von der Masse der Blätter getrennt. Die kleinen dunklen Stellen für das abgeblätterte Email hätten wir uns sparen können. Doch diese haben wir gemalt, um den Henkel darzustellen, ohne ihn ausarbeiten zu müssen.

Nachdem die Kaffeekanne fertig ist, haben wir erneut die Blumen bearbeitet. Wir haben die hellen Nuancen der unteren Blüte verstärkt und sie mit hellrosa Pinselstrichen vom Hintergrund gelöst. Die obere Blüte, die ein ähnliches Problem aufwies, erhielt eine vergleichbare Behandlung.

Die Bedeutung der Vorzeichnung
Spätestens in diesem Stadium wird klar, daß die Vorzeichnung eine unverzichtbare Hilfe ist. Die Linien für die noch nicht gemalten Details (vor allem der Blätter) sind weiterhin sichtbar. Bei der Anlage dieser Details halten wir uns an die Zeichnung. Dies ist eine weitere Malweise mit Acrylfarben: Mit dem wenig gesättigten, kaum deckenden Medium kann man so methodisch und schrittweise malen wie mit keinem anderen Verfahren. Wegen der kaum absorbierenden Grundierung setzt sich die Farbe als feine halbtransparente Schicht ab, die der alten Eitemperamalerei auf Holz ähnelt. Das erfordert eine klare Vorstellung und eine ungezwungene Arbeitsweise, ohne große Zweifel und langes Zaudern.

253

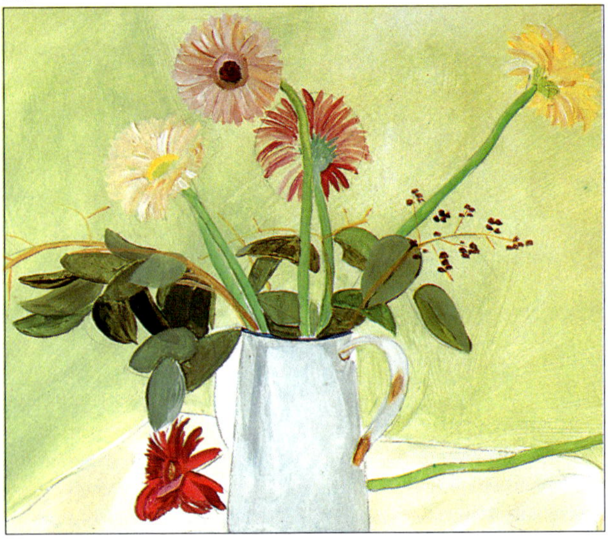

254

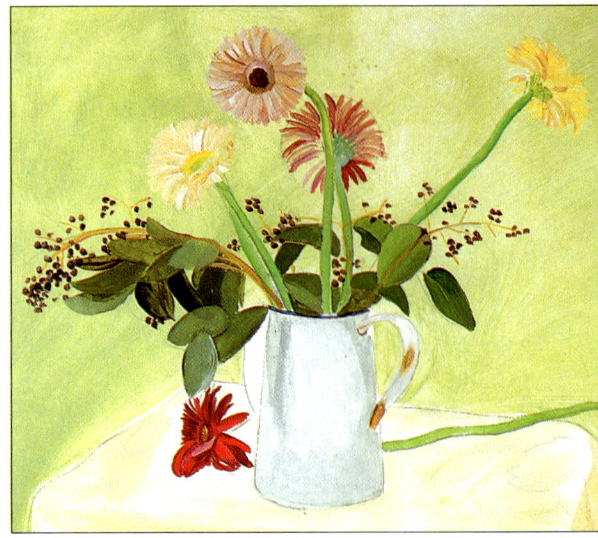

255

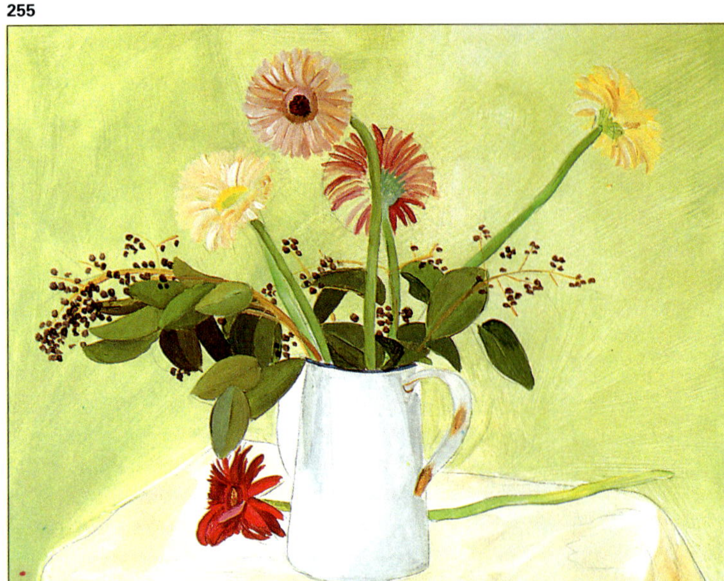

Abb. 253 bis 255: Die methodische Bearbeitung der Blätter wird sichtbar, und der Block aus Grünnuancen, Licht und Schatten wird immer gesättigter. Die Verstärkung der Farbtöne erfolgt in Übereinstimmung mit der allgemeinen Wirkung. Jeder neue Schatten hat eine Veränderung der benachbarten Farben zur Folge. Durch die leichte Schattierung gewinnen die Blätter an Volumen. Nachdem sie abgeschlossen sind, werden die kleinen Knospen mit winzigen Farbflecken angelegt.

Die Suche nach weiteren Details

Nun befassen wir uns mit den kleinen Knospen, die zwischen den grünen Blättern erscheinen. Solche Details werden häufig nicht in die Vorzeichnung aufgenommen, weil sie nicht genügend Volumen besitzen. Man kann sich gut von den gekrümmten Linien für die Stengel leiten lassen, an denen die Knospen sitzen. Zunächst ziehen wir diese Stengel mit der Pinselspitze und einer gebrannten Farbe nach. Anschließend malen wir die Punkte für die winzigen Knospen. Es wäre absurd, die genaue Lage und die exakte Anzahl wiedergeben zu wollen. Allerdings darf man diese Details auch nicht willkürlich anlegen. Am besten beobachtet man aufmerksam, wie sich die Knospen entlang des Stengels gruppieren, um deren Logik zu erkennen. Diese Logik hat etwas mit dem Gewicht zu tun, unter dem sich die dünnen Zweige senken. Nachdem man dies begriffen hat, kann man die Farbflecken ungezwungen an die sinnvollsten Stellen legen. Sie bestehen aus tiefem Dunkelgrau, beinahe Schwarz, mit einer winzigen Spur Blau.

Anschließend werden die grünen Blätter nuanciert und die Farben abgeschattet und verstärkt, weil der Zweig immer noch zu schematisch wirkt. Dabei kann man sich eine ganze Weile aufhalten, denn die Töne sind sehr dunkel, und man muß unbedingt die Wirkung von Laub erreichen. Ziel dieses Stadiums ist es, die Individualität jedes Blattes – seine Form und Lage – mit der Harmonie und Natürlichkeit des Gesamtbildes in Einklang zu bringen. Durch Aufhellen und Abschatten der grünen Nuancen läßt sich die jeweilige Lage ausdrücken, denn es entsteht der Eindruck einer Beleuchtung, die flache Formen verhindert.

256

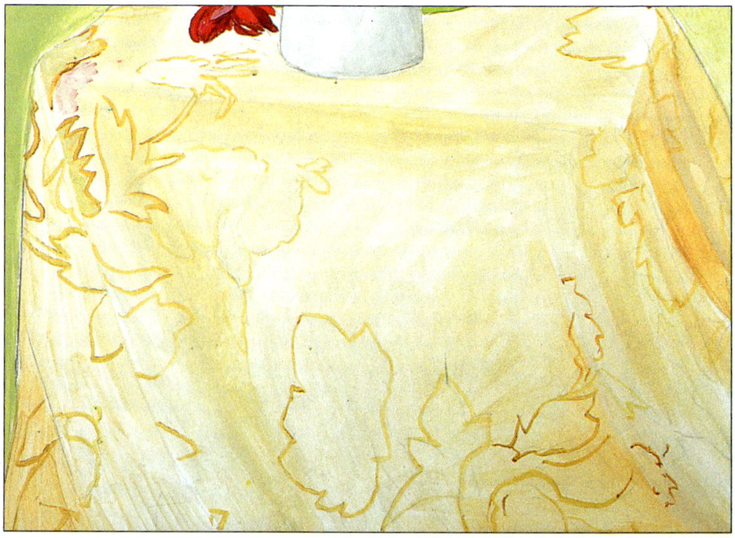

Siena, gebrochenem Grün, Ocker und Rosa entschlossen, die das Bild beleben. Nachdem die Wahl getroffen ist, können wir ungezwungen arbeiten und zügig malen, ohne uns mit Details aufzuhalten, um keine Konkurrenz zu den Blumen in der Kanne zu erzeugen.

Abb. 256 und 257: Das Muster für das Tischtuch war bereits in der Vorzeichnung leicht skizziert. Jetzt werden die Blütenmotive klar umrissen. Dabei darf man keinesfalls die Falten außer acht lassen, die zu Verzerrungen führen. Die Farbe für das Muster besteht aus Grün und Siena und paßt sich völlig der allgemeinen Harmonie des Werkes an.

257

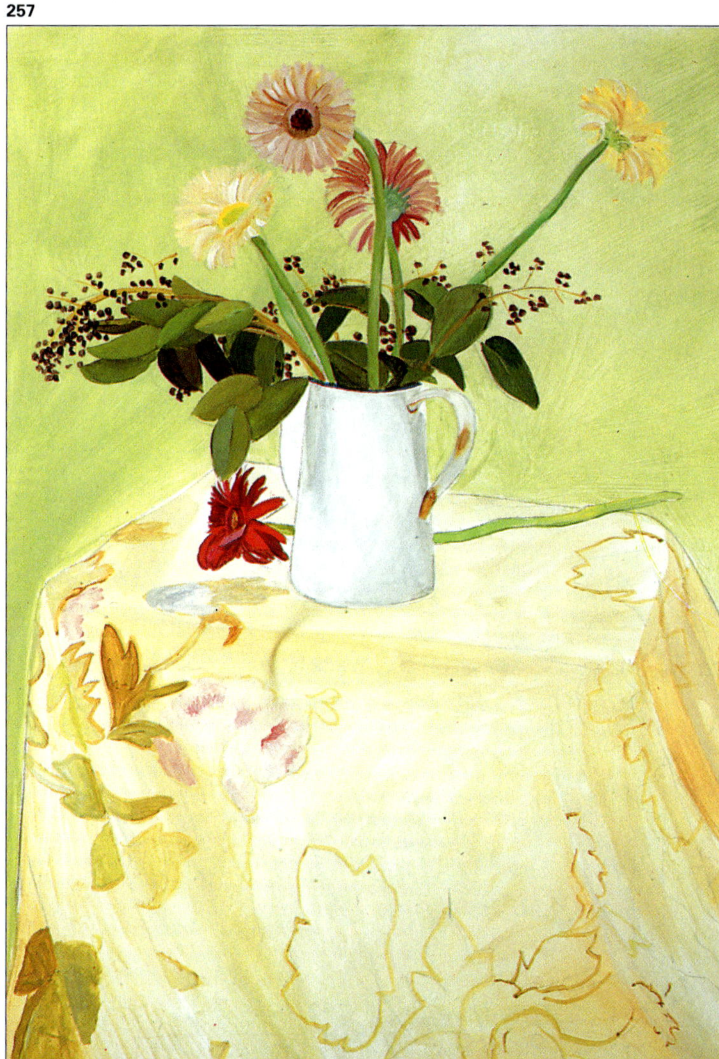

Das Muster für das Tischtuch

Das Muster für das Tischtuch (das in Wirklichkeit aus einem alten Vorhang besteht) haben wir uns bis zum Schluß aufgehoben für den Fall, daß noch Korrekturen bei den Blüten oder Blättern erforderlich würden. Dies ist nicht der Fall. Deshalb können uns die Falten, die bereits in den ersten Arbeitsstadien ausgearbeitet wurden, jetzt als Anhaltspunkte für die Zeichnung des Musters dienen. Diese Zeichnung erledigen wir mit der Pinselspitze und graustichigem Ocker. Wir arbeiten rasch, ohne uns irgendwo länger aufzuhalten, legen nur die Hauptformen an und lassen die Details skizzenhaft. Dabei geben wir insbesondere auf die Falten acht. Das Muster muß ihnen folgen. Es verformt sich entsprechend dem Volumen, verschwindet stellenweise und taucht anschließend wieder auf.

Es ist deutlich zu erkennen, daß sich das Volumen des Tischtuches allein durch die Anlage der Umrisse erheblich verstärkt hat. Dieses Volumen braucht nicht weiter ausgearbeitet zu werden, weil durch das Muster ein ausreichendes Gefühl von Räumlichkeit entsteht. Nachdem die dekorativen Elemente angelegt sind, müssen sie nur noch koloriert werden. Die Wahl der Farbe geschieht in Übereinstimmung mit dem Modell und der Harmonie des Gesamtbildes. Wir haben uns zu graustichigem

Abb. 258 und 259: Bei dem Muster handelt es sich nicht um eine wirklichkeitsgetreue Wiedergabe des Modells. Es ist vielmehr eine Synthese, die Volumen und Form des Tisches ausdrückt und einen linearen und farblichen Kontrapunkt zu den Blumen und Blättern in der Vase bildet. Zuletzt werden der Hintergrund leicht abgeschattet, damit die Blumen stärker hervortreten, und der Boden links unten angedeutet, um den Tisch vom Fond zu trennen.

Abb. 260: Das Bild ist fertig und zeigt die besondere Qualität seiner Ausführung: Die Fläche ist glatt, wie es den Umrissen der Formen entspricht, und enthält keine Impastos. Mit Acrylfarben ist diese Reinheit möglich, sofern man die Töne methodisch aus sehr dünnen Farbschichten aufbaut.

258

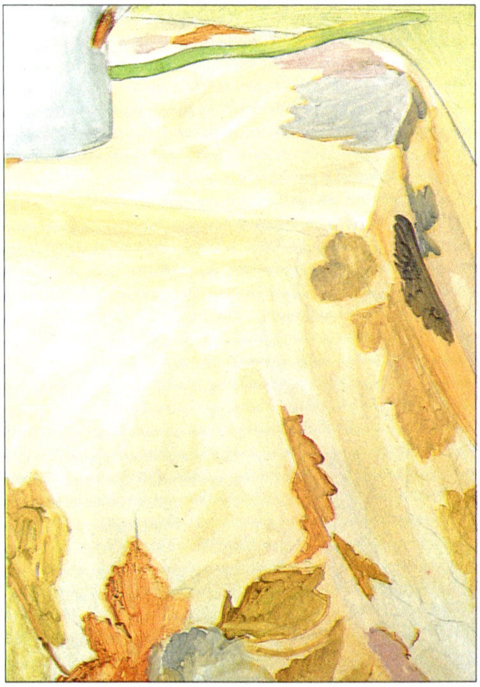

259

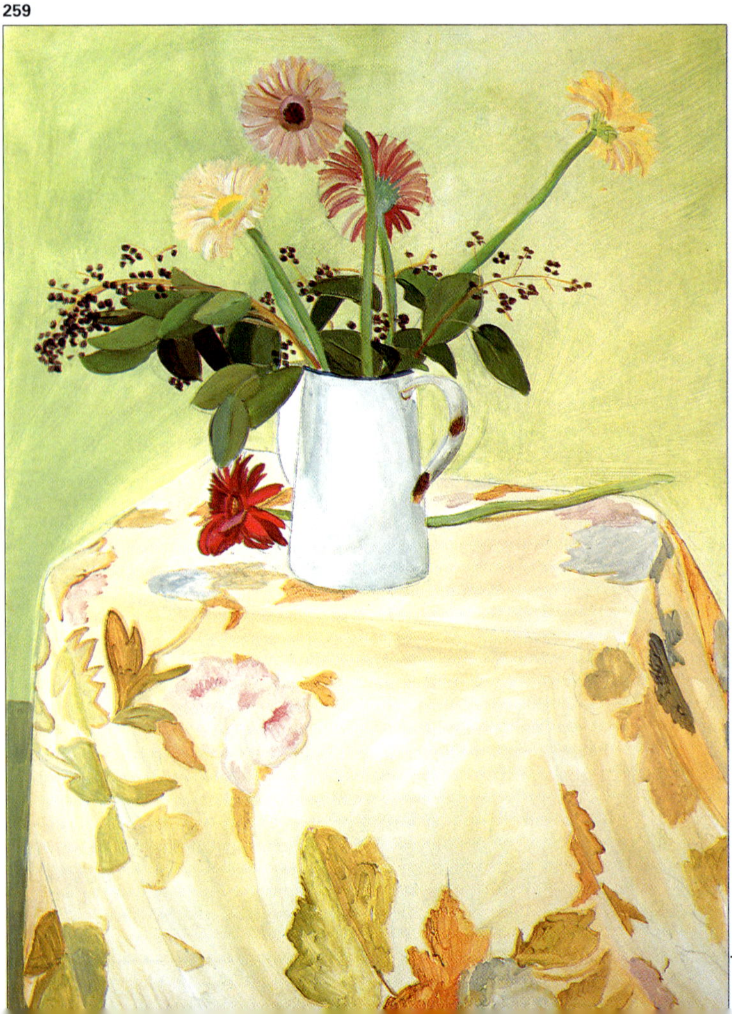

Die letzten Details

In diesem letzten Arbeitsstadium geht es um die Präzisierung des Musters für das Tischtuch. Wie bereits erwähnt, muß man hier furchtlos und ungezwungen vorgehen, da ein Übermaß an Einzelheiten der Komposition schaden würde, die bereits ziemlich detailliert ist.

Der Fall des Tischtuches kommt durch die lockeren, energischen Pinselstriche gut zum Ausdruck. Sie deuten die Formen und die Details des Musters an, geben sie aber nicht exakt wieder. Wichtig ist, daß sich das Muster den Faltenwürfen anpaßt und an deren Rändern unterbrochen wird. Das ist nicht allzu schwierig, wenn man einigermaßen aufmerksam vorgeht. Da die Umrisse gezeichnet sind, braucht man sich nur an das Modell zu halten, um die Fragmente darzustellen. Nachdem das Tischtuch abgeschlossen ist, präzisieren wir die Blätter und die Knospen noch ein wenig, hellen die eine oder andere Blüte mit pastoser Farbe auf und beenden die Arbeit.

Obwohl keine entscheidenden Irrtümer zu erkennen sind, fehlt noch ein wenig Kontrast, um den Strauß vom Hintergrund zu trennen. In diesem Stadium ist die Lösung dafür schwierig: Der Hintergrund kann nun nicht mehr grundlegend verändert werden, weil sich der Strauß zu stark abheben würde. Wir haben einen Teil des Tischtuches (links unten) mit Grau als Boden abgedeckt. Dadurch wird der Tisch besser vom Hintergrund getrennt. Außerdem wurde das Grün abgeschattet, und zwar unten, wo es mit dem Weiß der Kaffeekanne gut kontrastiert. Es entsteht der ziemlich überzeugende Eindruck eines dunkleren Streifens an der Wand.

Das fertige Bild entspricht dem Ziel des Werkes und dem für seine Herstellung gewählten Verfahren. Es ist ein gutes Beispiel für eine weitere Handhabung der Acrylfarben: wie bei der Temperamalerei mit sich überlagernden Schichten, so daß die unteren Farben die weiteren Arbeitsphasen bestimmen, und einer absolut glatten Fläche als Malgrund, die auch kleinste Details ermöglicht.

260

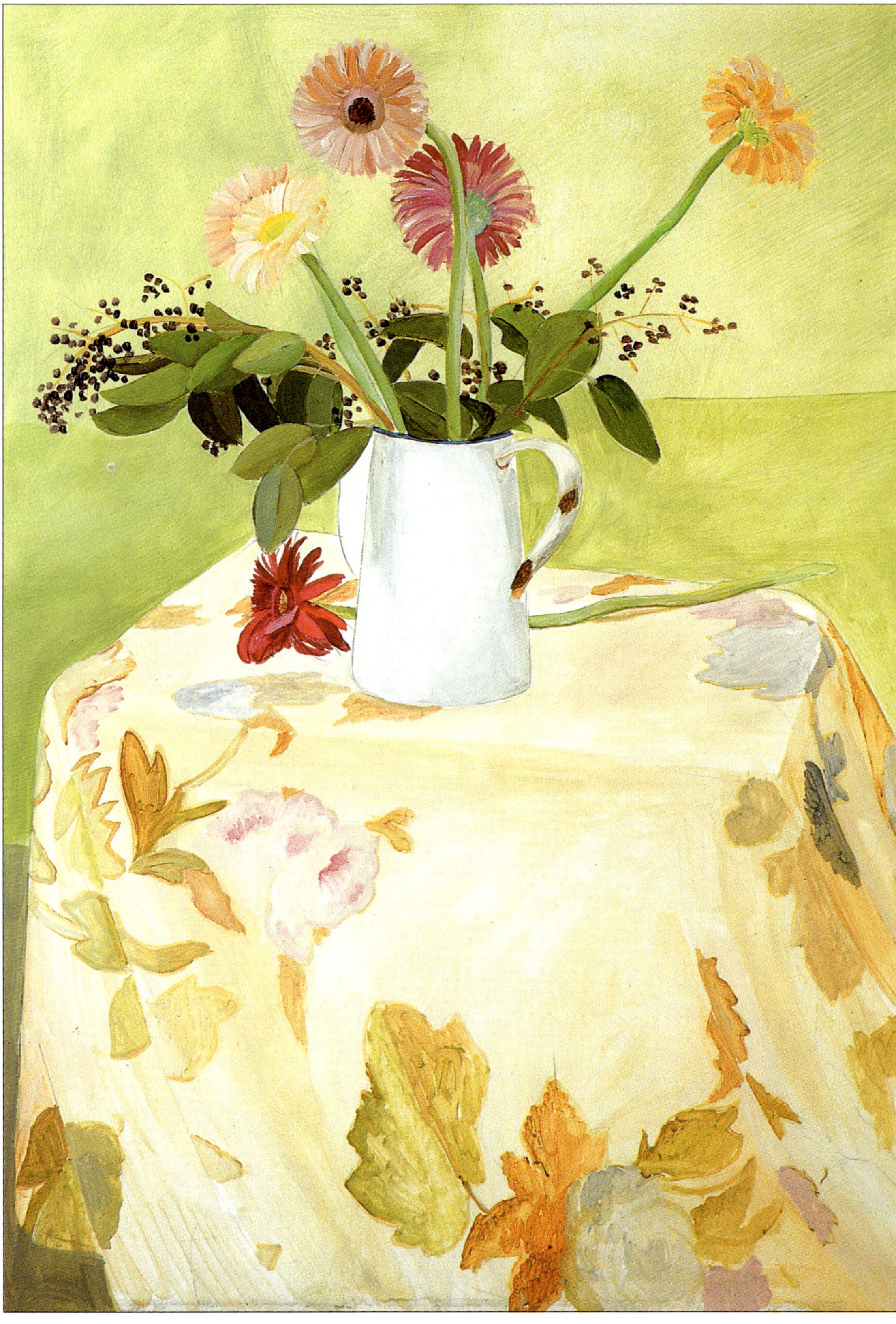

David Sanmiguel: Ein Porträt auf Leinwand nach einem Modell

Zum Abschluß wollen wir die Anfertigung eines Porträts nach einem Modell verfolgen, und zwar quasi in der traditionellen Technik der Ölmalerei: Vorzeichnung mit Kohle, Abdecken der Leinwand mit Farbe, Harmonisierung der Farben und Abschlußarbeiten. Dies entspricht in der Tat dem Verfahren der Ölmaler, die gezwungen sind, von mager (mit Balsamterpentin verdünnte Farbe) nach fett zu arbeiten (pastose Farbe). Bei Acrylfarben braucht man sich nicht an diese Regel zu halten, denn alle Kombinationen von Impastos und verdünnter Farbe sind möglich. Wir benutzen trotzdem das traditionelle Verfahren, denn wir möchten eine Malweise demonstrieren, die allen Künstlern vertraut ist.

Das Modell sitzt auf einem Klappstuhl im Dreiviertelprofil vor einem geteilten Hintergrund: einer Holzwand und einer schwarzen Fläche. Die Leinwand ist von mittlerer Qualität und vom Hersteller mit einer Universalgrundierung versehen (für Öl- und Acrylfarben). Weitere Vorbereitungen sind nicht erforderlich. Die Farben aus Tuben und Flaschen mit Dosierhilfe werden ohne Zusatz von Malmitteln verwendet und nur mit Wasser verdünnt. Es handelt sich also um eine direkte Malweise nur mit einem Schwamm als zusätzliches Werkzeug für die ersten Arbeitsstadien.

261

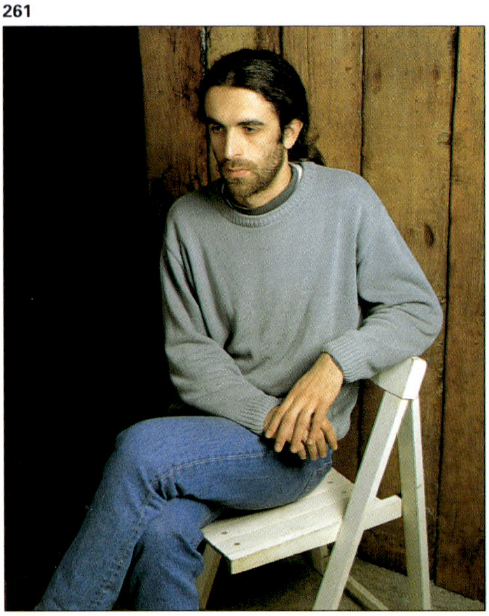

Abb. 261: Dies ist die klassische Pose eines Modells für ein Porträt: sitzend und in der Dreiviertelansicht. Bei unserer Übung soll das traditionelle Motiv mit aktuellen Mitteln darstellt werden, nämlich mit Acrylfarben.

262

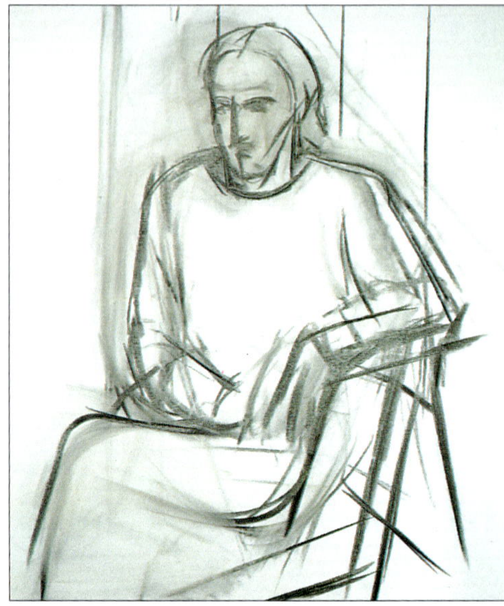

Abb. 262: Die Vorzeichnung wird mit geraden Linien aufgebaut und stellt das Modell in das Zentrum der Komposition. Es handelt sich um die typische Vorzeichnung für ein Ölgemälde, bei der die Formen zusammengefaßt und alle minutiösen Details fortgelassen werden.

Abb. 263: Die ersten Farbflecken. Der farbige Hintergrund schließt die Gestalt in der Mitte der Leinwand ein und suggeriert bereits ein gewisses Gefühl von Räumlichkeit. Das Creme und das Rotbraun gehören derselben Skala an, unterscheiden sich jedoch aufgrund ihres ziemlich energischen Tonwertkontrastes.

263

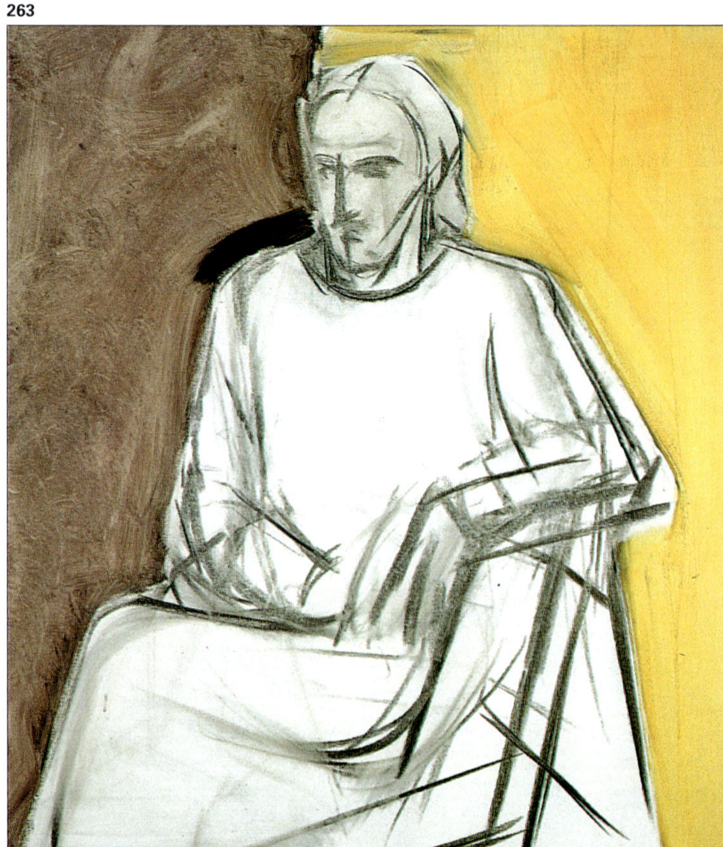

264

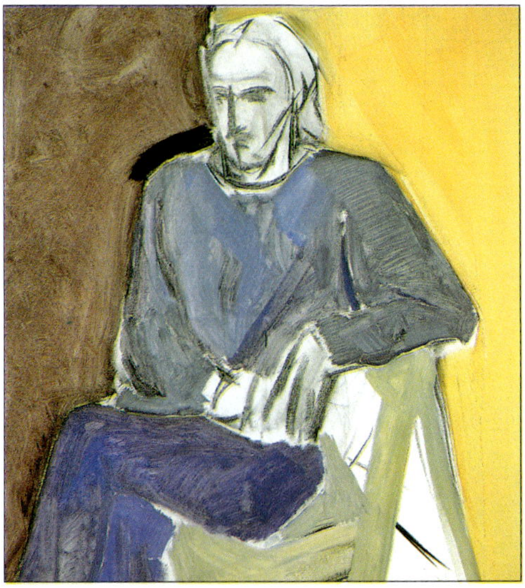

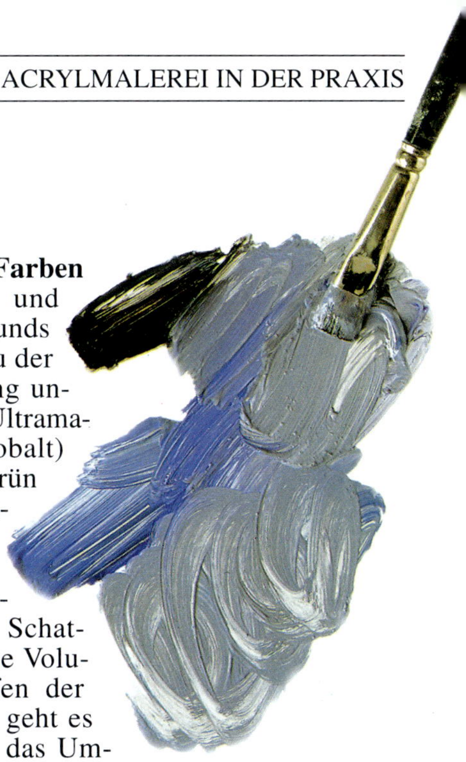

Die Harmonisierung der Farben

Zwischen den Cremeton und das Rotbraun des Hintergrunds lege ich das bläuliche Grau der Gestalt aus einer Mischung unterschiedlicher Blautöne (Ultramarin, Phthalozyanin und Kobalt) mit Weiß und einer Spur Grün für die lebhaftesten Nuancen bzw. Schwarz für die graustichigsten Stellen. Die unterschiedlichen Farbnuancen sorgen für eine Schattierung und das allgemeine Volumen aus den Faltenwürfen der Kleidung. Im Augenblick geht es mir jedoch vor allem um das Umreißen der Volumen mit Grautönen. Mit dem Farbproblem werde ich mich später befassen.

Abb. 264 und 265: Die bläulichen Nuancen der Kleidung gehören einer kalten Skala an und kontrastieren mit dem Hintergrund. Dieser Farbkontrast bleibt während des ganzen Malverfahrens erhalten. Der Pullover ist bereits leicht schattiert, während die Fleischfarben für das Gesicht und die Hände noch nicht bearbeitet wurden.

Vorzeichnung und Farbflecken

Wie bei der Ölmalerei ist die Vorzeichnung stark strukturiert und unterstreicht die Hauptkompositionslinien des Bildes. Gleichzeitig werden die Flächen für die späteren Farbflecken festgelegt.

Für die ersten Farbflecken im Hintergrund verwende ich einen Schwamm. Auf der rechten Bildseite trage ich die Farbe damit auf und decke die gesamte Fläche rasch ab. Links lege ich zunächst eine Mischung aus Grün, Rot und Schwarz mit dem Flachpinsel an und stelle anschließend mit dem trockenen Schwamm eine halbtransparente Struktur ohne störende Spitzlichter her.

Schwämme eignen sich sehr für die Acrylmalerei, da die reine Tubenfarben längst nicht so pastos sind wie Ölfarben und weniger Körper besitzen. Sie dekken nicht so stark ab und glänzen im feuchten Zustand mehr. Deckende pastose Pinselstriche sind erst in den mittleren Stadien und bei den Abschlußarbeiten möglich. Bis dahin lassen alle Farbtöne das Weiß der Leinwand leicht durchscheinen. Mit dem Schwamm vermeidet man ein Übermaß an transparenten Pinselstrichen. Das Trocknen der Farbe kann mit einem Handtrockner beschleunigt werden.

265

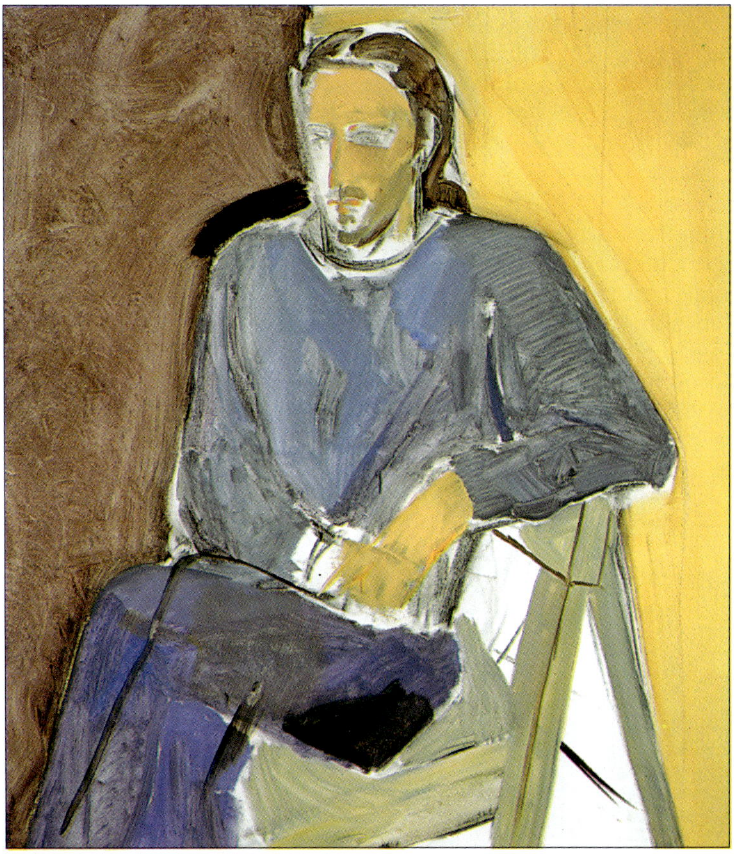

Zeichnung und Farbe

Bei jedem Malverfahren lassen sich im Verlauf der Arbeit Verbesserungen der Zeichnung und der Farbe anbringen. Mit Acrylfarben ist dies besonders gut möglich, weil man wegen ihres raschen Trocknungsvermögens deckende Schichten überlagern kann.

Bei den ersten Farbflecken, die in abkürzendem Stil angelegt wurden, habe ich dem Modell keine Beachtung geschenkt, sondern wollte rasch nur die Volumen festhalten. Deshalb haben sich einige Fehler eingeschlichen, die ich vor der Weiterarbeit beseitigen möchte. Sie betreffen vor allem die Beine, deren optische Verkürzung erst zum Abschluß endgültig gelöst wird und die als ziemlich formlose abgerundete Masse erscheinen. Mit der Pinselspitze zeichne ich eine Linie auf diesen Farbfleck, um ihm den korrekten Umriß zu geben. Bei der Arbeit mit Acrylfarben kann man stets auf einer getrockneten Schicht mit anderen Farben weiterzeichnen.

Im Vertrauen auf die Korrektheit der Linie decke ich alles außerhalb mit einem dunklen Ton ab. Er kann nicht mehr mit dem Untergrund verschmelzen, weil dieser bereits getrocknet ist.

Für manche Künstler, die sonst mit Ölfarben malen, ist das rasche Trocknen ziemlich lästig. Wer an die Arbeit mit Acrylfarben gewöhnt ist, sieht darin jedoch keinen Nachteil. Die Farbe wird später einfach mit einer weiteren dunklen Schicht übermalt. Dieses Übermalen und Abdecken sollte man stets im Sinn haben. Es ist besser, nicht von vornherein den endgültigen Ton anzustreben, da dieser die weitere Arbeit bestimmen würde und der Spontanität schaden könnte.

266

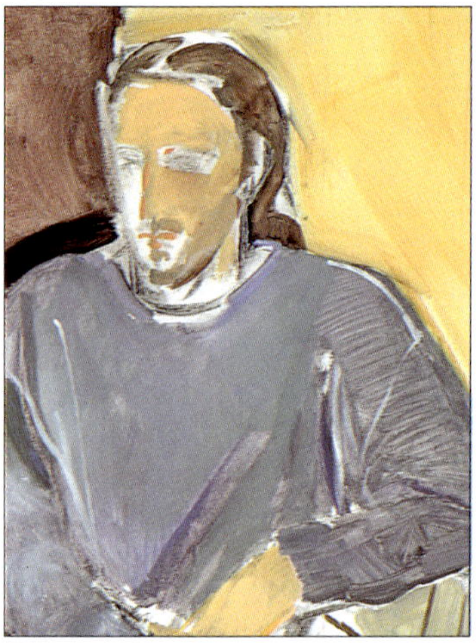

267

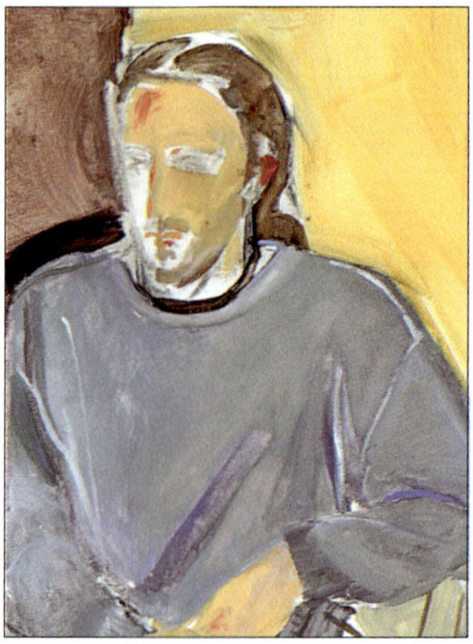

268

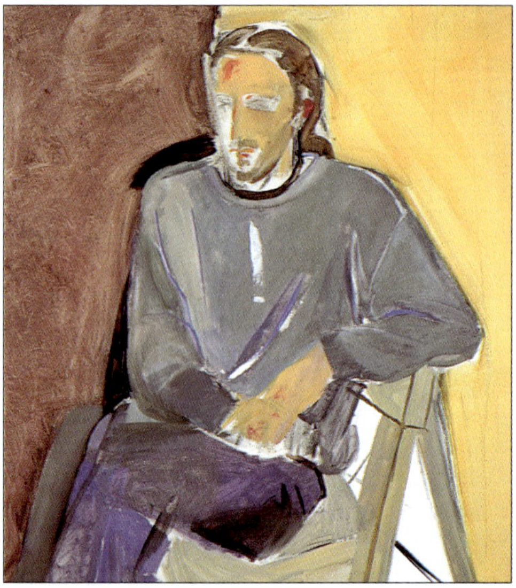

Abb. 266 bis 268: Die Ausarbeitung des Pullovers erfordert eine aufmerksame Beobachtung, da die Falten dem Körperteil folgen, den sie umschließen. Ein Übermaß an Wölbungen und Vertiefungen würde zwangsläufig zu Verzerrungen führen. Außerdem müssen die unterschiedlichen Tonwerte der Schatten noch einander angeglichen werden.

269

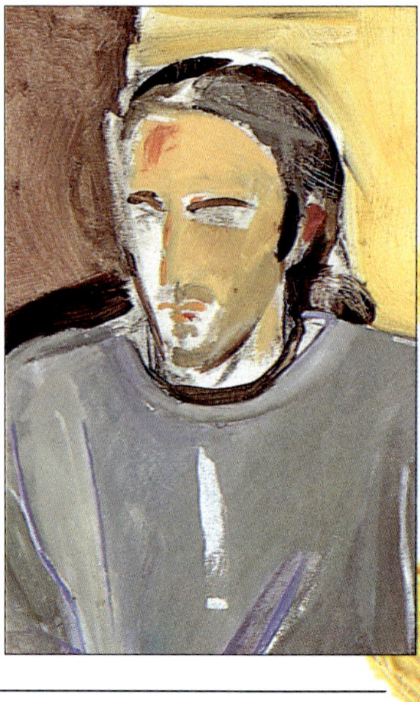

Abb. 269: Die Behandlung des Kopfes geschieht im Moment nur zusammenfassend. Er besteht aus einem Oval ohne Vorsprünge. Die Schattierung hält sich an diese Form. Nachdem die erste Ausarbeitung erfolgt ist, kann man die Details für die Gesichtszüge und das Haar hinzufügen.

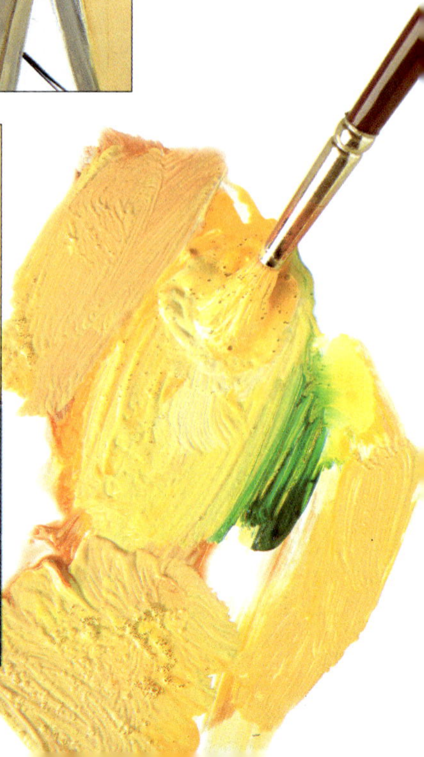

Abb. 270 und 271: Der Hintergrund braucht eine farbliche Veränderung, um einen größeren Kontrast mit den Blautönen der Gestalt zu erzielen. Der beige Ton wurde durch Siena gebrannt ersetzt, einer wesentlich wärmeren, satteren Farbe. Die zweite wichtige Veränderung besteht aus dem Wechsel von einer gleichförmigen Farbe zu einer strukturierten Fläche aus Pinselstrichen, die den Eindruck von Holz erwecken.

270

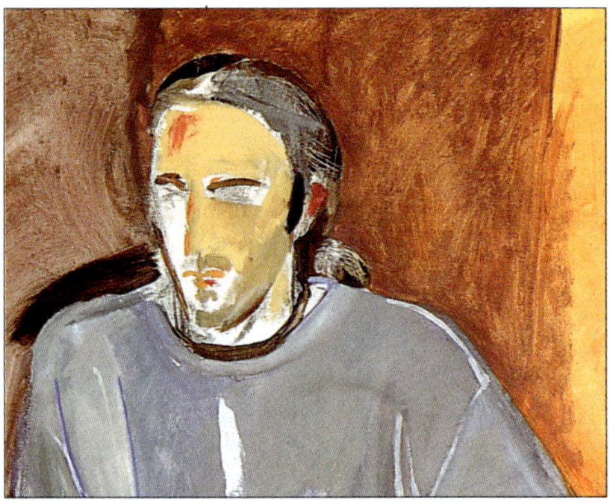

271

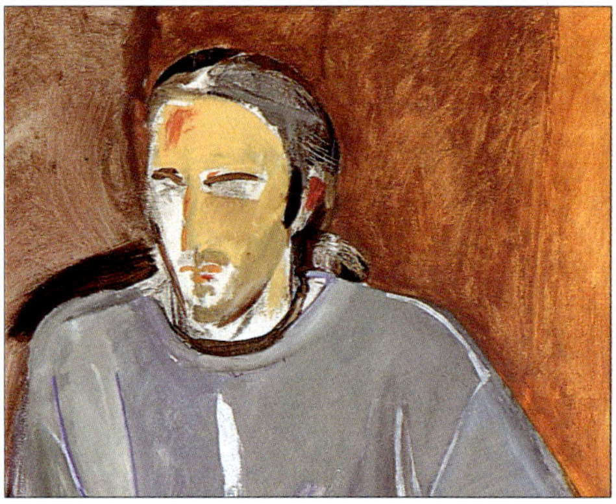

Die Konkretisierung der Form

Ich arbeite auf dieselbe Weise wie zuvor und werde jetzt den Pullover des Modells noch präzisieren. Die Kleidung bringt stets Probleme des Faltenwurfs, des Volumens und der Farbgebung mit sich. Diese verstärken sich noch, wenn das Kleidungsstück eine graue ungesättigte, kontrastlose Farbe besitzt. In solchen Fällen muß man die Form mit sanften Tonwertkontrasten ausdrücken und nicht mit Farbkontrasten.

Das Problem der Falten kann äußerst kompliziert werden, wenn der Künstler sein Modell absolut wirklichkeitsgetreu wiedergeben möchte. Dann entstehen manchmal Verzerrungen. Man muß stets daran denken, daß der Sitz der Kleidung von dem Körperteil abhängt, den es bedeckt, und alle Falten und Schattierungen weglassen, die nicht der Darstellung dieses Körperteils dienen.

Ich habe den Pullover mit wenigen weißen Pinselstrichen nachgezeichnet und dabei die wesentlichen Falten wiedergegeben. Auf dieser Grundlage habe ich das blaustichige Grau übermalt, störende Pinselstriche entfernt und dann die Hauptflächen angelegt, die das Kleidungsstück modellieren. Dies ist eine mühselige Arbeit, die sich ausschließlich auf die Beobachtung und das Verständnis der Form stützt und nichts kopiert.

Die Kontraste

Um die spärliche Farbe des Pullovers wiederzugeben (dunkle Grautöne), dunkle ich den Hintergrund versuchsweise mit gebrannten und braunen Tönen ab. Dies entspricht einer Verstärkung der Nuancen für das Holz. Leider ist es keine geeignete Lösung, da die Gestalt zu stark hervorgehoben und von ihrer Umgebung isoliert wird. Bei der Arbeit in Öl wäre solch ein Schritt riskant, weil die Farbe schwierig zu entfernen und auf feuchter Fläche mühsam zu übermalen ist. Mit Acrylfarben sind derartige Versuche ohne weiteres möglich.

Abb. 272: Durch das Abschatten der Hintergrundfarbe wurde das Gefühl von Tiefe verstärkt. Außerdem hebt sich die Gestalt so wesentlich stärker ab. Auch die Fleischfarben und die Hände sind präziser geworden. Die allgemeine Ausarbeitung wird immer deutlicher.

272

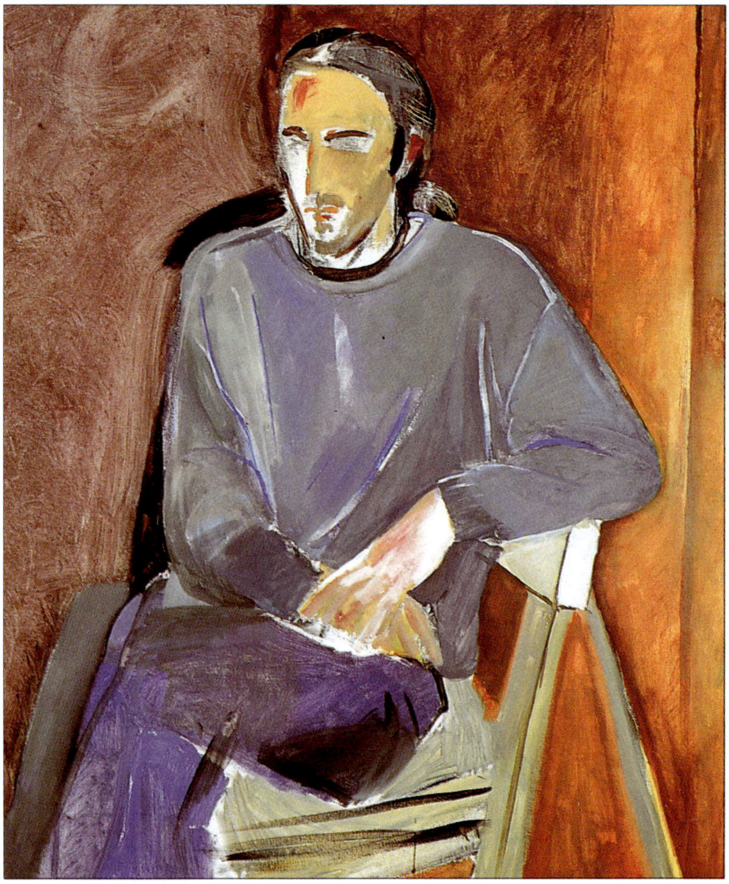

273

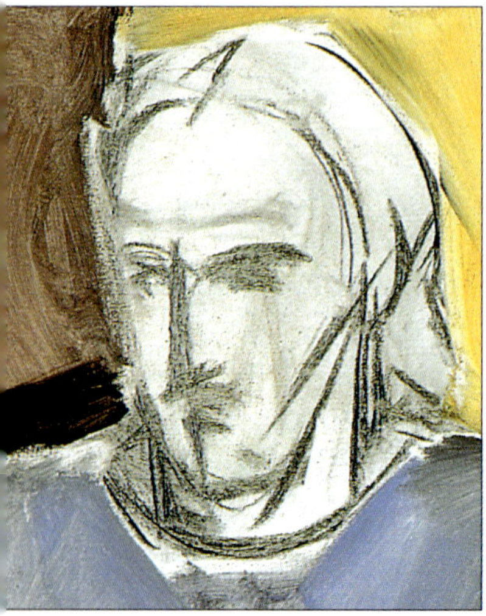

274

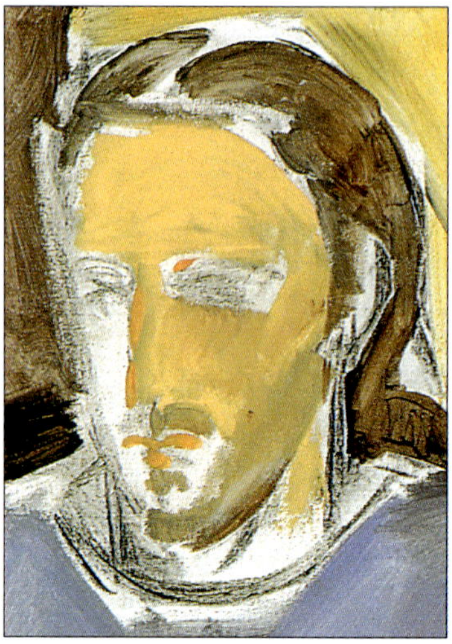

275

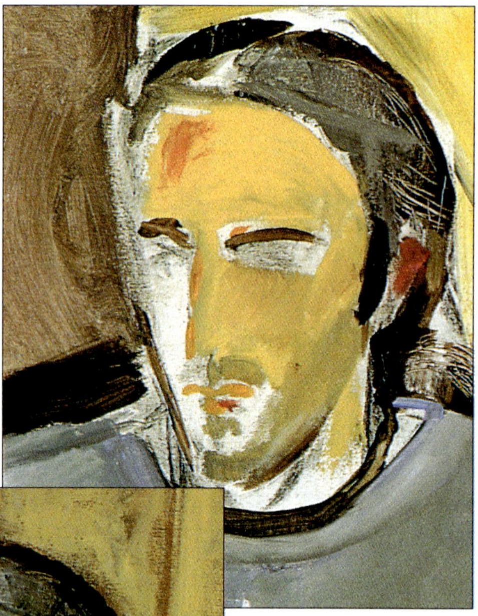

Abb. 273 und 274: Diese Folge von Abbildungen zeigt das Verfahren für die Darstellung des Kopfes und das Bemühen um Ähnlichkeit. Der Kopf wird auf der soliden Grundlage der Vorzeichnung aufgebaut. Sie muß alle wichtigen Gesichtszüge enthalten. Ist die Zeichnung korrekt, braucht man sich bei der Anlage der Fleischfarben nur an die entsprechenden Formen zu halten.

276

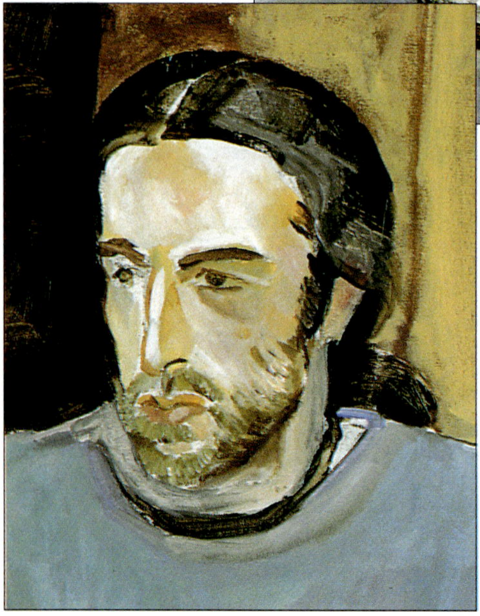

Abb. 275 und 276: Die Ausarbeitung der Volumen stützt sich auf die korrekte Lage der Farbflächen für die Stirn, die Wangen, die Wangenknochen, die Nase, die Unterkante des Kinns und des Halses. Die Flächen müssen so schattiert werden, daß sie sich völlig natürlich aneinanderfügen. Die Darstellung der Gesichtszüge ist eine reine Angelegenheit der Beobachtung und der Details.

Das Problem der Ähnlichkeit

Die Ähnlichkeit ist stets ein Gesprächsthema zwischen den Künstlern und noch mehr zwischen den Künstlern und ihrem Publikum. Wer ein Porträt in Auftrag gibt, erwartet eine Ähnlichkeit, während es dem Maler in erster Linie um die künstlerische Qualität geht. Der Maler interpretiert die Formen, und niemand wird sich beklagen, wenn eine gemalte Hose nicht genau dem Modell entspricht. Auch der Kopf und das Gesicht bestehen aus Formen, die interpretiert werden müssen. Ideal ist es, wenn die Interpretation die Physiognomie des Porträtierten nicht unkenntlich macht.

Wir haben einige Ausschnitte des Kopfes ausgewählt und abgebildet, um im Detail zu untersuchen, wie er dargestellt wurde. Die Eingangszeichnung ist für die Ähnlichkeit von entscheidender Bedeutung. Sind die Proportionen korrekt, kann man die charakteristischen Details anschließend mühelos hinzufügen. Auch die ersten Farbflecken sind wichtig, denn sie ergeben die farbliche Grundlage. Hier wurden ein sehr dunkler Ton für das Haar und zwei weitere sehr helle Töne für das Gesicht gewählt: blasses Siena und wesentlich graustichigeres Siena für den Bart. Abgesehen von einigen Retuschen der Farbe und der Zeichnung, ist das Gesicht durch alle Stadien des Werkes so geblieben.

Bei den Abschlußarbeiten habe ich eine Differenzierung der Hauptflächen für die Stirn, die Wangen, die Wangenknochen und die Nase vorgenommen. Dabei habe ich mit weichen Kontrasten aus Siena und Hellrosa gearbeitet. Die Brauen sind ein wichtiges Detail, denn sie stellen ein Interessenzentrum des Gesichts dar und tragen erheblich zum Erkennen eines Menschen bei. Für den Bart habe ich braune Töne für die dunklen und grünliche Töne für die hellen Nuancen gewählt. Die Darstellung des Mundes ist eher ein zeichnerisches und weniger ein koloristisches Problem: Wichtig sind die Linie und die Fältchen der Lippen, die ihnen Ausdruck verleihen. Zum Abschluß habe ich das Haar mit Schwarz und Grau gemalt und dabei die Richtung der Strähnen eingehalten.

Das Problem der Hände

Die Hände stellen ein weiteres technisches Problem dar, dem jeder Maler von Gestalten und insbesondere von Porträts sich stellen muß. Ihre Schwierigkeit beruht auf den zahlreichen Gelenken und der Notwendigkeit, die Bewegung der Finger überzeugend zu koordinieren. Bei diesem Porträt werden die Hände erst gegen Ende des Werkes gemalt und im Rahmen der Abschlußarbeiten retuschiert.

Bei der ersten Anlage der Farben hatte ich auch die Hände mit einem allgemeinen Fleck ohne Details angedeutet, die Finger aber nicht unterschieden. Während der Ausarbeitung wurden zunächst dunkelere Töne für die einzelnen Glieder aufgetragen und die Finger anschließend ohne Vorzeichnung korrekt mit dem Pinsel gemalt. Es ist einfacher, die Hände mit Farbe und nicht mit einer Zeichnung darzustellen. Die Form der Pinselstriche ist der beste Anhaltspunkt für die Bestimmung der Umrisse. Der Kontrast aus den benachbarten Tönen ergibt das Volumen der Form. Als letzten Schritt für diese Arbeit ziehe ich die Umrisse leicht mit dunkleren Farben nach und schatte die Begrenzung zum Pullover weiter ab. Die rechte Hand des Modells wird nur angedeutet, um diesen Teil des Bildes nicht mit Details zu überfrachten.

277

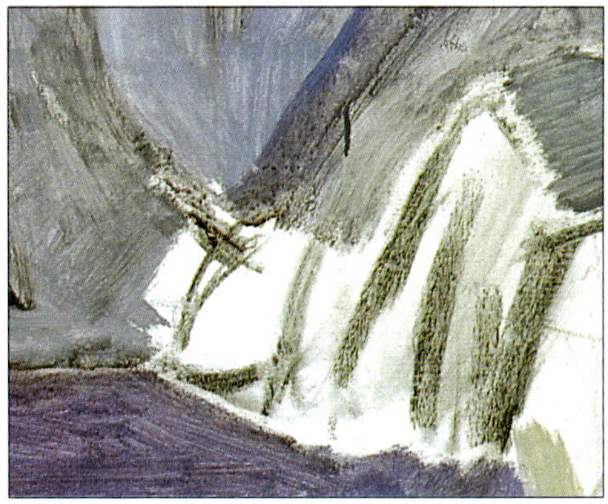

278

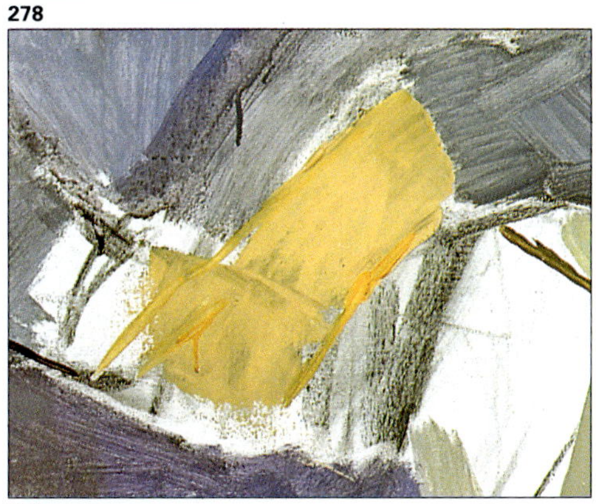

Abb. 277 und 278: Das Verfahren für die Hände ähnelt sehr dem des Kopfes. Die Hände und das Gesicht sind zwei charakteristische Merkmale der zu porträtierenden Persönlichkeit und erfordern daher die besondere Aufmerksamkeit des Künstlers. Die Hände brauchen nicht so detailliert vorgezeichnet zu werden wie der Kopf. Es reicht, wenn man sie korrekt anlegt und die Form und die Farbe später definiert.

279

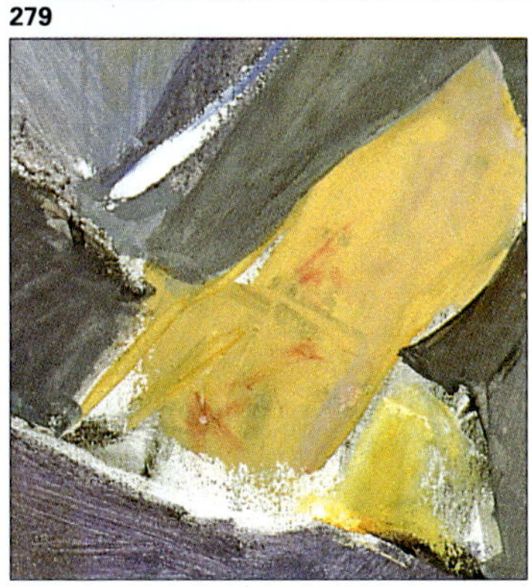

280

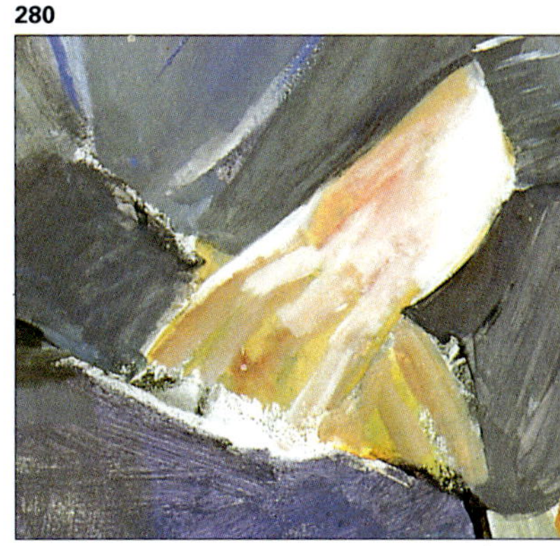

281

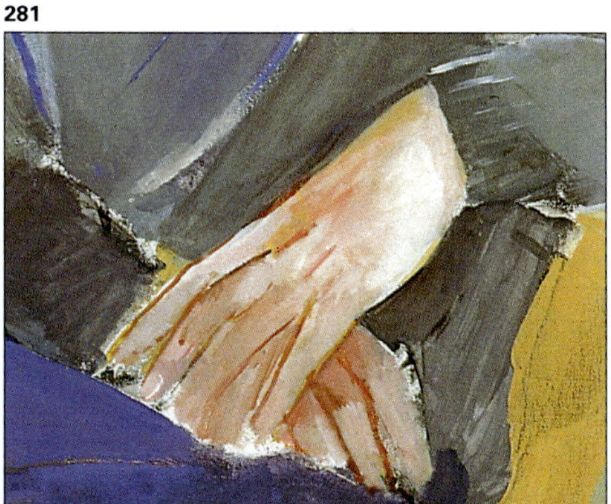

282

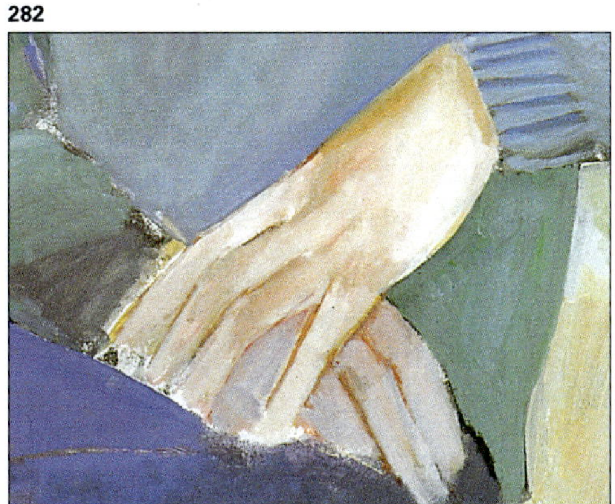

Abb. 279 bis 282: Ausgehend von einem Farbfleck, der nur die Größe angibt, entstehen die Hände in erster Linie durch Gegenüberstellung von hellen und dunklen Farben, die das allgemeine Volumen und die Lage der Finger angeben. Anschließend wird jeder Finger einzeln behandelt und dabei die Bewegung der Gelenke dargestellt. Abschließend erfolgt eine Retusche, bis alle Fleischfarben überzeugend sind.

Die Darstellung des Hintergrunds

Das Problem des Hintergrunds besteht aus der Notwendigkeit, einen geeigneten Kontrast zu den grauen Farben des Pullovers zu finden. Dafür habe ich die Fläche zu Beginn provisorisch mit Okker und Kastanienbraun koloriert und die Holzstruktur mit Pinselstrichen angedeutet. Das Ergebnis ist jedoch zu dunkel und trägt nicht zur Belebung der Farbenharmonie bei.

Aufgrund der Möglichkeit, Acrylfarben mühelos zu mischen und mit einem Schwamm zu überlagern, konnte ich den Hintergrund unmittelbar darauf mit einer weiteren Farbe überziehen und den zu cremigen Ton beseitigen. Anschließend habe ich sehr helles Gelb mit einem Spachtel auf die Fläche getragen und eine unregelmäßige halbtransparente Schicht erhalten, die an die Struktur von Holz erinnert – erheblich heller als in Wirklichkeit.

Die Darstellung des Pullovers

Vor dem helleren Hintergrund hat der Pullover seine Farbkraft eingebüßt. Deshalb habe ich ihn mit einer Mischung aus Blau und Grün plus Weiß überarbeitet, die der tatsächlichen Farbe des Modells entspricht. Die Darstellung der Falten und ihrer Beziehung zueinander war langwierig. Aufgrund des raschen Trocknungsvermögens der Acrylfarben konnte ich die Verteilung sowie das Spiel von Licht und Schatten jedoch solange verbessern, bis das gewünschte Ergebnis erzielt war. An einigen Stellen habe ich mit verdünnter Farbe gearbeitet, damit das untere Grau durchscheinen konnte. So zum Beispiel vor der Brust, wo ich zu flache Farben vermeiden wollte. Am stärksten ausgearbeitet wurde der linke Ärmel. Die optische Verkürzung ist grundsätzlich kompliziert. Kommen Falten hinzu, muß man Geduld haben und das Modell aufmerksam betrachten, damit sich keine Fehler einschleichen.

283

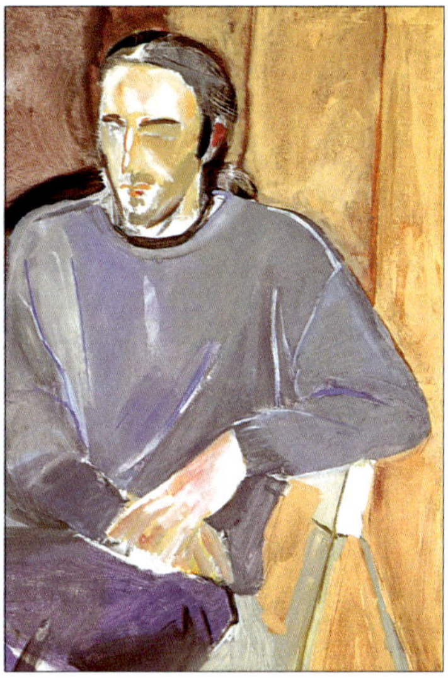

284

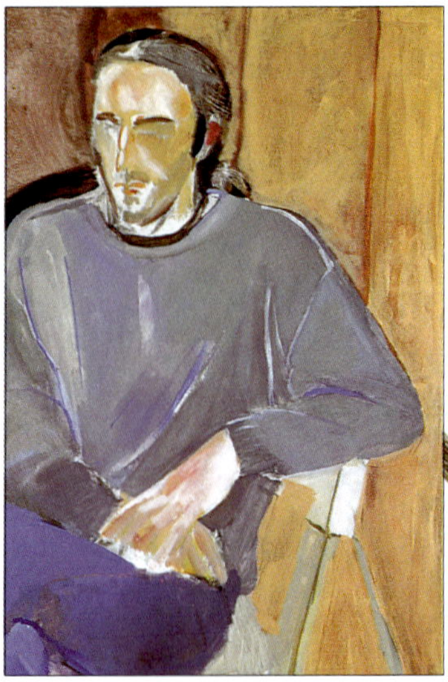

285

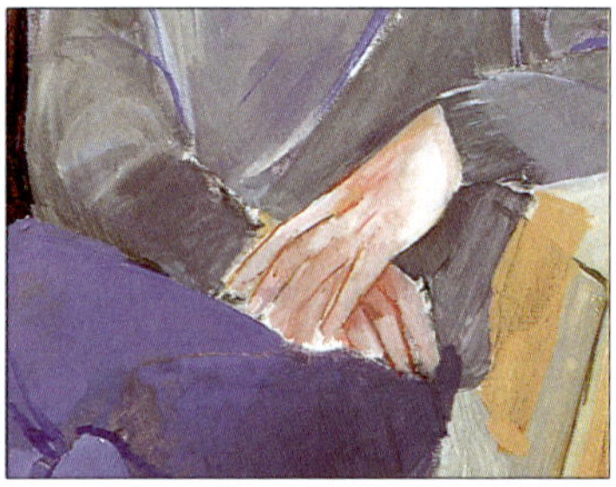

286

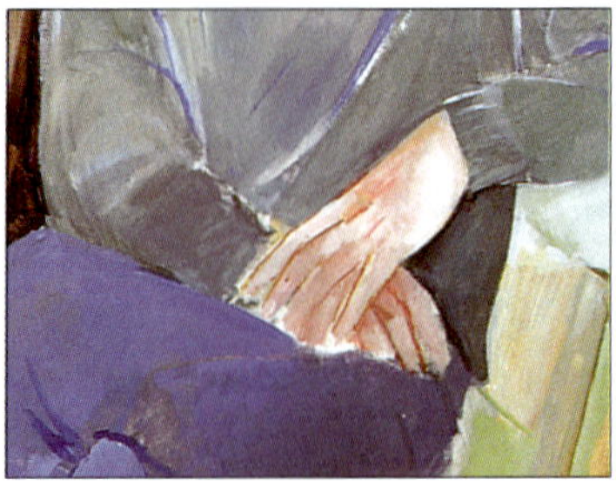

Abb. 283 bis 286: Die Ausarbeitung der Hände und des Gesichts, die wir zuvor beschrieben haben, stellt sich hier wie ein isolierter Aspekt des allgemeinen Malverfahrens dar. Man sollte ein Bild jedoch immer als Ganzes betrachten und die Details nur so weit führen, wie es das Gesamtbild erfordert. Der Aufbau der Form und der Farbe des Gesichts und der Hände erfolgte parallel zu den übrigen Formen und Farben, wobei vor allem die Veränderung des endgültigen Hintergrunds der Komposition besonders auffällt.

287

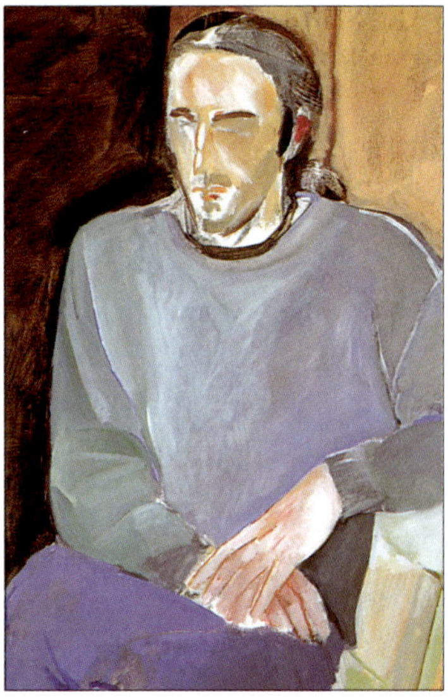

288

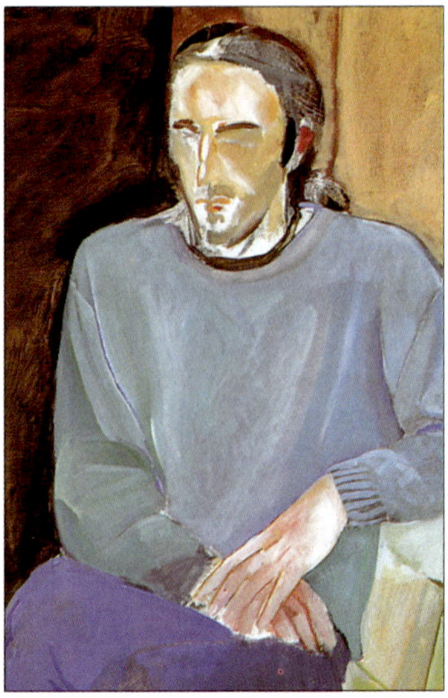

Abb. 287 und 288: Wegen der geänderten Farbe des Hintergrunds mußte auch der Pullover überarbeitet werden. Das Blaugrau wurde durch grünstichiges Hellblau ersetzt, das größere Farbkraft besitzt und die Ausarbeitung der Falten erleichtert. Die optische Verkürzung des rechten Arms erforderte eine aufmerksame Beobachtung und eine Veränderung bei der Verteilung der Falten.

Abb. 289 und 290: Die Abschlußarbeiten für das Porträt bestehen aus der Korrektur von Position und Farbe des Stuhls und der Beine. Die Stützpunkte (Arme, Beine) sind besonders wichtig, denn sie sorgen für Stabilität und Natürlichkeit der Pose. Um sie zu erhalten, darf man nicht zögern, Form oder Perspektive des Sitzes zu verändern. Hier waren aber keine umfangreichen Korrekturen erforderlich.

289

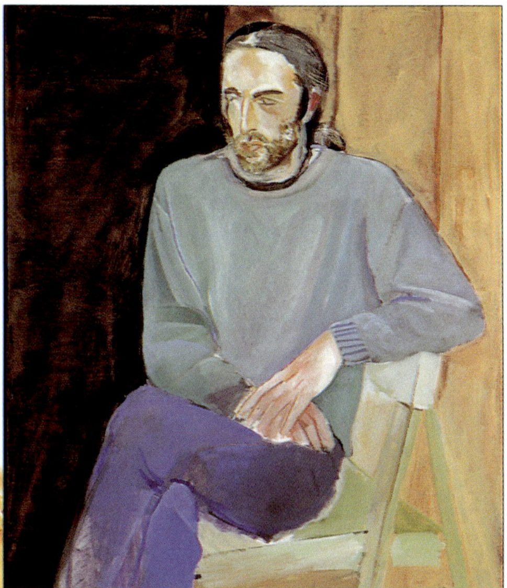

290

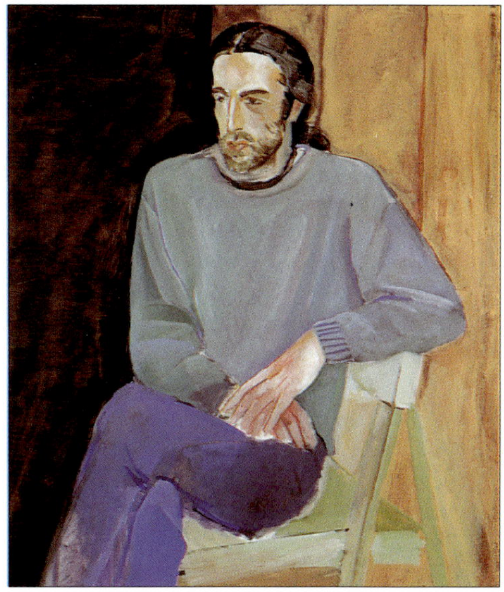

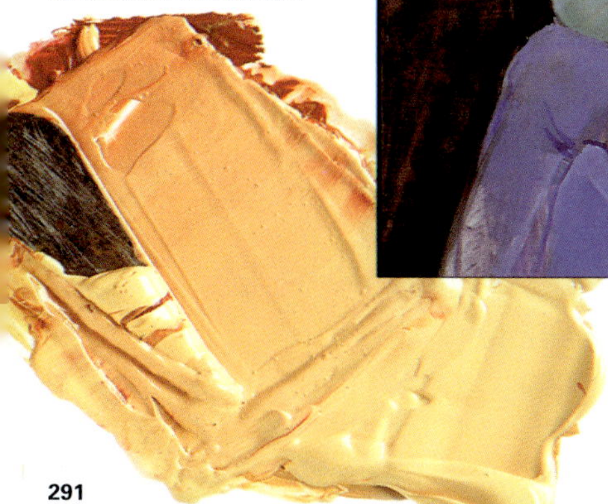

Abb. 291: Bei der Ausarbeitung des Gesichts ist eine Ähnlichkeit erreicht, mehr jedoch nicht. Das heißt, nichts wurde unnötig detailliert oder verstärkt. Die Ähnlichkeit kann an zu geringer, aber auch zu starker Ausarbeitung scheitern.

Abb. 292: Nach der Korrektur des Stuhls und der Beine entstand dieses Ergebnis. Die Gestalt ist nicht zu stark ausgearbeitet, wirkt aber auch nicht schematisiert. Wir glauben, sie hat jenes Stadium erreicht, das der Tradition dieses Bildgenres entspricht.

291

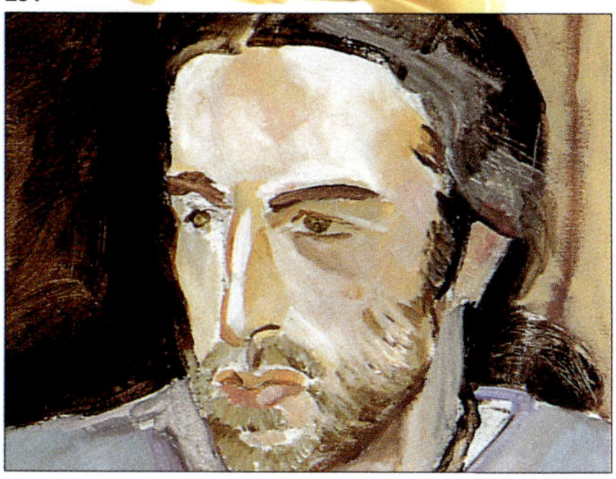

Die Abschlußarbeiten

Die Hände und der Kopf wurden bis zuletzt so gelassen, wie ich es auf den vorigen Seiten erklärt habe. Bei den Beinen stellte sich ebenfalls das Problem einer optischen Verkürzung. Es wurde durch eine sorgfältige Untersuchung der Zeichnung und der Umrisse des Modells und der Darstellung gelöst, bis die Pose logisch war. Das fertige Bild besitzt eine gute Ähnlichkeit, ohne eine minutiöse Kopie zu sein. Es handelt sich um eine malerische Interpretation der Gestalt, welche die Eigenheiten des Modells durch die Stilisierung der Zeichnung und der Farbe wiedergibt.

292

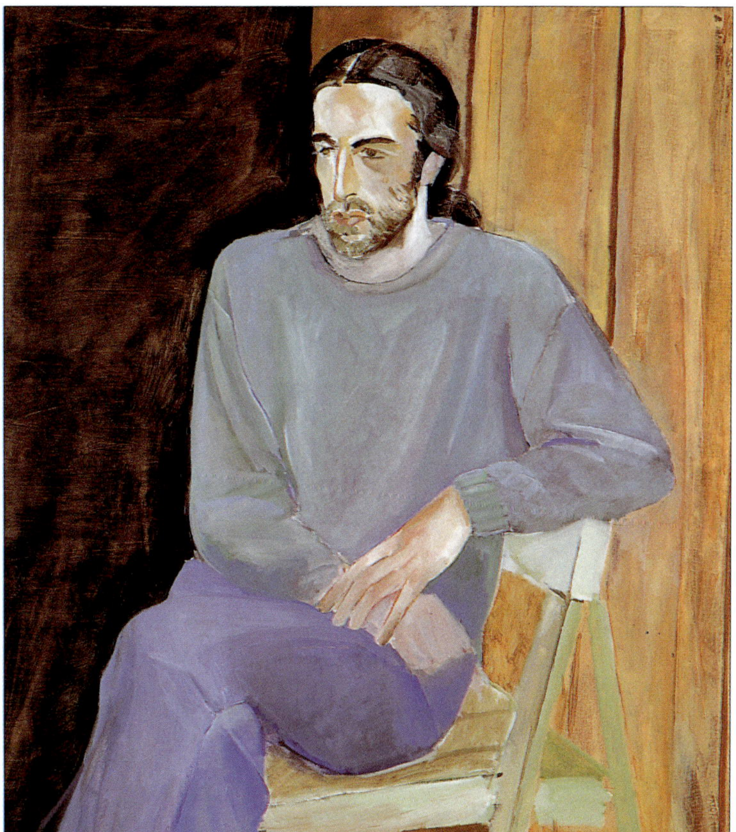

Danksagungen

Parramón Ediciones S.A. möchte folgenden Personen und Firmen seinen Dank aussprechen:

Herrn Alex Vallejo von Productos Vallejo S.L. und Herrn Ayala von Pinturas Titán für die großzügige Überlassung von Farben, Malmitteln, Zubehör, Katalogen und Farbkarten.

Herrn David von ART-MAT für die umfangreiche Information über die Acrylfarben und die Auswahl der Produkte.

Frau Pamela Hernández von Golden Artist Colors Inc. für die Erfüllung sämtlicher Bitten in bezug auf ihre Produkte, die ausgezeichnete Farbkarte und die Beantwortung aller unserer Anfragen.

Der Firma H. Schmincke & Co. für die Überlassung der beiden Farbkarten und des Informationsmaterials sowie Herrn Vicente Piera für die Überlassung des umfangreichen künstlerischen Materials.

Unser besonderer Dank gilt den Künstlern und Künstlerinnen Almudena Carreño, Caritat Gómez, Jordi Homar, Ramón de Jesús und Jordi Martorell für ihre kreative Mitarbeit an diesem Buch.

Dank auch an Jaume, Joan und Marc vom Fotostudio Nos & Soto für ihre sorgfältigen Aufnahmen.

Schließlich und vor allem ein ganz besonderer Dank an David Sanmiguel für die Texte zu diesem Werk und die wichtigen Schritt-für-Schritt-Übungen, von denen einige seine Handschrift tragen. Ohne seinen wertvollen Beitrag wäre das vorliegende Buch nicht möglich gewesen.

Jordi Vigué
Verlagsdirektor